숲속의 영성

깊은 산 제네시 수도원에서 보내는 내 영혼의 보고서

끊임없이 주님을 묵상하며
기도하는 일에 날마다 헌신함으로써
이 험한 세상 한복판에서
상처입은 현대인들에게
그리스도의 희망을 전하고 계시는
남녀 그리스도인 모두에게
이 책을 드립니다.

헨리 J. M. 나웬

30주년기념 완역선물판

숲속의 영성

헨리 나웬 지음, 심영혜 옮김

THE GENESEE DIARY:
Report from a Trappist Monastery
(complete and unabridged)

by Henri J. M. Nouwen

Published by Doubleday

All Rights Reserved

Korean Translation Copyright ⓒ 2003

by *Achim Institute for Spiritual Direction*

이 책은 **아침영성지도연구원**이 에릭양 에이전시를 통하여 Doubleday와 독점 계약하여 새롭게 펴낸 것으로, 저작권법에 따라 한국 안에서 보호를 받는 책이므로 무단전재와 무단복제를 금합니다.

추천의 말

헨리 나웬, 이분은 내 마음의 고향입니다. 각박한 도시 한복판에서 곤하여 쓰러지려 할 때, 언제든 훌쩍 떠나 새 생명의 기운을 맛보고 돌아올 수 있는 영혼의 고향, 헨리 나웬은 나에게 바로 이런 고향과도 같은 분입니다.

사실, 헨리 나웬과의 극적인 만남은 미국 유학시절에 이루어졌습니다. 치유상담을 공부하던 중, 진정한 신앙생활을 가능케 하는 결정적인 무엇인가가 늘 부족해서 영적인 허기를 느끼고 있을 때였습니다. 상담 방법이야 책을 통하여 배울 수도 있다지만, 기갈이 든 신앙은 어찌 달래볼 도리가 없었습니다.

그러다가 어느 날 도서관에서 만난 한 위대한 영성신학자를 통하여 내 삶에 놀라운 변화가 일기 시작했습니다. 그분이 바로 헨리 나웬이었습니다. 도서관에서 처음 헨리 나웬의 책을 대했을 때 내 가슴은 심하게 뛰었습니다. 그의 책에서는 지식이 아니라, 생명의 언어가 펄펄 살아 움직이고 있었기 때문입니다. '도대체 어떤 사람이기에 이런 책을 쓸 수 있는 걸까!'

나는 이 책의 저자를 꼭 한번 만나보고 싶었습니다. 그래서 하버드로, 예일로 부지런히 찾아다녔습니다. 노틀담대학에도 가보았습니다. 하지만 그의 소식을 아는 사람은 아무도 없었습니다. 만일 그 때 내가 기필코 그를 찾으려고 했다 해도 만날 수가 없었을 것입니다. 그는 온 세계에서 자신을 찾아오는 방문객들을 일절 만나주지 않았기 때문입니다. 결국 그를 만나지 못한 채 나는 고국으로 돌아오고 말았습니다. 하지만 그는 항상 내 마음 속 스승으로 남아 있었습니다.

그런데 1990년, 시카고의 맥코믹 신학대학원에 교환교수로 가 있을 때, 그가 캐나다 토론토 북쪽 데이브레이크에서 공동체 생활을 하며 살고 있다는 소식을 들었습니다. 나는 다시 그를 찾아나섰습니다. 당장에 토론토로 날아가서 그에게 전화로 만나줄 것을 요청했습니다. 하지만 그는 정중히 내 요청을 거절했습니다.

나는 간절한 목소리로 "당신은 나의 영적인 스승이며, 한국에서 당신의 사상을 강의하고 있습니다. 내 학생들에게 좀더 진지한 강의를 하기 위해서라도 당신을 꼭 만나보고 싶습니다"라고 말했습니다. 내 정성이 통했는지, 그가 "내일 오후 5시까지 데이브레이크로 올 수 있겠느냐?"고 내게 물었습니다. 그 때가 마침 기도하는 시간이기 때문에 30분 정도 시간을 낼 수 있겠다는 것이었습니다.

이튿날, 나는 한달음에 데이브레이크로 달려갔습니다. 건장한 체구의 헨리 나웬이 문앞까지 나와 반갑게 맞아주었습니다. 어린아이같이 순진한 표정으로 맞아주는 그를 보면서 나는 도저히 그가 67세라고 믿어지지 않았습니다. 그만큼 그는 젊고 활기차 보였습니다. 정각 5시, 우리는 그의 서재로 들어갔고, 시간 가는 줄 모르고 이런저런 대화를 나누었습니다. 함께 울기도 하고 웃기도 했습니다. 둘 다 서로의 이야기에 푹 빠져 버린 것입니다. 대화는 이런 식으로 끝없이 이어졌습니다.

우리의 대화는 방문을 두드리는 직원의 노크소리가 날 때까지 계속 이어졌습니다. 내가 그의 서재를 나선 시간에 데이브레이크는 이미 캄캄한 어둠에 싸여 있었습니다. 시간을 확인하니 무려 네 시간이나 훌쩍 지나 있었습니다. 인사를 하고 급히 나오는데, 헨리 나웬이 붙잡더니 16권이나 되는 자신의 저서를 내게 억지로 안겨주는 것입니다. 그런 그에게 눈물로 작별을 고하면서 나는 마음속으로 한 가지

다짐을 했습니다. '나도 언젠가는 당신처럼 상처받은 이웃을 위하여 살겠습니다' 라고.

아무쪼록 이렇게 나의 영성 순례에 소중한 안테나 역할을 했던 헨리 나웬의 귀한 책이 또다시 몇몇 뜻있는 분들에 의해 이렇게 한국에 소개되는 것을 매우 기쁘게 생각합니다. 그분의 책들은 대부분 짧으면서 긴 여운을 남기고 있습니다. 급한 마음에 책장을 넘기다 보면 아무 것도 발견하지 못할 수도 있습니다. 지식을 채우려는 급한 마음일랑 이제 다 접어두시고, 한 자 한 자 헨리 나웬의 영혼의 숨소리를 느끼시며 따라 읽으십시오. 그러면 어느 순간 치유와 돌봄이 있는 희망의 소리를 이 책을 지은 헨리 나웬으로부터, 여러분의 고독한 내면으로부터, 아니 하늘로부터 듣게 될 것입니다.

부디 이 책 〈숲속의 영성〉을 통해서도 사랑하는 헨리 나웬의 영성이 여러분의 것으로 승화될 수 있기를 빕니다. 그래서 오랜 영적 갈증이 해갈되고, 내면 세계의 아픔과 상처가 치유되며, 이 민족 모든 그리스도인의 영성 생활이 더욱 더 맑고 깊어지기를 간절히 기원합니다.

정태기 박사
(한신대 교수, 크리스찬치유상담연구원장)

감사의 말

이 일기를 내가 출판해야겠다고 결정하는 데 도움을 준 친구들이 많이 있습니다. 내가 깊은 감사를 드리고 싶은 이들은 엘리 드루어리, 루이스 뒤프레, 밥 리프톤, 무각, 에릭 올슨, 콜린 윌리암스, 리차드 화이트, 아놀드 울프, 필 째더 등입니다.

그들이 시간을 내어서 관심을 기울여 주지 않았더라면 이 책은 빛을 볼 수 없었을 것입니다. 이 일기는 그런 사랑의 빚을 통하여 세상에 나오게 되었습니다. 그들의 그런 격려가 없었더라면, 내 일기가 친구 몇 사람만 볼 게 아니라 꼭 온 세계 그리스도인들에게 알려져서 영성을 심화하는 데 기여해야 한다는 제안에 결코 쉽사리 따르지 않았을 것입니다.

여기서 특별히 감사드려야 할 분이 있는데, 도로시 홀만입니다. 맨 처음으로 이 책의 출판 가능성에 대하여 생각해 보게 만든 장본인이지요. 그 당시 그녀가 한 말은 이랬습니다: "이것은 당신이 쓴 책 가운데 가장 자신을 의식하지 않고 쓴 거네요. 출판을 목적으로 쓴 것이 아니기에 오히려 출판할 필요가 있는 것 아니겠어요?" 그러나 그렇게 별 의식없이 썼기에 어휘나 문체에 취약한 부분들이 많이 나타나고 있습니다. 나는 관심을 갖고 원고를 교정해 준 스티븐 리히, 밥 워너, 존 모갑갑에게도 깊은 감사를 드립니다.

마지막으로, 편집에 도움을 준 밥 헬러와 비서로서 온 정성을 아끼지 않은 팻 머레이 켈리, 신디 헬버슨, 캐티 힉스, 클레어 매턴 등에게도 감사하다는 말을 꼭 전하고 싶습니다.

들어가는 말

아, 꿈에도 그리던 숲속의 생활! 트라피스트 수도원에서 손님이 아닌 수도사로서 일곱 달 정도 살아보고 싶다는 나의 갈망은 결코 하룻밤 사이에 뚝딱 생긴 게 아니었습니다. 그것은 여러 해를 쉬지 않고 탐구한 결과였습니다. 고독, 내면의 자유, 마음의 평화가 중요하다는 것에 대하여 가르치고 강연하고 글로 써오면서도, 나는 줄곧 내 자신의 강박증과 환영으로 비틀거려 왔습니다.

도대체 무엇이 나를 이 책에서 저 책으로, 이 곳에서 저 곳으로, 이 프로젝트에서 저 프로젝트로 내몰았던가? 도대체 무엇이 나를 '보이지 않는 분의 실재'에 대하여, 실재하는 모든 것을 다 본 사람마냥 진지하게 생각하고 이야기하게 만들었는가? 도대체 무엇이 하나님의 사랑을 증언하도록 되어 있는 나의 소명을 하나의 따분한 직업으로 뒤바꿔 버렸는가? 어쩌다 생기는 한가한 순간이면 이런 의문들이 끊임없이 밀려들면서 나의 불안한 자기를 대면하도록 도전해 왔습니다. 어쩌면 나는 하나님과 함께 있기보다는 그분에 관하여 뭔가를 이야기하려는 쪽에 더 가까웠습니다. 어쩌면 나는 하나님의 사랑보다 남녀 사람들의 찬사에 더 관심이 있었는지 모릅니다. 어쩌면 나는 거룩한 약속들에 따라 해방을 얻은 사람이기보다 서서히 사람들의 기대치에 얽매이는 포로가 되어가고 있었는지도 모릅니다. 어쩌면……그게 아주 분명하지는 않지만, 내가 내 삶의 발자취를 되돌아보고 혹독한 질문들로 상처받게 된다손치더라도 회피하지 않아야만 무언가를 알게 되리라는 사실을 깨달았습니다.

　그러나 생의 뒤안길을 되돌아보며 자꾸만 뒷걸음친다는 게 그리 쉬운 일은 아니었습니다. 그 동안 나는 준비해야 할 수업, 해야 할 강연, 끝마쳐야 할 논문, 만나야 할 사람, 걸어야 할 전화, 답장해야 할 편지들로 온통 둘러싸여 있었습니다. 나는 그게 성공이라고 여겼습니다. 그래서 나라는 사람은 절대 없어서는 안 될 사람이라고 거의 믿을 지경이 되었구요.
　내가 이 점을 좀더 깊이 들여다 보게 되었을 때, 나는 내가 이상한 역설들로 얽힌 함정에 사로잡혀 있다는 것을 깨달았습니다. 요구하는 것들이 너무 많다고 불평하면서도, 막상 요구하는 게 아무 것도 없을라치면 마음이 불편했습니다. 편지 써야 할 곳이 한두 군데가 아니라고 아우성을 치면서도, 정작 우편함이 비어 있을라치면 마음이 서글퍼졌습니다. 빡빡한 강연 일정 때문에 초조해 하면서도, 막상 초청해 주는 곳이 없을라치면 실망을 금치 못했습니다. 이 책상 위에 수북히 쌓인 것들이 다 치워질 날이 어서 왔으면 하고 동경어린 마음을 읊조리면서도, 막상 그런 날이 오면 어떡하나 두려워하였습니다. 간단히 말해서, 홀로 있기를 갈망하면서도 정작 홀로 남겨지는 것을 몹시 두려워하였습니다.
　이러한 역설들을 알게 되면 될수록, 나는 내가 얼마나 나의 강박증과 환영에 깊은 애착을 갖고 있는지를 알기 시작하였습니다. 그래서 뒤로 물러나 "내 작은 세계를 긍정했다 부정했다 하는 격랑 아래로 과연 고요한 흐름이 있을까? 내 삶이 닻을 내렸다가 바로 거기서부터 희망과 용기와 확신을 가지고 뻗어나갈 수 있는 조용한 지점이 과연 있는 걸까?"라고 자문해 보아야 할 필요가 있음을 절실히 느끼게 되었습니다.
　뒤로 물러나야 할 필요가 있음을 점점 더 깨달으면서도, 나는 이 일을 결코 혼자서는 해낼 수가 없음을 알고 있었습니다. 심각한 결단이나 위대한 인생 체험들에는 인도자가 필요해 보입니다. '하나님 한 분께만' 나아가는 길은 좀처럼 홀로 걸어가지 않습니다. 내 경우에는, 인도를 받아야 할 필요에 대하여 전혀 의문이 없었습니다. 처음에는 그것이 정확히 무엇을 의미하는지 대단히 불분명하였습니다. 그러나 내가 영성 탐구의 길뿐만 아니라 이 나라 안의 이 길 저 길을 여행하면서 나한테는 이미 서서히 그 대답이 마련되고 있었습니다.

10여 년 전, 마이애미에서 토페카로 긴 여행을 떠난 적이 있습니다. 그 때 나의 이야기 상대가 될 만한 사람을 찾아볼 생각으로 켄터키에 있는 겟세마네 트라피스트 수도원에 들른 적이 있었지요. 손님 접대를 맡은 책임자는 내가 심리학을 공부했고 또 이제 곧 대학에서 심리학을 가르칠 거라는 사실을 알고, 반가운 듯 빛나는 눈망울로 이렇게 말했습니다: "그런데 우리 트라피스트 수도회에도 심리학자가 있어요. 그분한테 부탁드려서 당신을 찾아뵙도록 해드릴께요."

조금 있다가 응접실로 걸어 들어오는 사람이 있었습니다. 바로 그 수도원의 영성 지도자 존 유즈 밤버거였습니다. 나는 내가 아주 드물고 대단히 신념에 찬 인물을 만났다는 사실을 금방 알아챌 수 있었습니다. 내가 하는 말을 주의깊게 관심어린 모습으로 경청하던 존 유즈, 그에게는 깊은 확신과 선명한 시각도 겸비되어 있었습니다.

그는 나에게 많은 시간과 주의를 쏟으면서도, 내가 단 1분이라도 허비하는 걸 허용하지 않았습니다. 내가 내 느낌과 생각을 아주 자유롭게 드러내도록 하였습니다. 한편, 자신의 느낌과 생각도 주저없이 표현하였습니다. 그는 이런 선택 저런 선택에 대하여 깊이 생각해 보고 결정내릴 수 있도록 여지를 제공하였습니다. 어떠어떤 선택과 결정이 다른 것들에 비하여 더 낫다는 의견도 기탄없이 내보였습니다.

그는 나에게 스스로 길을 찾아보도록 하면서도, 올바른 방향을 보여 주는 영성 지도를 숨기지 않았습니다. 대화를 나누면서 나타난 존 유즈의 모습은 경청자이면서도 동시에 안내자였습니다. 상담자이면서도 동시에 시노사였습니다. 그래서 이분이야말로 내가 그토록 절실히 필요로 했던 사람이구나라고 깨닫는 데는 그리 오랜 시간이 걸리지 않았습니다.

노동과 기도와 예전의 향기 그윽한 제네시 수도원, 헨리 나웬이 영성수련을 했던 곳

주로 심리학과 신학으로 채색된 존 유즈의 생애는 내 자신의 이야기와 상당히 많은 연관을 맺고 있었습니다. 그래서 나는 우리의 만남 속에서 하나님의 인도하심을 생생하게 감지할 수 있었습니다. 그가 받은 의학 및 정신의학 훈련, 그의 신학 교육 및 수도원적 영성 형성, 그리고 미 해군 복무에서부터 간호담당 및 신병훈련 책임자라는 그의 역할에 이르기까지 그가 겪은 광범위한 경험들은 마치 내 자신의 노력과 포부와 환상들을 상당부분 반영하는 것 같았습니다.

서로 다른 점과 닮은 점이 연결된 이 평범하지 않은 결합때문에 은혜충만한 관계가 형성되었습니다. 그 결과, 영성 지도가 촉진될 수 있었습니다. 물론 지금도 그 관계는 계속 자라고 있지요. 그래서 나는 그 뒤로도 여러 번이나 겟세마네를 방문하였습니다. 그 와중에서 나는 당연 존 유즈야말로 무척 통찰력이 깊을 뿐만 아니라 상당히 공감적인 영성 지도자임을 알게 되었습니다.

3년간 유럽에서 지내면서 존 유즈와 만나는 일이 흐지부지되었을 무렵, 나는 그가 뉴욕 북부에 자리한 제네시 수도원 원장으로 뽑혔다는 소식을 들었습니다. 그리고 나는 그곳을 처음 방문하는 자리에서, 나도 가까운 장래에 내 하던 일을 훌훌 벗어던지고 내 자신의 강박증과 환영들을 탐구하면서 임시 수도사로서 존 유즈의 정규적인 영성 지도를 받으며 살 수도 있겠구나라는 생각을 하게 되었습니다. 이 생각을 구체화하는 데 주저주저했던 일이 지금도 생생하게 기억납니다.

나는 일시적으로 트라피스트 수도사가 되어보고 싶다는 나의 갈망이 매우 예외적인 것이라는 사실을 잘 알고 있었습니다. 그러기에 나는 그들이 미소를 머금으며 "우리는 이 곳에서 평생을 살려고 들어오는 것이지 잠시 쉬었다 가려고 들어오는 게 아니오"라고 할 줄로만 알았습니다. 더 이상의 기대는 하지 않았지요. 그런데 날라온 답장에는 내가 예상했던 '불가'라는 말이 없었습니다.

존 유즈는 내 생각을 넓은 마음으로 받아들여 주었습니다: "우리 수도 공동체는 임시 회원을 받아들이고 있지 않습니다. 그렇지만, 당신의 간절한 바람을 생각해 보고 수도사들과 논의한 뒤 예외적인 경우를 수용할 있는지 알아보겠습니다." 그 뒤 반 년이 지나 편지가 왔습니다. 그 속에는 '투표에 부친' 결과, 내 쪽에서 준비되는 대로 받아들일 수 있게 되었다는 기쁜 소식이 들어 있었습니다.

마침내 1974년 6월 1일, 수북히 쌓혀 있던 책상 위 서류들을 깨끗히 정리한 다음, 나는 7개월 동안 트라피스트 수도사로 살기 위하여 뉴욕 로체스터로 날아왔습니다. 그리고 성령강림주일인 6월 2일부터 이 일기 속에 최종적으로 다듬어져 실릴 글들을 쓰기 시작하였습니다.

차 례

추천의 말 · 5
감사의 말 · 8
들어가는 말 · 9

첫번째 내 영혼의 일기 · 17

6월: 낙원을 찾아온 한 이방인
A Stranger in Paradise

두번째 내 영혼의 일기 · 57

7월: 당신은 하나님의 영광이어라
You Are the Glory of God

세번째 내 영혼의 일기 · 115

8월: 세상 밖에서, 세상과 함께
Out of the World, With the World

네번째 내 영혼의 일기 · 147

9월: 세상을 위하여 기도하라
Pray for the World

다섯번째 내 영혼의 일기 · 175

10월: 이방인과 친구
Strangers and Friends

여섯번째 내 영혼의 일기 · 197

11월: 한 분이신 주님
Many Saints and One Lord

일곱번째 내 영혼의 일기 · 225

12월: 기다림의 계절
Waiting Quietly and Joyfully

나오는 말 · 255
주 · 259

첫번째 내 영혼의 일기

6월: 낙원을 찾아온 한 이방인
A Stranger in Paradise

6월
낙원을 찾아온 한 이방인

6월 2일, 주일

아, 내가 여기 이렇게 오게 되다니! 무엇보다도 먼저 여기 있도록 해주신 하나님께 감사를 드린다! 지난밤 월터가 로체스터 공항에 마중 나와 나를 태우고 어둠이 짙어져 가는 제네시 계곡을 지나 트라피스트 수도원으로 데려다 주었을 때, 나는 뼈저린 감사를 느꼈다. 내 인생에서 일곱 달 동안 단절 기간을 갖고, 2년 전 방문했을 때 그토록 깊은 감명을 주었던 서른 명의 수도사들과 합류하기로 한 결정이 정말 잘한 것이었음을 알게 되었다.

우리가 산등성이를 올라 수도원 건물들이 바라보이는 곳에 다달았을 때, 찬란하던 붉은 노을은 이미 짙은 어둠 속으로 들어가 버린 뒤였다. 월터가 내 방을 보여 주었다. 수도사들의 독방이 늘어선 작은 복도 한가운데 자리잡고 있었다. 고요했다……. 수도원장 존 유즈는 월터 수도사를 시켜 나를 환영한다는 카드를 보내 주었다. 책상 위에는 아침식사가 새벽 3시에 5시 사이에 식탁에 차려져 있을 것이라는 수도원 부원장 스티븐의 우정어린 쪽지가 놓여 있었다. 어둠 속에서 나는 소예배실을 발견하고 기도를 드렸다.

감사드려야 할 이유가 너무 많았다. 내 마음을 하나님께로 돌려주시고 하나님의 사랑으로 나를 자유롭게 해주시라고 기도해야 할 이유도 너무나 많았다. 7개월! 내가 느끼는 유일한 느낌은 이 기간이 너무 짧고 너무 일시적이고 너무 실험적일 것이라는 사실이다. 하지만 오늘은 성령강림주일, 성탄절은 아직 멀었다.

내 '독방'으로 돌아와 짐가방을 풀어 보았다. 나는 내가 가져오기로 작정했던 책보따리들을 보면서 화들짝 놀라고 말았다: 스페인어 성경, 십자가의 성 요한 저서들, 미국 역사책, 일반 잡초들에 관한 책, 소설 〈선(禪)과 오토바이 정비술〉. 어쩌면 이런 책보따리는 내가 트라피스트 수도원에서 무료해지면 어떡하나 하는 무의식적인 두려움의 발로인지도 모른다.

6월 3일, 월요일

수도원의 은둔 수도사, 엘리아를 만났다. 이전에 방문했을 때 우정을 나누게 되었던 요리사 크리스찬 수도사가 나를 숲속길로 안내하더니, 이 놀랄 만한 분에게 나를 소개시켜 주는 게 아닌가! 우리는 20분 동안 이야기를 나누었다. 그 사이, 엘리아 수도사는 실제로 내가 들을 필요가 있는 말들을 거의 다 해주었다.

그는 곧잘 험악해지는 기후 속에서 이런 날씨의 변덕도 얼마나 좋은지—그의 표현대로라면, "조♪-오♪-은지" 모른다고 말하였다. 날씨의 변덕조차도 하나님의 대한 갈망을 심화시켜 주기 때문이라는 설명이었다. 폭풍이 일 때는 부드러운 미풍을 바라게 되고 구름이 뒤덮일 때는 태양을 바라게 되며 메마른 대기는 비를 바라게 되듯, 그의 마음은 하나님의 마음을 배우게 되며 어느 것 하나 당연한 것으로 여기지 않게 된다는 것이었다. 그는 이렇게 말했다: "나라 안에서 이 지역이 그토록 좋은 것은 온갖 선한 것들이 다 하나님의 선물임을 깨닫게 해주기 때문입니다. 늘 햇빛이 내리쬐면, 사람은 그것이 하나님의 선물임을 잊어 버리고 더 이상 주의를 기울이지 않고 말지요." 이 말을 하는 동안, 행복한 눈에 덥수룩한 수염을 지닌 그의 작고 둥근 얼굴이 더욱 투명해지는 것 같았다.

그의 솔직담백한 태도는 아름답기까지 하였다. 그는 주님을 향한 자신의 사랑을 이야기하면서 이렇게 말했다: "주님에 대하여 흥분이 일면, 당장 뛰어나가서 모든 사람들한테 그분에 대하여 이야기를 해 주고 싶은 충동이 생깁니다. 그러나 내가 그럴 순 없지요. 여기 머물면서 기도를 해야 하니까요." 그리고 그 큰 눈으로 나를 똑바로 바라보면서 이렇게 덧붙였다: "주님에 대하여 어떻게 이야기할 것인가 걱정하지 마세요. 주님께서 당신 마음 속에 들어오시도록 허용하기만 하면, 그분께서 당신에게 할 말을 일러주실테니까요."

나는 이 말을 새겨들을 필요가 있었다. 나는 아직도 공부할 시간, 책 읽을 시간이 부족하다고 걱정하고 '있었기' 때문이다. 이곳 생활이 끝난 다음, 해야 할 강의들도 잔뜩 염려가 되었는지라……. 하던 일을 멈추고 이 소박한 삶 속으로 들어온 일이 과연 잘한 일일까? 이 생활이 좀더 훌륭한 선생이 되는 데 과연 어떻게 도움이 될까? 이런 질문들이 잘못된 거라는 것은 나도 알고 있었다. 나도 신학이 기도 속에서 태어날 필요가 있음을 모르는 바 아니었다. 그러나 영성 지도자 엘리아가 그 점을 잊지 않도록 나한테 다시 한번 일깨워 줄 필요가 있었다.

우리는 토마스 머튼에 대해서도 이야기를 나누었다. 엘리아는 칭찬하는 형태로 그를 비판할 줄도 알았다. "그분은 훌륭한 저술가였지요. 그분의 책들은 매우 훌륭합니다. 고독을 그다지 체험하지는 않았지만, 그것에 대하여 아주 잘 이야기했어요." 나는 그 말이 얼마나 옳은지 알고 있었다.

고독에 대한 머튼의 깊은 갈망은 그의 사교적 성품과 줄곧 긴장관계에 놓여 있었다. 머튼 주변에는 사람들이 늘 들끓었다. 사람이 없을 때라도 편지와 책들이 늘 쌓여 있었다. 그리고 그는 그런 상태를 좋아라 하였다. 하지만 그는 죽는 날까지 하나님과 홀로 지낼 수 있는 암자를 꿈꾸며 살았다. 인도를 여행하던 기간에는 알래스카에서 은둔할 수 있는 암자에 관하여 글을 쓰기도 하였다. 고독을 향한 깊은 갈망과 수많은 사람들에 대한 깊은 연민 사이의 긴장때문에 머튼은 바로 그런 모습의 작가가 될 수 있었다. 그리고 영성 지도자 엘리아는 바로 그 점을 꿰뚫고 있었다.

엘리아는 몇 포기 안 되는 채소들을 우리에게 보여 주었다. 그리고 자신이 먹는 채소들 속에는 수분이 충분히 들어 있기에 물을 마실 필요는 없다는 설명도 해주었다. 나는 그의 영성수련 방법에 대하여 물어 보았다. 그는 이렇게 말했다: "나는 새벽 2시에 일어나, 캐나다 육군 체조로 근육을 단련시키고, 이어서 묵상에 들어가지요." 밤 시간 동안에 그는 기도를 한다. 또 여러 가지 필요한 것들—작은 것들이지만 정말로 필요한 것들—곧 옷가지와 먹거리도 챙기고, 그의 자그만 초막도 돌본다. 그리고 이른 아침 암자를 떠나 목공소로 가서 새 성전에 쓸 가구들을 만든다. 오후에는 공부도 하고 묵상도 한다. 저녁 7시경이면, 다음날 산뜻한 출발을 위하여 잠자리에 든다.

우리는 그의 조그만 암자를 둘러보았다. 방은 단칸, 그것도 한쪽 구석은 소예배실로 구분되어 있었다. 책들이 놓여 있는 탁자 두 개, 벽쪽에 기대서 접어놓은 침대 하나, 그가 앉아서 묵상기도할 때 쓰는 작은 돗자리 하나. 그는 그런 것들을 기쁘게 보여 주었다. 그는 나에게 축복해 주기를 부탁했다. 그는 나를 만나서 얼마나 기쁜지 모르겠다고 말하였다. 그리고 우리가 멀찍이 걸어나올 때까지 꿈쩍도 않은 채 잘 가라고 마냥 손을 흔들어 주었다.

6월 4일, 화요일

오늘은 '은둔 수도사의 날'이었다. 오전 6시부터 오후 4시 30분까지 무엇이든 하고싶은 일을 자유롭게 할 수 있는 날! 나한테는 그야말로 멋진 날이었다. 나는 촉촉한 들판을 마냥 거닐었다. 그리고 나서는 오전 내내 콜콜 잠을 청하였다. 깊고 곤한 잠이었다. 이곳에 온 뒤로 줄곧 그래왔듯이. 꿈을 꾸었다. 완전히 '겹치기 꿈'이다. 꿈꾸는 꿈, 깨어나는 꿈, 잠들어 있는 꿈 등―무척 피곤한 것이 틀림없다. 그래도 내가 잘 따라가고 있는 것같다. 모든 것이 예상했던 대로…….

지속적인 침묵은 나에게 진정한 치유를 체험하게 한다. 수도사들은 대부분 몸짓 언어로 의사소통을 한다. 주제가 손가락 가지고 다루기에 너무 복잡할 때만, 그들은 필요한 대화를 위하여 예비된 방으로 서로를 불러들인다.

내 손수 점심을 짓느라 재미가 있었다. 물을 좀 끓이려고 꼼지락대다가 그만 엄지손가락을 뎄다. 존 유즈 원장은 내가 손을 다치고도 침묵을 깨지 않으려 애쓰는 것을 알아채고는, 나더러 먹던 버터 속에다 손가락을 찔러넣어 보라고 하였다. 그랬더니 통증이 싹 가셨다.

6월 5일, 수요일

아침기도―새벽 5시에 공동으로 드리는 매일기도―가 끝나자, 안토니 수도사가 나를 빵공장으로 데려갔다. 그리고 '뜨거운 빵 부서'에서 일하게 하였다. 내가 뜨거운 빵―처음에는 갈색빵, 다음에는 흰색 빵, 그 다음에는 건포도빵―을 야구글러브같이 생긴 장갑을 끼고 집에서 톱니바퀴형 선반 위에다 올려놓자, 빵들은 '냉각실'로 운반되었다. 천성이 착한 크리스찬 수도사도 같은 일을 하였다. 그가 일하는 것을 보면 언제나 쉬워 보였다. 빵들이 수백 개씩 내 쪽으로 밀려오는 것을 보고 와락 겁이 났다. 하지만 내가 그렇게 속도를 따라가지 못하고 있을라치면, 크리스찬 수도사는 웃으면서 '내 몫'을 대신 집어올려 주곤 하였다.

그러는 사이, 나는 "얼굴에 땀을 흘려야 낟알을 먹을 수 있을 것이다"(창세기 3장 19절)라는 말씀을 묵상하였다. 나의 삶 속에서 빵과 땀이 이렇게 밀접하게 이어졌던 적은 한번도 없었다.

영성 지도자 존 유즈와 좋은 대화를 나누었다. 지금까지 지내면서 얼마나 즐거웠는지, 내가 공동체를 얼마나 좋아했는지, 그리고 체험했던 것들이 전부 다 어찌나 호사롭게 보였는지를 이야기하였다. 그는 내 말을 부정하지 않았다. 수도원 생활이란 한 마디로 평생 동안의 휴가를 창조하는 것이라고 말하기도 하였다. "당신은 당신 힘만으로는 그 일을 이루지 못할 것입니다. 그래서 우리는 공동체를 이루고 삶의 모든 것을 하나님의 선물로 체험하는 것입니다—찬양이 이토록 중심이 되는 이유가 바로 그겁니다—하나님의 선물에 대한 찬양이지요."

나는 몇 달이 지나면 나도 다르게 느낄지 모르고 또 내가 예견했던 것 이상으로 긴장을 느낄지도 모르겠다고 조심스럽게 말하였다. 그랬더니, 그는 이렇게 말했다: "아니, 그렇지 않아요—당신은 여기 오래 있을수록 더 좋아하게 될 걸요. 시토회 수도사들은 늘 수도원이야말로 지상의 낙원이라고 생각했어요. 성 버나드의 글을 읽어 보세요." 솔직히 나는 나의 좋은 느낌들을 그리 대단하게 인정해 주리라곤 기대하지 않았다. 그래서그런지 한결 더 고마웠다.

남은 시간 동안, 우리는 사막 교부들의 영성(헤서케즘)을 논하고 있는 책들에 대하여 이야기를 나누었다. 존 유즈는 이 전통을 연구하는 데 좋은 안내자가 될 것이다. 그는 매우 유용한 제안들을 하였다. 우리는 도서관으로 가서, 연구를 시작하는 데 필요한 책들을 몇 권 골랐다.

6월 6일, 목요일

오늘은 막노동꾼으로 하루를 보냈다. 나는 야고보 수도사와 함께 뜨거운 빵 부서에서 일을 하였다. 그는 금방이라도 머리가 떨어져 내리지 않을까 생각될 정도로 아주 경건한 모습을 갖춘 채 성가대석에 앉아 있곤 하던 청원자였다. 참 좋은 사람이다. 로체스터에 있는 한 낙농가의 아들이다.

갈색빵이 끝나고 흰색빵이 나오기까지 약간의 짬이 생겼다. 그 때, 그는 자기 아버지가 더 이상 농장일을 못하겠으니 아들 가운데 하나가 그걸 이어받아 주었으면 하셨다는 말을 하였다. 야고보 수도사가 한동안 그 일을 맡아 보았단다. 그러다 그는 넉 달 전 트라피스트 수도원으로 들어왔다. 지금은 그의 형제들 가운데 한 명이 그 일을 시도 중이란다. 그는 농장을 맡아 해볼 만한 형제들은 충분하게 있지만, 아직 그 누구도 제대로 준비가 되어 있지는 않은 듯싶다고 말하였다. 두 시간의 작업이 끝났다. 냄새가 향긋한 건포도빵이 콘베이어 벨트를 타고 밀려왔다. 야고보 수도사가 몸을 돌려 나를 씩 바라보더니 이내 함박웃음을 지으며 말을 던졌다: "난 이 일이 다 끝나면 빵 한 덩어리는 통째로 먹어치울 수 있다구요."

오늘 오후는 브라이언 수도사와 일을 함께 하였다. 그는 노스캐롤라이나에 있는 옥스퍼드 공동체를 떠나 제네시에서 살고싶었다고 말하였다. 우리는 목재 한 짐을 세탁소 창고에다 쌓았다. 나무는 새 성전 마루를 까는 데 쓰기 위하여 맵시나게 손질된 떡갈나무였다.

내가 이제 이 일을 할만큼 했다고 생각했을 무렵이었다. 안토니 수도사가 무거운 시멘트 벽돌들을 화물차에 싣고 가서 숲속 야적장에 부리고 오자고 하였다. 두어 차례 왔다갔다 했더니 일이 끝났다. 안토니 수도사는 이 일을 마치 잔심부름 정도로 이야기하였다. 두어 차례 왔다갔다 한 뒤—거의 탈장을 일으킬 뻔했다—안토니 수도사한테 성탄절이나 되어야 몸이 제대로 풀려서 일을 할 수 있을 것 같다고 했더니 피식 웃었다.

오늘 하루를 지내는 동안, 나는 〈선과 오토바이 정비술〉에서 피시그가 아욕 등반(ego climbing)과 무욕 등반(selfless climbing)을 구분

짓고 있는 대목을 자주 생각해 보았다. 이 대목이 나한테는 상당히 중요하다고 보였다. 여기 인용을 해볼까 한다. 퍼시그는 열한 살짜리 아들 크리스가 어느 협곡 능선에 야영을 와서 자꾸만 재미없다고 하자, 그 까닭을 애써 설명하면서 이렇게 적고 있다: "숙달되지 않은 사람이라면 그 눈에는 아욕등반과 무욕등반이 똑같이 보일 수 있다. 두 종류의 등반가 모두 한 발을 다른 발 앞에 내딛는다. 둘 모두 같은 비율로 숨을 들이쉬기도 하고 내쉬기도 한다. 둘 모두 지치면 발걸음을 멈춘다. 둘 모두 쉬었다가 다시 전진한다. 그러나 굉장히 다르다. 아욕등반가는 고장난 기계 같다. 발을 내려놓는 순간이 너무 빠르거나 너무 더디다. 나무들 사이로 비쳐오는 아름다운 햇살을 보지 못하고 지나쳐 버리기 일쑤다. 걸음걸이가 흔들흔들 지쳐 있음에도 그냥 가버린다. 쉬는 것도 규칙적이지 않다. 방금 전 두 번이나 보아서 앞쪽에 무엇이 있는지 알고 있으면서도, 또다시 앞에 무엇이 있는지 알아보려고 오솔길을 올려다본다. 몸 상태에 비해 너무 빨리 가거나 너무 늦게 간다. 말을 해도 늘 어떤 다른 곳, 어떤 다른 일에 대하여 궁시렁거린다. 여기에 있으면서도, 실은 여기에 있지 않는 것이다. 이곳을 거부하고 이곳에 불만을 품는다. 오르막길로 더 올라가고 싶어한다. 그러나 막상 그곳에 이르면 또 불만에 쌓인다. '그곳'이 이제는 '여기'가 되어 버렸기 때문이다. 자기가 찾고 바라는 것이 모두 다 자기 주변에 있는데도, 그 모든 게 자기 주변에 '있다'는 바로 그 이유때문에 그것을 바라지 않는다. 걸음걸이 하나하나가 육체적으로나 영성적으로 고역이 될 수밖에 없다. 자신의 목표가 외부에 그리고 저 멀리 있다고 상상하기 때문이다."[1]

　　퍼시그는 바로 나와 내 문제를 기술하고 있는 것같다. 나는 하나님의 현존 안에서 사는 법을 배우고 지금 여기서 하나님을 맛보기 위하여 이 수도원에 들어왔다. 그러나 내 내면에서는 '아욕등반'이 줄기차게 이어지고 있다. 나한테는 글로 쓰고 싶은 생각들이 너무 많다. 배우고 싶은 기술들도 너무 많다—오토바이 정비술도 지금 그 가운데 하나다―지금이든 나중이든 다른 사람들한테 해주고픈 이야기들이 너무 많다. 그리하여 나는 하나님께서 내 주변에 계신다는 사실과, 나한테 늘 아주 가까이 계시는 그분을 간과한 채 저 앞에 있는 것만을 보려고 몸부림치고 있다는 사실을 '보지' 못하고 있는 것이다. 아욕등반에서 무욕등반으로! 그것이 내 영성수련에 딱 맞는 멋진 이상으로 보인다. 그러나 그것은 저기 먼 길이요 저기 높은 산이다.

어쩌면 나는 그것을 배우기 위하여 곤욕을 치를 필요가 있는지도 모른다. 나는 무욕등반을 자아여행으로 만들 수 없다. 퍼시그는 이 책 또다른 대목에서 이렇게 적고 있다: "곤경을 피하려고 해서는 안 된다. 그것은 모든 참된 이해의 정신적 선행사항이다. 곤경을 사심없이 받아들이는 것이야말로 다른 노력들에서처럼 기계적인 작업에서도 온갖 '속성'을 이해하는 열쇠다."[2] 이것은 매우 중요한 생각같아 보인다. 하나님께서는 내가 곤경에 처할 때 나를 도우신다. 지금까지는 모든 게 너무나 아름다웠다. 너무나 풍요로웠다. 너무나 기쁨충만했었다. 내가 하고 싶은 말은 그저 '감사하다'는 말뿐이다.

이제는 좀 자두는 게 낫겠다. 두 시, 내게는 아직 너무 이르다.

6월 7일, 금요일

크리스찬 수도사가 나한테 수도복 한 벌을 지어 주었다. 그는 나를 재봉실로 데려갔다. 우리는 겉옷 길이를 얼마만큼 하느냐를 놓고 장난도 쳤다. 나는 그의 옷보다는 더 짧게 하고 싶었다. 하지만, 결국 우리는 '짧되 볼품사납지 않을 만큼' 한다는 선에서 합의를 보았다.

수도복을 입으니 기분이 좋다. 두건이 딸린 겉옷, 진회색 바지에 가죽 허리띠. 이제 공동체의 일부가 되었다는 느낌이 더욱 진하게 든다. 몇 차례 미소외 몸짓언어로 인사를 받았다. 사람들은 '임시 수도사'에 대하여 좋은 느낌을 갖고 있는 같았다. 오늘 아침, 크리스찬 수도사는 내 함 속에다 쪽지 하나를 넣어 두었다: "수도복을 입으니 멋져 보이네요. 전체적으로 수도생활에 아주 훌륭하게 적응하고 계셔요—계속 성공하시기를!" 참 격려가 되는 쪽지다. 그러면서도 한편으론, 내 스스로가 약간은 백설공주의 궁전에서 온 볼썽사나운 난장이 같은 느낌이 든다.

요즘 다른 수도원들에 관한 보고서를 죽 읽어 오고 있다. 이 보고서는 지난달 로마 총회에서 논의된 것들이다. 온 세계 트라피스트 공동체들의 삶에 대하여 이야기하고 있다. 문제점들도 요약되어 있고, 몇 가지 제안도 하고 있다. 나도 수도원을 몇 군데 알고 있는 터라, 각별한 관심을 가지고 그것들에 대한 보고서를 읽고 있다. 모두가 매우 공감적이다. 전체적으로도 긍정적인 논조를 띠고 있다. 하지만, 비판도 서슴지 않고 있다. 나한테 계속 충격을 주었던 부분은 세 군데였다: 수도원장의 결정적인 역할(관상 수도원의 분위기는 대부분 그의 지도력에 좌우되는 것 같다); 가난과의 투쟁(몇몇 수도원들은 상당히 부유해졌는데 그게 외려 영성생활에 위협이 되고 있다); 영적 독서 문제 ('자유 시간'을 잘 보내는 게 보기처럼 쉽지 않다. 거기 필요한 영성 및 지성 형성도 언제나 가능한 것이 아니다). 전체적으로 영성 지도력이 필요한 것같다.

오후에는 솔트 크리크 강에서 브라이언 수도사와 함께 새 성전에 쓸 화강암을 찾았다. 화강암과 사암을 구별하기란 결코 쉬운 게 아니었다. 많은 돌이 석회로 덮여 있어서, 처음 보면 모두 다 비슷비슷해 보였기 때문이다. 하지만 조용한 브라이언 수도사의 자상한 도움때문에 서서히 그 둘을 구분하는 감각을 터득하게 되었다.

오후 내내 해묵은 의문들에 시달려야만 했다: 나는 왜 진짜로 일을 즐기지 못할까? 나는 왜 내 책으로 돌아가서 영성생활에 관한 글들을 읽고싶어 하는가? 시냇물 바닥에서 돌을 고르는 일이 가장 훌륭한 영성생활이 될 수도 있지 않을까? 왜 나는 늘 영성생활에 '관해서' 읽으려고만 하지, 그것을 실제로 실천에 옮기려고 하지는 않는 걸까?

브라이언 수도사는 지극히 평온하고 만족스러워 보이는 데 반해서, 나는 너무나 불안하고 끈기가 없었다. 그래서 나는 내 자신한테 줄곧 이렇게 되뇌었다: "긴장 좀 풀고 지금 하고 있는 일을 즐겨라." 한참이 지나자 기분이 좀 나아졌다. 재미있게 생긴 돌들도 몇 개 발견하였다. (빵공장일랑 닫아버리고!) 금을 찾아보는 게 어떠냐고 브라이언 수도사와 농담도 주고받았다. 그리고 한결 나아진 기분으로 수도원으로 돌아왔다.

6월 8일, 토요일

오늘 아침, 나는 건포도 더미에 손을 담갔다. '제빵담당 책임자'인 테오도르 수도사는 나에게 건포도 마흔 상자를 씻으라고 지시하였다. 건포도를 일종의 석쇠 위에다 쏟아부었다. 그 다음에 엉겨붙은 건포도 덩어리를 손으로 으깨어 살짝 누르면 석쇠 구멍 밑으로 **빠졌다**. 그러면 맞은편에 서 있는 테오도르 수도사가 **빠져나온** 건포도에 이물질이 섞이지는 않았는지 검사를 하였다. 나무 조각이나 종이 부스러기나 돌 조각들이 섞인 **빵**을 사람들이 먹지 않도록 하는 것, 그가 바라는 것은 분명 그것이었다.

불과 며칠도 안 되어, 나는 존 수도사와 친한 사이가 되었다. 존은 1951년 겟세마네에서 이 제네시로 옮겨와 수도원의 초석을 놓은 개척자 가운데 한 명이었다. 그는 자연을 매우 사랑하는 사람이었다. 새들에 대해서도 진짜 전문가였다. 오늘 아침 10시, 그는 나에게 일명 "새 관찰 첫 수업"을 하겠다고 하면서 나를 밖으로 데리고 나갔다. 그러나 결과는 새 관찰 수업이라기보다 새 소리 경청 수업이 되고 말았다. 새는 코빼기도 안 보이고, 그 놈의 새 소리만 엄청 들었기 때문이다. 나는 새 소리를 착착 식별해 내는 존 수도사의 예민한 귀에 매우 강한 인상을 받았다. 갖가지 소리를 식별해 내면서 자연과 대화를 나누며 숲속을 거닐 수 있다는 것은 아무래도 커다란 기쁨임에 틀림없다. 나는 얼룩다람쥐 소리와 새 소리가 어떻게 다른지도 분간할 줄 몰랐다. 어쨌든 울새, 휘파람새, 꾀꼬리, 참새 등에 관하여 배울 것이 한도끝도 없었다. 까마귀와 붉은배딱다구리(배가 붉은 게 아니라 머리가 붉었지만)는 아주 손쉽게 식별할 수 있었다. 지빠귀와 딱새 소리도 들을 수 있었다. 집으로 돌아올 때 보았는데, 칼새도 여러 마리가 공중에 두둥실 날아다니며 노닐고 있었다. 아, 그러다 보니, 어느새 내가 모기떼의 표적이 되어 있는 게 아닌가!

빵공장의 역사는 알아 둘 만한 가치가 있다. 그 시작은 실베스터 수도사한테서였다. 수년 전, 그는 해군에서 얻은 경험을 살려 수도사들이 먹을 빵을 구워냈다. 해군에서 배운 해묵은 조리법을 약간 변형시킨 거였다. 그는 이렇게 말했다: "우린 빵에다 버터를 발라먹지 못하게 되어 있기 때문에, 버터를 바를 필요가 없는 그런 빵을 만들어 보려 애를 썼지요. 그런데 수도원에 온 손님들이 하도 칭찬이 자자해서 남은 빵들을 구워내기 시작한 겁니다." 그러더니 금방금방 주문이 들어오기 시작하였다. 빵 냄새만이 아니라 사업 냄새도 풍기게 된 것이다. 실베스터 수도사는 자신의 제조법으로 특허를 따냈다. 몇 가지 빵 기계도 사들였다. 그리고 얼마 안 가, 일명 '수도사의 빵'은 뉴욕에서 널리 알려진 특제품이 되어 버렸다. 지금은 한 주에 3일씩, 15,000개 가량의 빵덩어리가 콘베이어벨트에서 흘러나온다. 실베스터 수도사는 빵을 얇게 써는 절단기계에서 일하다, 나머지 작업시간은 수위와 제화공으로 일한다. 가끔 침묵시간이면 그는 게시판에다 이런 쪽지를 남겨놓곤 했다: "진흙을 털지 않고 가져온 신발은 이제부터 수선해 주지 않겠음." 실베스터 수도사는 진짜 수도사다. 무척 겸손하다. 그리고 황당한 짓도 하지 않는다.

노동에 대한 나의 태도를 좀더 생각해 보아야 할 것같다. 이번주에 내가 배운 것이 있다면, 묵상적인 노동방식이 존재한다는 사실이다. 이것이 내게는 기도하거나 책을 읽거나 노래하는 것보다 더 중요하다. 사람들은 대부분 기도하러 수도원에 간다고 생각한다. 물론 내가 이번주에 여느 때보다 더 많은 기도를 드린 것은 사실이다. 그러나 내가 이제껏 손으로 하는 일을 기도로 만들 줄은 몰랐구나라고 깨달은 것도 사실이다.

6월 9일, 주일

아침기도가 끝난 뒤, 존 유즈 수도원장이 삼위일체 하나님를 주제로 짧막한 설교를 하였다. 그의 메시지는 명확하고 간결하였다. 신비로우면서도 지극히 실제적이었다. 그가 한 많은 이야기 가운데 나에게 가장 큰 감명을 준 것은 하나님을 찬양하는 일이야말로 베네딕트 수도회에서 실천하고 있는 영성생활의 시금석이라는 단순한 발상이었다. 그는 이렇게 말했다: "심지어 우리의 생산품 가격과 우리의 금전 사용까지도 우리의 삶 속에 내재하시는 하나님의 신비로운 현존을 찬양하는 걸 기준으로 결정되어야 합니다."

때마침 내 삶을 움직이는 원동력이 아주 많은 면에서 자기 영광이었음을 깨닫기 시작한 터라, 이 말은 나에게 큰 충격을 주었다. 수도원에 왔다는 것마저도 일종의 방종일 수 있었다. 노동과 관계된 나의 문제도 내 성향과 관계가 있었다. 육체노동을 분명 내 자신의 일을 하는 데 필요한 자유시간을 배로 벌기 위해서는 불가피한 작업이라고 보고 있었으니까! 심지어 기도에 관한 책을 읽는 것처럼 지극히 영성적으로 보이는 일마저도 나는 주님을 찬양하는 통로로 삼지 않았다. 외려 앞으로 맡을 강의나 저술에 필요한 흥미거리들을 메모해 두는 기회로 보았던 경우가 얼마나 많았던가! 나는 고등학교 때 예수회 회원들이 거의 모든 공책에다가 한 장 한 장 A.M.D.G(*Ad Majorem Dei Gloriam*: 하나님께 더욱 큰 영광을!)를 적게 했던 일을 생생히 떠올렸다. 그런데 고등학교 이후 24년이 지나는 동안, 나는 그 본뜻을 거의 실현하지 못했다니! 기분이 참 울적했다.

그럼에도 불구하고, 나는 하나님의 영광을 위하여 사는 삶이 모든 것을 변화시키리라는 것을 알고 있다. 그렇게 되면 비록 서로를 위하여 사는 사람이라 할지라도, 그것은 곧 하나님의 영광을 위하여 사는 삶이 될 수 있을 것이다. 사랑의 공동체 안에서는 하나님의 영광을 바로 눈으로 볼 수 있다. 이 말은 성스럽고 감미롭게 들린다. 그러나 사실 존 유즈 원장이 "우리는 서로 너무도 잘 알기에 서로 당연시하면서 우리가 우리의 신분 그 이상이라는 사실을 망각하고 있다"고 했을 때, 나는 하나님의 영광을 위한 삶이 지닌 감동적인 의미들을 깨달았던 것이다. 우리가 참으로 하나님의 생명에 참여할 때, 우리는 서로 안에서 늘 더욱더 많은 하나님의 신비를 발견하게 될 것이다. 존 유즈 원장은 하늘 나라를 더없이 친밀한 하나님의 현존과 서로들 속에 살면서 하나님의 신비를 점진적으로 깨달아 가는 발견이라고 묘사하였다. 이 땅에 사는 그리스도인의 생활은 이러한 저 하늘 생활의 출발에 불과하다.

6월 10일, 월요일

오늘은 아주 멋진 날이었다. 특히 내가 '나 자신을 위한 시간'에 마음을 빼앗기지 않고 정말 즐겁게 일을 했기 때문이다. 빵 자르는 기계에 붙어 일하는 동안, 나는 예수 기도—"주 예수 그리스도여, 저에게 자비를 베풀어 주십시오"—를 드렸다. 그러면서 왜 사람들이 스스로 빵을 썰지 않고 꼭 썰어진 빵을 찾을까 곰곰이 생각해 보았다. 그러는 가운데 나는 세례 요한 수도사한테서 빵이 잘못 잘려 기계에서 큰 덩어리로 나오면 어찌 해야 하는지를 배웠다. 빵이 비닐봉지에 차고 넘쳐서 주위에 쏟아졌다. 비상단추를 두 차례나 눌러야 하였다. 이제야 뭔가 통찰이 조금씩 생기는가 보다.

6월 11일, 화요일

오늘은 사도 바나바 기념일이다. 나는 바나바라는 말이 '위로의 아들'을 뜻한다는 사실을 지금껏 모르고 지냈다. 새벽 2시 기도 때, 아름다운 찬양과 존 헨리 뉴먼이 쓴 위로에 관한 글이 낭독되었다. 바나바는 아주 온유하고 세심한 인물로 묘사되었다.

닉슨이 중동 여행길에 올랐다. 모든 신문은 그가 워터게이트 문제들에 대한 관심을 다른 데로 돌리려 한다고 써대고 있다. 그럼에도 불구하고, 탄핵은 점점 더 현실화되고 있는 것 같다. 이 일에 대한 나의 반응이 여전히 궁금하다. 그를 위하여 기도해야 하지 않을까? 세상을 놀라게 하는 탄핵절차가 구체화되기를 은근히 바라지 말아야 마땅하지 않을까? 그는 여러 면에서 내 자신의 집착과 내 자신의 권력놀이에 따르는 위험에 대하여 시사해 주고 있다.

6월 13일, 목요일

오늘 오후는 혼자서 여러 시간 동안 무거운 화강암 덩어리를 강에서 둑까지 날라다 쌓는 일을 하였다. 이 일을 하면서 내가 오늘 아침에 읽은 '생각 통제'가 무척 힘들다는 사실을 깨달았다. 내 생각들은 사방으로 흩어져 떠도는 데 그치지 않고 수많은 부정적인 느낌들, 그러니까 내게 보여 주었으면 하는 관심을 보이지 않은 사람들에 대한 적대감, 나보다 더 많은 것들을 부여받은 사람들에 대한 질투심, 내게 편지를 보내지 않은 사람들 때문에 생기는 자기 연민, 내가 관계를 뒤틀어놓은 사람들에 대한 후회와 자책감 같은 수많은 느낌들에 대하여 곰곰이 생각해 보았다. 쇠지레를 밀고 당기는 동안, 이런 느낌들도 끊임없이 나를 밀고 당겼다. 혹여 브라이언이라도 와서 어울려 주면서 이런 느낌들을 잠재워 주지는 않을까 기대하면서 강굽이를 연방 쳐다보았다.

사막의 영성에 관한 독서 덕택에 나는 '생각 통제'의 중요성을 알게 되었다. 생각 통제가 뜻하는 것은 정신적 절제, 하나님을 향한 영성적 정신집중, 못된 생각들을 지속적으로 몰아내고 기도에 필요한 자유 공간을 마련하는 데 있어야 할 신중함들이다. 바윗돌을 캐고 나르는 일을 하면서, 나는 그 옛날 사막의 영성 지도자들이 하던 그 유명한 말 "푸제, 파체, 에 퀴에쉐"(fuge, face, et quiesce—고독, 고요, 그리고 내면의 평화 속에 살아라!)를 거듭거듭 되뇌었다. 하지만 나는 그런 상태에서뿐만 아니라 그것을 바라는 욕구에서조차 얼마나 멀리 동떨어져 있는가! 그건 오직 하나님만이 아신다.

이따금 바윗돌이 너무 무거워 옮길 수가 없거나 팔에서 빠져나가 물로 떨어지면서 첨벙 물을 튀겼다. 욕이 절로 튀어 나왔다. 욕을 기도로 바꾸어 보려 애를 썼다. "주님, 천사들을 보내셔서 이 돌들 좀 날라 주십시오." 그러나 그런 극적인 일은 결코 일어나지 않았다. 붉은 날개를 가진 까만 새들만 공중에서 심술궂게 악을 악악 쓸 뿐. 근육이 뻣뻣해졌다. 다리는 축 쳐져 있었다. 집으로 걸어 오는 동안, 나는 다름 아닌 영적 집중력이 부족하기 때문에 내 마음이 그렇게 무거웠음을 깨달았다. 슬픔은 종종 세상에 집착한 결과다. 확실히 사실이다.

저녁식사 때 독서담당인 유스띠노 수도사가 새 책으로 래리 콜린스와 도미니크 라피에르가 함께 쓴 〈아니면 상복을 입히겠지요〉를 낭독하기 시작하였다. 이 책은 안달루시아 출신의 가난한 소년에서 오늘 스페인의 최고 영웅들 가운데 한 명으로 급성장한 '엘 코르도베스' 지역 출신의 투우사 마누엘 베니테스에 관한 책이다. 그가 처음으로 투우에 출전하던 날 저녁, 그의 누나가 반대하고 나서자 그는 이렇게 말하였다. "울지 마세요, 안젤리타 누나, 오늘밤에 누님께 집 한 채를 사드릴 수 있을 거예요. 아니면 상복을 입히겠지요." 아무튼 그는 집보다 훨씬 더한 것을 샀다. 그는 지금 호텔을 여러 개 소유하고 있다. 책에서 그의 사진을 한참이나 쳐다보았다. 배짱이 좋아야 하는 투우, 그래서인지 무진장 긴장 때문에 그의 얼굴은 무겁고 심각하고 상당히 슬퍼 보였다. 과연 그는 어떤 죽음을 맞이할 것인가? 스페인 사람들이 그에게 영웅답지 못한 죽음을 허용할 것인가? 투우가 현재의 형태가 되기 시작한 이래, (프랜시스 로메로가 첫선을 보인 18세기 초엽부터) 무려 400명이 넘는 투우사들이 황소뿔에 찔려 죽었다. 이 책 이야기 전부가 몹시도 궁금하다. 간접적으로나마 투우를 관람할 수 있는 방법이니까. 우리 속은 대체 어떻게 생겨먹었길래, 사람들이 자기 목숨을 거는 걸 보고 싶어 안달일까? 그 대답은 단 한 가지, 생각 통제의 결핍!

6월 14일, 금요일

오늘 아침 성만찬 예식을 베풀 때, 우리는 이렇게 노래를 불렀다: "주, 이스라엘의 거룩하신 하나님께서 이렇게 말씀하신다. '너희는 회개하고 마음을 편안하게 하여야 구원을 받을 것이며, 잠잠하고 신뢰하여야 힘을 얻을 것이다'"(이사야 30장 15절). 앞으로 여섯달 동안 내 들뜬 영혼에 지침이 될 만한 말씀이다. 지금 나는 초조하고 들뜨고 편견에 차고 걸핏하면 의심하기 일쑤다. 이 말씀을 자주 되뇌어, 마음 속 깊숙이 가라앉도록 해야 할 것이다. "너희는 회개하고 마음을 편안하게 하여야 구원을 받을 것이며, 잠잠하고 신뢰하여야 힘을 일을 것이다." 이 말씀이 내 머리에서 마음 속으로 찾아들어 내 가장 내밀한 자아의 일부가 된다면, 나는 전혀 다른 사람이 될텐데. "살아 계신 하나님의 아들, 주 예수 그리스도여, 죄인인 저에게 자비를 베풀어 주십시오."

건포도 씻는 기계에 달라붙어, 테오도르 수도사와 베네딕트 수도사 곁에서 꼬박 네 시간 반을 일하였다. 테오도르 수도사는 건포도를 씻고, 베네딕트 수도사는 그걸 모았다. 나는 빈 상자를 접었다. 갑자기 테오도르 수도사는 기계를 멈추었다. 그러더니 주먹으로 자기 머리를 탁 쳤다. 몸짓언어를 이해하지 못한 내가 "무슨 일이오?" 하고 물었다. 그는 "돌멩이 하나가 빨려들어 갔다"고 하였다. 내가 "그걸 어떻게 아느냐?"고 묻자, "소리를 들었다"는 것이었다. 허, 참! 그래서 내가 "시끄러운 기계소리에 건포도가 기계로 쏟아져 들어가는 소리가 이렇게 요란한데 어떻게 그 소리를 들을 수 있었느냐?"고 되묻자, "그냥 들었다"고 하면서 이렇게 덧붙였다. "그 돌멩이를 찾아내야 해요. 이것이 빵에 묻혀 어떤 부인 입으로 들어갔다가는 이를 부러뜨릴지 모르고, 그랬다가는 우리가 고발당할 수도 있어요. 건포도 씻어놓은 게 가득 담겨 있는 욕조 모양의 엄청 큰 통을 가리키며, 그는 "돌멩이를 찾을 때까지 저것들을 다시 통과시켜야 한다"고 말하였다.

도무지 믿기지가 않았다. 건포도가 밀려나올 때 베네딕트 수도사도 돌멩이를 분간해 내지 못했는데……. 하지만 테오도르 수도사가 너무나 확신을 갖고 있어서 반대해 본댔자 소용이 없었다. 수백만 개의 건포도들이 다시 한번 석쇠 구멍을 통과하였다. 내가 돌멩이 찾기를 완전히 포기했을 때쯤—내가 보기에 이것은 건초더미 속에서 바늘을 찾는 격이나 다름이 없었다—무엇이 짤가닥 하였다. "거기 있었구먼!" 테오도르가 말하였다. "세척기 쇠벽에 부딪혀 튕겨 들어간 것이오." 베네딕트 수도사는 조심스럽게 들여다보더니 마지막 남은 몇 줌의 건포도를 헤치고 손을 더듬거렸다. 과연 있었다! 꼭 건포도만한 자줏빛 나는 청색 돌멩이였다. 테오도르 수도사가 그걸 집어 나에게 건네주며 환하게 웃었다.

이 사건은 약간 묘한 형식으로 나에게 많은 것을 시사해 주었다. 어제 나는 강에 나가 화강암을 주워 날랐다. 그런데 오늘은 수백만 개의 건포도 더미 속에서 작은 돌멩이 하나를 찾고 있었다. 나는 테오도르 수도사의 예민한 감각에도 놀랐지만, 그것을 찾아내서 위험을 제거하겠다는 그의 결단에서 더욱더 깊은 감동을 받았다. 그는 실로 주의깊은 진단 전문의인 셈이다. 이 작은 돌멩이가 누군가에게—부인이든 수도원 식구든—피해를 줄 수 있었을테니.

나는 순결과 순화에 관하여 생각해 보았다. 맛좋은 건포도를 꼭 닮은 이 작은 돌멩이는 반드시 제거되어야 하는 것이었다. 나는 내 작은 죄들을 알아보지 못하고 있다. 하지만 누군가가 나를 유심히 지켜보다가 건포도 사이로 돌멩이 하나가 섞여 들어가는 소리를 들으면 기계를 정지시켜 줄 것이다. 그리 생각하니 위로가 된다. 바로 이것이 진정한 돌봄이다.

6월 15일, 토요일

오늘 나는 존 유즈 원장과 두 번째 대화를 나누었다. 그가 나를 초청한 것이었다. 그와 얼마간 시간을 함께 할 수 있는 기회가 생겨서 무척 기뻤다. 나는 여기 온 뒤 첫 두 주간에 대한 내 느낌들을 표현하려고 애를 썼다. 모든 게 좋았다는 것뿐만 아니라, 차분하지 못한 내 마음 때문에 진정한 내적 고요와 고독은 아직 요원하다는 점까지 이야기하였다. 그는 아주 온화하게 반응하면서, 나더러 책을 읽거나 공부할 때라도 내 방에 가서 더 많이 지내라고 권하였다. 이제껏 나는 사람들이 왔다갔다 하는 도서실에서 책을 읽거나 글을 써왔던 것이다. "홀로 더 많이 지내도록 노력하세요. 그러면 고독을 발견하는 데 도움이 될 겁니다."

노동을 할 때 그리고 빵공장이나 솔트 크리크에서 판에 박힌 농삿

들을 할 때 마음 속에서 이는 좋지 못한 불순물들에 대해서도 이야기를 나누었다. 존 유즈 원장은 매우 도움이 될 만한 이야기를 몇 가지 해주었다. "무엇보다도 먼저 분명한 것은, 그런 생각들을 떨쳐 버리기가 무척 힘들다는 것이지요. 그것들을 인정하고 그냥 통과하게 하세요. 둘째로 당신의 관심이 쏠릴 만한 단순한 노동을 계속하도록 하세요. 모양이 다른 암석, 새 소리, 다양한 형태의 나무 등에 흥미를 가지면 좋지요. 하지만 그와 관련해서 계획 따위는 세우지 마세요. 그냥 즐기세요. 있는 자리에 있고 하는 일에 몰두하세요. 그리고 끝으로 당신 자신의 리듬을 찾도록 애써 보세요. 너무 피곤해서 기도드리기가 힘들어지지 않는 선에서 얼마나 많은 노동을 할 수 있는지 스스로 자문해 보세요. 당신이 평형을 찾기까지는 얼마간 시간이 걸릴 겁니다."

그런 다음, 우리는 존 유즈 원장이 지금까지 본 매들과 여우들에 관하여 꽤 길게 이야기하였다. 마지막으로 책들에 관하여 얼마간 토의를 벌였다. 요한 클리마쿠스가 저술한 〈거룩한 오르막의 사다리〉를 읽기로 한 것은 좋은 생각이라고 하였다. 그는 이것을 "동방 수도원들에서 가장 인기있는 책"이라고 하였다. 그는 또 자신이 직접 번역한 에바그리우스 폰티쿠스의 책 〈프라티코스〉 한 권과 사막의 영성 지도자들이 지은 격언록 〈금언집〉 가필사본 한 부도 내게 건네 주었다.

크리스챤 수도사와 부엌에서 감자껍질을 벗겼다. 그런데 그는 감미로운 마돈나가 그려진 너저분한 그림을 난로 위에 걸어두고 있었다. 만일 그가 그림액자 속에다 심히 과장되게 멋부린 글씨체로 "이 무리를 축복하소서"라고 써넣어 두지 않았더라면, 그에게 그토록 친숙함을 느끼지는 못했을 것이다. 그 덕분에 나는 크리스챤 수도사를 더욱더 좋아하게 되었다. 그에게는 모든 천박한 취미를 괄호 안에 묶어 버리는 유머 감각이 있다.

6월 16일, 주일

오늘은 그리스도의 몸을 묵상하는 축제일이다. 예배가 끝난 뒤, 간단한 새 성전 기공예식을 포함하여 짤막한 행렬이 있었다. 존 유즈 원장은 앞 잔디밭 근처에 마련된 작은 제단 위에다 성체를 모시고 커다란 삽을 들고 걸어가서 흙을 몇 삽 팠다. 그런 다음, 새 성전에 관하여 몇 마디 언급하였다. 안토니 수도사는 '후세들을 위하여' 사진을 찍었다. 이것으로 모든 예식이 끝났다.

하지만 내가 이야기하고자 하는 것은 존 유즈 원장이 아침기도를 끝내고 나서 한 설교다. 존 유즈 원장의 묵상들은 깊은 관상에서 비롯되는 것이 진정 분명하다. 그래서 보수주의자들과 진보주의자들이 길을 달리하는 선까지도 넘어설 수 있는 것처럼 보인다. 그는 영성생활 중심부까지 아주 깊숙이 이른다. 그래서 의심많은 내 정신을 편안하게 만든다. 내 마음이 으레 다투고 일치냐 불일치냐 하는 그런 차원에서 벗어나도록 해준다. 나는 삼위일체주일, 성만찬주일 같은 축제일을 대하면 항상 몇 가지 의문들이 생기곤 하였다. 이런 축제일들은 교회 역사에서 경건했던 시기에 생겨났던 것처럼 보였다. 그래서 나는 번번이 편안함을 느끼기가 힘들었다. 삼위일체 하나님, 성만찬 안의 하나님의 현존, 사람들에 대한 그리스도의 사랑 등의 신비는 내가 보기에 무슨 특별한 날을 정해 놓고 경축할 수 없는 그리스도교 삶의 핵심 실재들이라고 생각되었다. 그래서 분명히 성만찬을 위하여 특별히 배정된 주일은 내게 아무런 호소력도 갖지 못하였다. 존 유즈 원장의 이야기를 들으려고 가던 당시의 내 마음은 이처럼 반항적인 상태였다. 하지만 그가 들려준 이야기는 이런 유형의 편견들을 내게서 벗겨 주었다. 그리고 새로운 지평선을 열어 주었다.

주님은 만물의 중심이시다. 고요하고 두드러지지 않고 파악하기 어려운 방식으로 중심이 되신다. 그분은 육체적으로도 우리와 함께 살고 계신다. 하지만 다른 사물들이 우리 앞에 현존하는 그런 물리적 방식으로 살고 계시지는 않는다. 이처럼 초월적인 육체적 현존이 바로 성만찬을 특징지우는 그 무엇이다. 그것은 이미 이 세계 속에 현존하는 다른 세계이다. 성만찬 예식에서 우리는 이 시간과 공간의 세계 속에 별개의 영토를 부여받는다. 하나님은 그리스도 안에서 실제로 여기에 계신다. 하지만, 그분의 육체적 현존은 우리가 아는 그런 시간과 공간의 제약에 구속되지는 않는다.

성만찬은 이미 주님을 사랑하고 우리에 대한 그분의 적극적이고 사랑어린 현존을 믿는 이들의 눈에만 드러난다. 하지만 우리가 맺는 온갖 선한 관계들 역시 그와 같지 않은가? 우정이 그와 같고, 인간적 사랑이 그와 같다. 우리가 사랑하는 이들에게 우리를 결합시키는 그 끈들은 눈에 보이지 않는다. 이것들은 그 사랑의 결과로서 우리가 실천하는 것에 따라 간접적으로 나타날 뿐이다. 그러면서도 끈 자체는 눈에 보이지 않는다. 친구들은 서로에게 매우 실제적으로 현존한다. 이 현존은 곧 알 수 있을 만큼 육체적이다. 어려운 순간이나 기쁜 순간에는 우리를 지탱해 준다. 그럼에도 불구하고, 여전히 눈에 보이지는 않는다.

삶 속의 핵심적인 것들은 정신적으로 인식이 가능하다. 그러나 대체로는 눈에 보이지 않는다. 따라서 자칫하면 그러듯, 부주의하고 바쁘고 마음이 심숭생숭하다 보면 그것들을 간과하고 넘기기 십상이다. 묵상 생활은 이 근본적인 사실에 대한 인간적 반응이다. 묵상하는 사람은 주변 사물들을 별로 둘러보지 않는다. 하지만 보는 것들을 통하여 그것들의 핵심에 이른다. 그리고 그것들의 핵심을 통하여 물질적 실체보다 훨씬 실제적이고 훨씬 밀도있고 질량과 에너지와 강도가 훨씬 큰 영성 세계의 아름다움을 발견한다. 결국 물체의 아름다움은 그 내적 알맹이를 반영하는 것이다. 묵상은 이런 양식으로 건축되는 세계에 대한 응답이다. 위대한 묵상가들인 그리스 교부들이 투시하는 영성 지도자로 알려져 있는 것도 이 때문이다. '투시하다'(*Diorao*)란 꿰뚫어보다, 간파하다라는 뜻이다. 성만찬주일을 경축하면서 우리는 우리 가운데, 우리 삶의 중심부에, 우리의 존재 바로 그 중심부에, 우리 공동체의 한복판에, 창조세계의 한복판에 내재하시는 부활하신 그리스도의 현존을 경축하는 것이다……

6월 17일, 월요일

오늘 아침에 잠에서 깨어났을 때, 나는 '오늘 내가 무엇을 할 것인가―그 일을 어떻게 할 것인가―첫 번째로, 두 번째로, 세 번째로 무엇을 할 것인가?' 하고 걱정하는 습관이 여전히 내게 남아 있음을 발견하였다. 뒤이어 이제는 이 모든 것이 필요치 않다는 사실도 깨달았다. 내가 오늘 무엇을 할 것인가는 안토니 수도사에 따라 결정될 것이다. 일의 순서를 걱정하지 않아도 하루는 으레 지나갈 것이다.

쌓인 피로는 대부분 내가 하는 일의 유형과 관련된 것이 아니다. 그 속에 집어넣는 나의 그릇된 긴장 때문이다. 내가 하루를 그 날의 순서와 내 옷장 문에 끼워져 있는 짧은 지시(5시 30분―8시 15분, 뜨거운 빵 부서; 1-3시, 담당자와 함께 재목장 작업)에 순종하면서 조용히 지낼 수만 있다면, 내 마음은 하나님을 위하여 더욱 넓게 비워질 것이다. 순간순간의 소박한 일들을 좀더 자유롭게 대하게 될 것이다.

나는 내가 살고 있는 '다른 세계'를 발견해 가고 있다. 내가 달리면 수도사들은 미소를 머금는다. 내가 아주 격렬하게 일하면 그들은 천천히 하라는 몸짓을 한다. 내가 걱정을 할 때 나는 그것이 거반 소용없음을 안다. 지난주에 나는 내가 하고 있는 일을 어떻게 생각하느냐고 존 유즈 원장에게 물었다. 그러자 그는 "좋다고 본다. 아직 당신에 대한 이야기를 아무도 하지 않았다"고 하였다. 이것이 어디에서나 좋은 징조라고는 할 수 없을 것이다. 나는 정말로 '다른 쪽,' 고요하고 율동적이고 견고한 쪽, 내 영혼의 바다 저 격랑 밑을 지나는 깊고 견실한 흐름 속으로 들어가야 한다.

도무지 설명할 수 없는 일들도 있다. 나는 이런 일들 가운데 하나가 묵상생활이라고 본다. 마르셀루스 수도사가 저녁식사 때 베토벤에 관한 이야기 하나를 낭독하였다. 베토벤이 어떤 친구를 위하여 새로 작곡한 소나타를 연주하였다. 그 친구가 연주 끝에 "무슨 뜻이 담긴 곡이냐?"고 물었다. 그러자 베토벤은 다시 피아노 앞에 앉아서 소나타를 처음부터 끝까지 새롭게 연주한 다음, "바로 이런' 뜻이지!"라고 했다는 것. "묵상생활이 무슨 의미가 있느냐?"라는 질문에도 바로 그렇게밖에 대답할 수 없다고 본다. 하지만 사람이 베토벤의 작품들에 관하여 글을 썼듯이, 묵상생활에 관하여 끊임없이 글을 쓸 수는 있다.

오늘 스물세 살 난 데이비드가 예비 수도사로서 한 달 가량 사복을 입고 수도생활을 지켜보는 '관찰자'로 공동체에 들어왔다. 이 수도회에 합류한 그는 긴 머리에 긴 수염을 한 브루클린 출신의 상냥한 젊은이였다. 그가 한 말이 나한테는 제법 엄숙하게 들렸다. "저는 종신토록 살고 싶습니다!"

6월 18일, 화요일

가끔씩 트라피스트 수도사들과 이곳에 머물고 있는 나를 생각해 본다. 그럴 때마다 나는 한 마리 찌르레기처럼 여겨지곤 한다. 찌르레기는 게으름뱅이다. 스스로 둥지를 만들지 않는다. 다른 새들—때까치, 휘파람새, 참새, 딱새—의 둥지에다 알을 낳는다. 어떤 '주인들'은 별로 호의적이지 않은지라 이방인의 알들을 쪼아서 둥지 밖으로 던져 버린다. 하지만 대부분의 새들은 너그럽게 보아준다. 아무튼 나는 이곳에다 내 둥지를 짓지 않은 채, 이 트라피스트 둥지 속에 내

알들을 낳아 그들이 너그러이 보아주고 부화될 때까지 기다려 주기를 바라고 있다. 이렇듯 후한 대접이 어찌나 고마운지! 갈수록 이 사람들이 내게 얼마나 잘해 주고 있는지를 절감한다. 그러면서도 나는 내가 이를 너무 당연시하고 있지 않나 떨떠름해진다. 그런 가운데, 이 '찌르레기의 심보'가 과연 무엇을 뜻하는지 생각해 본다. 어쩌면 난 진정한 투신을 두려워하고 있는지도 모른다. 어쩌면 난 지나치게 손님인 양 처신하고 있는지도 모른다. 내가 트라피스트 수도사가 되는 걸 하나님은 바라고 계시지 않는 게 아닐까? 적어도 이 방향에 맞아떨어지는 어떤 조짐들을 나는 거의 발견하지 못하고 있다. 하지만 좀더 튼실하게 뿌리내릴 때인지도 모른다.

사막의 영성 지도자들이 쓴 글 속에는 포기와 초탈이 굉장히 강조된다. 세상을 포기하고 우리의 소유, 가족, 친구, 자기 의지, 갖가지 형태의 자기 만족에서 스스로 초탈해야 우리의 생각과 느낌 모두가 주님을 위하여 더욱 자유로워진다는 것. 나에게 이것은 여간 실감이 안 난다. 나는 마음에 걸리적거리는 일들을 끊임없이 생각한다. 그래서 내가 '하나님을 위하여 텅 비게' 될 수 있을지 의심스럽다. 어제도 그랬고 오늘도 생각은 내 모든 사상, 이상, 계획, 설계, 걱정근심, 관심사들을 몰아낼 것이 아니라 끌어들여 기도로 만들 수가 있을 것 같았다. 내 주의를 하나님께로만 쏟을 것이 아니라 내가 끌리고 있는 온갖 것에게 발산시켜 그것들을 모두 포용하시는 하나님의 팔 속으로 이끌어 들일 수도 있을 것 같았다. 이런 생각이 내 안에 커지면서 나는 새로운 해방감을 맛보았다. 내가 사랑하면서 하나님께 하나님의 사랑으로 어루만져 주시도록 기도하는 모든 이를 초대해 들일 수 있는 아주 드넓은 공간이 느껴졌다.
그러던 사이에, 거의 자연스럽게, 나의 예수 기도는 "주 예수 그리스도여, 저에게 자비를 베풀어 주십시오!"에서 "주 예수 그리스도여, 저희에게 자비를 베풀어 주십시오!"로 바뀌었다. 그러면서 나는 모든 피조물이 하나님의 아들의 한없는 자비로 변형될 수 있을 것처럼 느껴졌다.

6월 19일, 수요일

오늘까지 내 최고의 운전기술은 폭스바겐을 몰았던 정도였다. 그런데 덤프트럭을 몰고 그 엄청난 모래짐을 운반하라니! 안토니 수도사의 주문은 나에게 굉장한 도전이었다. 이런 유형의 트럭은 몰아본 적도 없었다. 나도 모르게 약간의 도움을 빌고 난 다음, 나는 길로 나섰다. 모래땅 모퉁이들을 돌고돌아 높다란 모랫더미로 향하였다. 사람들은 상대가 얼마나 미숙한가를 알지 못할 경우, 그가 하는 일을 으당 그렇게 하겠거니 하고 당연시해 버린다. 일은 잘 되어 나갔다. 처음에 나는 (6단 중에서) 2단 기어를 넣어야 한다고 생각하였다. 그런데 수도사들 가운데 한 명이 "끽끽대는 이 소음은 정상적인 것이니 그냥 3단 기어를 넣고 몰라"고 가르쳐 주는 것이었다. '반사경 읽기'가 본업이 아니라서 차를 후진시키는 일은 정말 큰 문제였다. 그런데 용하게도 차를 제자리에 갖다댔다. 또 레버도 맞는 것을 찾아내서 제대로 작동시켜 그 무거운 짐을 요리조리 '올리고 부리고' 하였다. 거대한 기계를 작동하는 엄청난 동력이 아직도 느껴질 정도다. 오후를 잘 보냈다는 묘한 기분이 들었다. 그저 모래를 이 장소에서 저 장소로 옮겼을 뿐인데. 그래도 삽과 덤프트럭 사이에는 확실히 차이가 있었다.

6월 20일, 목요일

어젯밤, 나는 토마스 머튼 꿈을 꾸었다. 전에는 한 번도 그분 꿈을 꾼 적이 없었다. 아무튼 이 꿈은 중요한 의미를 갖는 것 같다. 나는 소그룹의 여성 수도사들과 함께 오락실에 앉아 이야기를 나누었다.

와서 강의를 해주기로 한 토마스 머튼을 기다리면서. 보통 때마냥 느슨한 분위기였다. 여성 수도사들은 평복 차림으로 즐거운 대화를 빠져 있었다.

그때 갑자기 머튼이 나타났다. 그는 큰 걸음으로 성큼성큼 걸어 들어왔다. 대머리에다 하얀 수도복! 모습을 나타내자마자 그는 금방 떠났다. 강연 메모를 가지러 가는 것 같았다. 그러자 여성 수도사들도 죄다 자취를 감추었다. 얼마쯤 지났는데, 하나같이 흠없는 하얗고 긴 옷을 입은 채 돌아왔다. 그들은 마룻바닥에 앉더니 깊이 묵상하는 자세를 취하였다. 그들은 한 마디 말도 하지 않았다. 아주 경건한 모습이었다. 위대한 영성 지도자의 말을 귀담아 들을 채비를 갖추고 있는 것이 역력하였다.

나는 방을 나서서 머튼이 어디로 갔는지 보러 갔다. 내가 그를 발견했을 때, 그는 갈색 바지에 테니스화를 신고 내가 읽을 수 없었던 무슨 글씨가 적힌 노란 티셔츠를 입고 좁디좁은 헛간에 들어가 있었다. 그는 바쁘게 무언가를 손질하고 있었다. 나는 정확히 어떻게 도왔는지 모르지만, 아무튼 그를 돕기 시작하였다. 나는 못과 나사에 관하여 몇 가지 질문을 하였다. 그는 상당히 친근해 보이면서도 아무 대답도 해주지 않았다. 이어서 그는 낡은 노란색 긴 의자를 사포로 깨끗이 닦더니 갈색 페인트로 새롭게 칠을 하기 시작하였다. 사포와 페인트를 어디서 가져왔느냐고 물어 보았다. 허나 이번에도 그는 대답은 않고 돕기만 하라는 듯 조용한 몸짓을 해보였다.

여성 수도사들이 말씀을 듣기 위하여 그를 기다리고 있다는 사실을 알면서도, 어쩐지 그에게 그 말을 전해 주는 것이 분별없는 짓처럼 보였다. 그래서 나는 그와 함께 페인트칠을 하기 시작하였다. 그러다 잠을 깼다.

영성생활은 그 무슨 특별한 생각, 사상, 또는 느낌으로 이루어지는 것이 아니다. 일상생활 가운데 가장 단순하고 평범한 체험들 속에 깃들어 있다.

6월 21일, 금요일

주목할 만한 가치가 있는 게 기분이란 것이다. 제네시에서 보낸 지난 몇 주간 동안, 나는 내가 흔히 아차하는 순간에 이랬다저랬다 도무지 종잡을 수 없이 변하는 기분들을 느끼고 있음을 깨닫는다. 짓누르는 피로감과 낮은 자존감과 지루함 같은 느낌들, 분노와 초조의 느낌들, 노골적인 적대감이나 감사와 기쁨과 흥분 같은 느낌들, 이 모두가 다 일어난다. 때로는 하루에도 오만 가지 기분이 일기도 한다.

나는 이처럼 금방 이랬다저랬다 변하는 기분이, 내가 접하게 되는 수많은 것들 곧 친근한 몸짓, 유쾌한 일, 한 마디 칭찬, 훌륭한 책 등에 내가 실제로 얼마나 집착하고 있는지를 보여주고 있다고 느낀다. 하찮은 일들도 슬픔을 기쁨으로, 싫증을 만족으로, 분노를 이해나 동정으로 재빨리 바꾸어 버린다.

최근 어디선가 슬픔은 집착의 결과라는 글을 읽은 적이 있다. 초탈한 사람들은 주변에서 일어나는 좋고궂은 사건들에 쉽사리 흔들리지 않는다. 확고한 마음의 평정을 맛볼 줄 안다. 나는 이것이 나한테도 중대한 깨달음이라고 느낀다. 육체노동이 나한테 흥미가 없는 것이면, 나는 금방 따분해진다. 이어 초조감을 느낀다. 때로는 화까지 나면서 스스로에게 시간 낭비를 하고 있다고 중얼댄다. 반대로 나를 매혹시키는 책이라도 읽다보면, 너무도 깊이 빠져들어 시간이 금방 지나가 버린다. 사람들이 정다워 보인다. 여기 와 있는 것이 가치있게 여겨진다. 그러면서 모든 것이 하나의 커다란 행복을 선사하는 사건인양 느껴진다.

물론 이 두 가지 '기분들'은 모두가 그릇된 집착의 증거들이다. 내가 건전한 형태의 '무관심'과 얼마나 거리가 먼가를 보여주고 있다.

이 모든 것을 생각해 볼 때, 나는 나의 주된 문제가 아직도 기도를 정말 나의 우선적인 일로 삼지 못하다는 데 있다고 추측된다. 내가 이곳에 와 있게 된 유일한 이유—내 말은, 내가 여기에 '있어야' 하는 유일한 이유—는 기도하는 법을 터득하는 데 있다. 그런데도 실제로는 내가 하고 있는 일들 가운데 많은 것들을 보면, 그 밖의 수많은 관심거리들이 그 동기가 되고 있다. 그 밖의 관심거리란 몸 상태를 회복하고, 일하는 기술을 익히고, 존 유즈 수도원장 같은 흥미있는 사람들과 친하게 지내면서, 앞으로 강의하는 데 살려쓸 여러 가지 생각과 체험들을 얻어내는 일 따위다. 그러나 기도가 내 유일한 관심거리가 될 수만 있다면, 이런 여타의 바람직한 일들은 모두 무상으로 선사받을 수도 있을 것이다. 그러나 현재 나는 그 자체가 나쁜 건 아니지만 가치의 서열상 잘못된 위치를 점유함으로써 결과적으로 나쁜 영향을 끼치는 이런 욕망들에 사로잡혀 있다. 추측컨대, 바로 이것이 내 변덕스러움의 원인인 것같다. 당분간은 최소한 이런 사실이나마 깨닫는 것이 중요해 보인다.

6월 23일, 주일

오늘 아침, 존 유즈 원장은 '열정'에 관하여 이야기하였다. 그는 성 베네딕트가 늘 절제로 찬양을 받긴 했지만, 그의 규칙 속에 스며 있는 열정도 간과해서는 안 된다고 말하였다.

열정, 곧 열렬한 사랑은 우리가 예수님과 마리아와 세례 요한을 생각하며 경축하고 있는 요즈음, 특히 우리의 관심을 끌고 있다. 막달라의 마리아나 베다니의 마리아 모두가 참회와 사랑 면에서 열정으로 충만되어 있었다.

이 메시지에서 나한테 가장 큰 충격을 준 것은 열렬한 사랑이 식별의 밑바탕이 된다는 사상이었다. 세례 요한이나 성 베네딕트 모두가 당시의 정치에 직접적으로 개입한 건 아니었다. 하지만 두 분 모두 변두리 세계—광야 끝이나 몬테카시노—에 살면서도 사회의 온갖 구조들을 조직하거나 재구성하는 데 직접 참여한 사람들보다 더 탁월하게 그 시대의 진짜 병폐가 무엇인지 식별해 낼 수 있었다. 두 분 모두가 그 시대에 '시골촌놈'으로 간주될 법도 하였다. 그러나 세례 요한은 주님을 알아보았다. 성 베네딕트는 자기 공동체에 정신을 집중하는 가운데 새로운 유럽의 기초를 다졌다.

이 모든 사상은 어제 존 유즈 원장과 내가 수도원 안의 잡지나 정기 간행물에 관하여 짤막하게 나누었던 토의와 연관이 있는 것 같다. 그는 수도사들이 세상에서 진행되고 있는 일들을 접해야 한다고 느끼면서도 '잡지류 글'이 묵상적 소명과는 상충되며 정신을 집중시키기보다는 분산시킨다고 느꼈다. 그러니까 수도원에서 구독예약한 〈공공복리〉지와 〈뉴욕서평〉지를 해약하고, 〈타임〉지, 〈뉴스위크〉지, 교계 소식지 및 그와 유사한 잡지들도 피해야 한다는 말이었다.

나도 그 원칙에는 쉽게 동의한다. 그러나 그 결과들 때문에 엄청 불편을 느끼고 있다. 사실 수도원은 매우 보수적이고 지극히 반동적인 교계 잡지들만 보고 있다. 그래도 존 유즈 원장은 제안을 수용하는 사람이었다. 아무튼 나는 프랑스나 독일에서 나온 여러 가지 탁월한 정기 간행물들을 발견하고는 마냥 기뻤다.

이렇게 지내는 동안, 나는 수도원장이 수도사들의 정신에 미치는 영향을 절감하게 되었다. 현대 수도원장이나 기도원장이나 영성수련 원장의 주임무 가운데 하나는 광신이 아니라 투신하게 하는 것이다. 싱겁지 않으면서도 편견이 없는 정신을 갖게 하는 것이다.

6월 24일, 월요일

오늘 오후, 존 유즈 원장과 많은 시간 이야기를 나누었다. 그는 아주 너그럽고 인격적이고 따뜻했다. 편안하고 자유롭게 말을 할 수 있게 해주었다. 내가 왜 이렇게 분노에 차 있는지, 곧 사람들이나 사상이나 사건들에 왜 이리도 분개하고 초조해 하는지, 나는 나의 이런 성향에 관하여 많이 이야기하였다. 나는 '진보적인 잡지들'의 구독예약을 취소해 버린 안이한 결정에 대하여, 부정적인 부대의미들을 함축하는 축제일 등에 대하여 분노를 토해 왔다. 나는 분노가 침착성을 잃게 하고 마음을 아프게 한다는 사실을 깨달았다. 마음 속 생각에 골몰하게 하여 기도도 거의 불가능하게 만든다.

하지만 나를 가장 혼란스럽게 만드는 분노는 적절하게 대응하지 못하는 데 대한, 내 불만을 어떻게 표현해야 할지 모른다는 데 대한, 내면에는 여전히 반발감이 도사리고 있는데 겉으로만 순종하고 있는 데 대한, 그리고 하찮고 무의미해 보이는 사건들이 내 정서에 그토록 막강한 세력을 떨치도록 허용하고 있다는 데 대한, 내 자신을 향한 분노 그것이었다. 요약하면, 그것은 수동적-공격적 행동이었다.

우리는 여기에 관하여 여러 가지 수준으로, 여러 가지 측면으로 이야기를 나누었다. 이즈음에서 나한테 가장 중요한 것은 다음 다섯 가지 제안이라고 보인다.

첫째, 그대의 분노의 감정이 의식의 표면으로 떠오르게 하고 주의 깊게 살펴 보아라. 그 느낌들을 부정하거나 억제하지 말아라. 그것들이 너를 가르치도록 만들어라.

둘째, 분노의 감정이 지극히 하찮고 무의미해 보이는 문제들과 관련된 것일지라도 주저하지 말고 그것에 관하여 이야기하여라. 그대가 작은 일들에 대한 분노도 처리하지 못한다면, 정말 위기에 직면하여 그 분노를 처리할 채비를 어떻게 갖출 수 있겠는가?

셋째, 그대의 분노에는 충분한 이유들이 있을 수 있다. 그 분노를 나(존 유즈 원장)에게 이야기하여라. 어쩌면 내가 잘못된 결정을 했을 수도 있다. 어쩌면 내가 마음을 바꿔먹어야 할 수도 있다. 만일 내가 그대의 분노가 비현실적이거나 균형을 잃은 것이라고 느낄 경우, 그대가 무엇 때문에 그토록 강렬하게 반응했는지를 우리가 함께 좀더 자세히 살펴볼 수 있을 것이다.

넷째, 문제의 일부가 일반화될 수도 있다. 어떤 결정이나 사상이나 사건에 대한 불만은 곧 나나 공동체나 이 나라 전체 등에 대하여 그대가 분노를 느끼게 할 수 있다.

다섯째, 좀더 깊은 층으로 파고 내려가면 그대는 자신의 분노가 자아팽창과 매우 단단히 연결되어 있다는 사실에 놀랄 수 있다. 분노는 흔히 그대가 그대 자신을 어떻게 느끼고 생각하는가를, 그리고 그대가 그대 자신의 생각과 직관을 얼마나 중시해 왔는가를 보여 주는 것이다. 하나님이 또다시 중심이 되실 때, 그리고 그대가 그대 자신을 그대의 온갖 약점들과 더불어 하나님 앞에 내놓을 수 있을 때, 그대는 어느 정도 거리를 두고 그대의 분노가 빠져나가게 만들면서 다시금 기도의 무릎을 꿇을 수 있을 것이다.

내가 존 유즈 원장과의 만남에서 얻어낸 생각의 편린들은 대충 이런 것이다. 존 유즈 원장은 이런 식으로 말을 했을 수도 있고, 안 했을 수도 있다. 하지만 내가 얻어낸 생각들은 대충 그런 말들로 내 안에 머물러 있다. 내가 무엇을 해야 하는지 이것을 보면 충분히 알 수 있다.

우리는 또 제네시 수도원의 역사에 관하여, 수도원장이 되는 일에 관하여, 그리고 우리들이 알고 있는 몇몇 사람들에 관하여 이야기하였다. 끝으로 나눈 이야기의 주제는 아무도 그대를 더 이상 생각해 주지 않는다는 사실을 깨달을 때, 고독은 정말 견디기 힘든 것이 된다는 것이었다. 그리고 그렇게 될 때, 그대의 그 분주한 마음과 정신 속에 하나님을 위한 자리가 어느 정도 마련될 수 있을지 모른다는 것이었다.

참 좋은 만남이었다. 부드럽고 솔직하고 포근하고 거짓없는, 정말 기쁜 만남이었다.

6월 26일, 수요일

뜨거운 빵덩어리들을 콘베이어 벨트에서 집어내면서 예수기도를 드리려고 애썼다. 그러면서도 내 생각은 스페인으로, '엘 코르도베스'의 어머니 안젤라 베니테스한테로 쏠렸다. 그녀는 1941년 5월 7일, 팔마 델 리오에서 세상을 떠났다. 굶주림과 피로 때문이었다. 내가 이번주에 읽고 들은 모든 것 가운데 이번주 저녁식사 동안 낭독된 이 여인의 죽음에 관한 몇 쪽 안 되는 글들이 내 마음 속 깊숙이 자리를 잡았다.

그녀의 딸 안젤리타는 당시의 이야기를 이렇게 꺼내고 있다: "어머니는 우리를, 당신 곁에 둘러선 우리 하나하나를 계속 바라보셨어요. 그 당시 마놀로는 워낙 작아 머리가 침대 모서리에도 닿지 않을 정도였지요. 그도 울고 있었지만, 그래도 자기 어머니가 죽어가고 있다는 사실을 알지는 못했어요. 나를 바라보시던 어머니가 울음을 터뜨렸어요. 그 순간에 어머니가 고통을 당하고 있었다고는 생각지 않지만, 과로와 탈진으로 쇠약하다 못해 몸 안에 남은 것이라고는 아무것도 없으셨어요. 모두 남김없이 소모해 버리신 것이지요. 어머니의 손이 내 쪽을 향해 미끄러져 내려왔어요. 그러더니 내 손을 잡으셨어요. 어머니의 손에는 힘이라고는 하나도 남아 있지 않았어요. 너무나 고달프게 일해온 손이셨어요. 가만 두면 미끄러져 떨어질 판이라 내가 어머니의 손을 잡아드려야 했지요. 잠시 뒤, 어머니가 내게 속삭이셨어요: '안젤리타야, 안젤리타야, 네 남동생들, 네 여동생들을 너한테 맡긴다. 이제부터는 네가 그 애들의 어머니 노릇을 해야 한다.' 어머니가 숨을 거두신 몇 분 뒤, 그녀한테 남은 것이라고는 얼굴에 깃든 피로한 표정뿐이셨어요. 어머니의 그때 나이는 서른여섯이셨어요."[3]

콘베이어벨트에서 갓 나온 빵덩어리들을 집어내는 동안, 이 여인이 연신 내 눈앞에 아른거렸다. 벨트 옆에 떨어져 쓸려나가는 빵부스러기 몇백 개만 있었어도 그녀는 굉장히 행복했을 텐데…….

그녀의 표정은 일종의 고발이었다. 안젤라가 죽었을 때 나는 아홉 살이었다. 지금은 '엘 코르도베스'가 된 그녀의 막내아들은 그 때 다섯 살이었다. 나는 네덜란드에서 부유하게 살고 있었다. 그리고 내가 살던 곳에서 남쪽으로 몇백 마일 떨어진 곳에서 그는 굶주림에 허덕이고 있었다. 그리고 오늘날은? 그렇다면 과연 우리는 어떤 아프리카인이나 인도인이 책으로 쓰여질 만큼 유명해지는 먼 훗날에 가서야 오늘 죽어가는 그의 어머니의 고통을 진정으로 느끼고 이해하게 된다는 말인가?

한편으로 나는 내가 날마다 얼마나 많이 먹는지, 많이 먹어도 얼마나 먹어대는지, 그리고 요한 클리마쿠스와 에바그리우스가 감동적으로 표현한 바 있듯이 그 탐욕을 극복하기가 얼마나 어려운지 실감하였다. "가난한 사람은 행복하다"—나는 부유하며 지나치게 먹고 넉넉하게 보살핌을 받고 지낸다. 마누엘 베니테스의 어머니는 정말 가난하였다. 나는 아무런 제한없이 빵을 먹고 있다. 그런데 그녀는 풀을 뜯어먹어야 하였다. 오늘도 그런 처지에 있는 이들이 많다.

과연 나는 좋은 옷을 걸치고 좋은 집에 살면서 잘 먹고 지내는 이들을 가르치러 돌아가야 한단 말인가? 아니면 다른 선택들은 없는 것일까? 나는 글줄이나 써서 버는 돈으로 도대체 무엇을 하고 있단 말인가? "안젤라 베니테스여, 그대는 결코 거룩한 여인이라 선포되지는 않을테지만, 내가 그대를 생각하며 기도하노니, 내가 내 자신에게 정직할 수 있기를……."

6월 28일, 금요일

분노는 영성생활에서 정말 중요한 장애물 가운데 하나이다. 에바그리우스는 "기도란 제대로 말하자면 동요되지 않는 고요함의 상시적 상태"라고 기록하고 있다. 이곳에 오래 있으면 있을수록 분노가 하나님께로 향하는 내 길에 얼마나 두터운 장벽이 되는가를 더욱더 뼈저리게 느낀다.

오늘 나는 특히 내가 별로 좋아하지 않는 일을 하는 동안 내 마음에 적개심을 키우고 있음을 깨달았다. 나는 나한테 명령을 내리는 사람에 대하여 별반 좋지 않은 감정을 느낀다. 내 주변 사람들이 나한테 필요한 것들에 신경을 써주지 않는다고 상상한다. 또 내가 하고 있는 일이 정말로 필요한 일이 아니라 나한테 일을 시켜보려고 일부러 맡겨진 것이란 생각이 든다. 내 마음 골똘한 생각에 잠길수록 나는 하나님과 이웃으로부터 그만큼 멀어져 간다.

이런 수도원에 지내다보니 분노가 나에게 어느 정도 체질화되어 있는지를 깨닫는 데 큰 도움이 된다. 다른 환경이라면 종종 화라도 냈을 법한 '충분한 이유들'이 있다. 다른 사람들이 무감각하고 이기적이고 모질다고 생각하기에 충분한 '그럴 듯한 이유들'이 있다. 그런 환경 속에서는 내 마음이 적대감을 변명할 구실을 쉽사리 찾곤 한다. 그러나 이곳은 다르다. 사람들이 이렇게 멋있고 이렇게 온유하고 이렇게 사려깊을 수가 없다. 정말 너무나도 친절하고 자비로운 사람들이다. 그러니 주관을 객관화할 여지가 거의 없다. 아니 실제로 전혀 없다. 주체는 '그'나 '그들'이 아닌 그저 '나'일 뿐이다. 내 자신의 분노의 뿌리는 나이지 다른 누구도 아니다. 내가 여기 있는 건 내가 있고 싶기 때문! 그 누구도 내가 하기 싫어하는 일을 하라고 강요하지 않는다. 화를 내고 심술을 부리면 이제는 그것의 근원, 깊숙이 자리잡은 그 밑뿌리를 들여다볼 수 있는 온전한 기회가 나에게 생긴다.

"너 가는 곳마다 늘 너 자신을 데리고 다닌다"는 사실을 잊은 적이 없다. 그러니 이제 내게는 나 자신 외에 탓할 수 있는 대상이 아무도 없다. 아무 것도 없다. 어쩌면 이러한 깨달음을 받아들이는 것은 자그나마 마음의 정화에 이르는 길로 나아가는 한 걸음이 되는 것 같다. 사도 바울의 말은 그런 뜻에서 정말 대단하다: "화를 내더라도 죄는 짓지 마십시오. 해가 지도록 노여움을 품고 있지 마십시오. 악마에게 틈을 주지 마십시오……서로 친절히 하며, 불쌍히 여기며, 하나님께서 그리스도 안에서 여러분을 용서하신 것같이, 서로 용서하십시오"(에베소서 4:26, 27, 32).

내일은 베드로와 바울을 생각하며 기도하는 날이다. 저마다 불 같은 성격의 소유자들이었다. 그러나 자신의 분노를 늘 용서하는 사랑으로 변화시킨 이들이다.

6월 29일, 토요일

전에 와본 적이 없는 건물들 가운데 하나를 지나가다가 나는 해저 드더피의 아름다운 플롯 연주자 그림의 복사본과 헨리 데이비드 도로의 이전 글을 접하게 되었다: "우리는 왜 성공하기 위하여 그토록 필사적으로 서두르는가? 왜 그토록 절망적인 시기심에 몸을 내던져야 하는가? 사람이 동반자들과 발걸음을 맞추지 않는다면, 이는 아마도 다른 고수의 북소리를 듣고 있기 때문이리라. 그가 듣는 음악소리가 적당한 거리에서 들리든 제아무리 멀리서 들리든, 그에게 거기에 발을 맞추게 하라."[4] 토마스 머튼에 관한 저서들 가운데 하나가 〈다른 고수의 북소리〉라고 불리게 된 이유를 충분히 이해할 수 있다. 더피의 플롯 연주자의 정신집중된 표정을 오래 쳐다보면 볼수록, 나는 묵상생활이 다른 고수의 북소리를 듣는 것과 유사하다는 사실을 그만큼 더 깊이 깨닫는다.

멧종다리새가 내 방 창문 바깥에서 요란스레 노래를 하고 있다. 이 새한테는 아직 잠자리에 들 시간이 아니지! 7시인데도 아주 훤하다. 하지만 멧종다리새가 잠들어 있는 새벽 2시에 내가 노래를 부르려면 이쯤해서 잠자리에 드는 게 낫겠다.

6월 30일, 주일

오늘 아침 주일낮 설교시간에 존 유즈 원장이 고독과 친교간의 관계를 두고 이야기하였다. 나한테도 깊은 감명을 주었다. 그는 말했다: "고독이 없으면 실제적인 사람들도 있을 수 없습니다. 사람이 무언가를 알면 알수록, 그리고 지속적으로 결실맺고 깊이있으며 성장과 발전의 근원이 되기 위한 인간관계가 무엇을 요구하는가를 체험하면 할수록, 그대는 그대가 외토리라는 것—그리고 그대의 고독 수준이 곧 그대의 친교능력 수준이 된다는 것—을 더욱더 실감하게 되지요.

그대가 저마다에 대한 하나님의 초월적인 부르심을 깨닫는 정도만큼 그대가 관계하고 있는 사람들도 저마다 다른 모든 것을 초월하는 영원한 초월적 관계로 부르심을 받고 있음을 깨닫지 못한다면, 어떻게 그대가 그대의 가슴 한복판에서 상대방의 가슴 한복판과 긴밀한 관계를 맺을 수 있겠는가?"

두번째 내 영혼의 일기
7월: 당신은 하나님의 영광이어라
You Are the Glory of God

7월
당신은 하나님의 영광이어라

7월 1일, 월요일

오후에 존 유즈 원장과 또 한 차례 대화를 나누었다. 나는 내 분노 문제를 다시 끄집어내었다. 그리고 그것이 왕따당한 경험과 관계있어 보인다고 설명하였다. 내가 언급한 것은 지난주에 있었던 세 가지 상황이었다. 내가 아주 잘 아는 사람이 이 수도원을 방문했는데 글쎄 나한테는 어떻게 지내냐고 묻지도 않은 일, 내가 주선해서 여름방학 때 돈벌이를 할 수 있었던 학생들이 나한테 들러서 글쎄 감사의 표시도 않은 일, 몇몇 수도사들이 아무 이유도 없어 보이는데 글쎄 나한테 불친절한 것 같은 일……. 이런 일들을 두고 나는 단순히 언짢은 정도가 아니었다. 얼마나 속이 상했으면, 기도하는 동안 화를 품으며 곰곰이 되새기고 보복하는 장면까지 머리에 떠올렸을 정도였으니! 책을 읽을 때는 정신을 집중하기가 더더욱 어려웠다. 사실 내가 왕따당한 그 일에다 기력을 온통 쏟고 있었으니 그럴 수밖에 없었다.

존 유즈 원장은 나의 어려운 문제점을 "미묘한 차이가 있는 대응"을 가지고 지적해 냈다. 그의 말은 이러하였다. 문제는 그대의 느낌들이 전적으로 잘못되어 있다는 데 있지 않다. 사실 그대는 왕따당한 느낌을 받을 만한 충분한 이유가 있을 수 있다. 하지만 그대의 대응이 사건의 본질에 전혀 어울리지 않다는 데 문제가 있다. 사실 그대를 왕따시키고 있다고 느낀 당사자들은 실제로 그런 느낌을 그대에게 줄 뜻이 전혀 없었다. 하지만 이와 같은 하찮은 거절도 엄청나게 큰 틈새를 드러낸다. 그대는 그 틈새로 아주 밑바닥까지 빠져드는 사람이다. 그래서 그대는 철저히 따돌림받고 왕따당하고 외토리가 되었다고 느낀다. 그러면서 '맹목적인 분노' 같은 것이 그대를 사로잡아 그대한테 훨씬 더 중요한 관심사들과 유익한 일들에서 멀어지도록 만들기 시작한다. 문제는 그대가 짜증으로 대처하는 데 있는 것이 아니다. 미묘한 차이를 배제한 채 정말 유치한 방식으로 대응한 데 있다.

우리는 이런 사실의 원인을 규명해 보려고 애를 썼다. 내 어디엔가 철저한 애정과 조건없는 사랑과 절대적인 만족에 대한 욕구가 반드시 존재한다. 완전하게 받아들여질 순간을 끊임없이 염원하고 있다. 또 그 염원을 지극히 하찮은 사건들에도 적용시키는 것이 바로 나다. 나한테는 별로 대수롭지 않은 일도 이런 완벽하고 철저한 기대의 계기가 된다. 따라서 조그마한 거절에도 나는 쉽사리 지독한 절망과 철저한 패배감에 젖는다. 존 유즈 원장은 내가 염원하고 있는 것을 실제로 줄 수 있는 사람이 전혀 없는 만큼, 그런 욕구를 가진 나로서는 매우 상처받기 쉬운 자리에 서 있음을 아주 명확히 지적하였다. 또 설령 어떤 사람이 이 조건없고 완벽하며 포괄적인 사랑을 나한테 제공한다고 하더라도, 그것은 어른이 된 나로서는 용납할 수 없는 유아기적 의존성을 나에게 강요할 것이기에, 내가 그것을 받아들이지는 못하게 될 것이란다.

이러한 욕구나 이 욕구와 관련된 두려움은 왜 생기는 것일까? 우리 두 사람이 합의본 바에 따르면, 내 '용맹'의 문턱 바로 아래에는 하찮은 사건에도 쉽사리 폭발하고 모습을 드러내는 엄청난 불안과 자기회의가 도사리고 있다. 따라서 흔히 터무니없이 심각한 적개심들은 내 자아의 핵심부에 감지된 위협에 대처하는 반응으로 쉽게 이해되었다. 우리는 이쯤해서 이야기를 끝냈다. 45분이면 아주 많이 이야기했다. 또 한 주간의 생각거리로도 충분해 보였기 때문이다.

우리는 아울러 스페인과 칠레와 베트남 불교 신자들에 관해서도 얼마간 이야기를 나누었다.

우리는 오늘부터 단식투쟁에 들어가기로 한 불교 성직자들을 생각하며 지지단식을 하였다. 존 유즈 원장과 다른 많은 사람들이 항의전문을 보냈다. 그 결과, 성직자들을 석방하겠다는 약속이 있었다. 하지만 실제로는 그들을 다른 감옥들로 분산수용하는 조처를 취하였다. 불교 성직자들이 지금은 서로 격리되어 있는 까닭에 단식이 아직도 계획 중인지 여부는 이 순간에 누구도 확인할 길이 없다. 파리에 있는 불교평화대표단에서도 이에 관하여 전해 온 이야기가 아직 없다. 그럼에도 불구하고, 우리는 어쨌든 단식을 감행하였다. 그 결과, 이 세상에서 다른 수도사들이 당하는 커다란 고통을 좀더 깊이 깨닫게 되었다.

7월 2일, 화요일

오늘 정치학을 가르치는 내 친구 클로드가 칠레의 위기에 관하여 약간의 자료를 보내왔다. 칠레 상황을 다룬 시카고위원회 보고서와 엠네스티 보고서에, 현재 자행되고 있는 테러가 너무나 어지럽고 너무나 엄청나게 기술되어 있었다. 그 까닭에 나는 지난밤 한숨도 못자다시피 하였다. 고문과 사형집행과 온갖 악질적인 억압 사례들을 읽은 나는 깊은 절망감에 빠져들었다.

로즈 스티론이 〈뉴욕 도서평론〉 지에 요약해 둔 엠네스티 보고서는 여기에서 다뤄지고 있는 게 간헐적으로 터져나오는 보복행위가 아니라 체계적으로 잘 조직된 압제임을 분명히 하고 있다. 스티론은 이렇게 말한다: "되지도 않는 궤변과 억압과 보복 수단들의 체계적인 이용

이야말로 현 정권의 가장 악질적인 모습이다."[1] 그 수많은 증거들 가운데 하나가 산티아고 경기장에서 몰래 빼내온 비망록이다. 한 젊은이는 이렇게 쓰고 있다: "저들은 나를 탁자에다 묶었다. 그리고 발가벗긴 내 몸 위에 전선을 올려놓았다. 그런 다음에 내 몸에 물을 뿌리고 전류를 몸 구석구석까지 흘려보냈다……복부, 늑골, 가슴, 고환에 예리한 타격이 가해지기 시작했다……그들은 껄껄거리면서도 결코 농담이 아니라고 주지시키며 내 발가락에다 염산을 들이부었다. 그리고 바늘로 내 몸을 찔러댔다……저들이 우리를 다시 막사로 데려다놓았다. 우리의 신음소리 때문에 아무도 잠들지 못하였다. 갇혀 있는 사람들이 우리와 함께 울부짖었다. 또다른 어느 날 그들이 우리를 데려갔다. 그 날은 더 지독했다……그들이 한 짓은 차마 말할 수가 없다……심문하는 자가 원하는 대로 서명을 하지 않으면 죽인다고 위협하였다. '너희에 대해서는 아무도 아는 사람이 없어' 하면서 우리를 고문하였다. 그 쪽은 우리를 비웃고 있었다. 우리는 더 이상 사람도 아니었다. 우리는 그림자에 지나지 않았다……바로 이것이 우리가 겪는 시련이다. 왜, 나의 하나님, 왜? 정의를 믿은 우리였는데!" (1974년 2월, 칠레 에스타도에서).[2]

내가 수도원에서 편히 잠들고 있을 때 이런 일이 벌어지고 있다는 사실을 실감하기란 워낙 힘이 든다. 또 한편으로 정반대 사실에다 의미를 부여하는 '정신적 해소책'을 찾으려는 성향도 나타난다. 하지만 우리 인간 조건의 적나라한 모순 이외에 내 마음에 떠오르는 것은 없었다. 바로 그것이 결코 새로운 일이 아니라는 게 무섭기만 할 뿐이다. 히틀러 치하에서 똑같은 가혹행위가 유대인들에게 체계적으로 실시되었다. 시카고위원회의 보고서를 인용해 본다: "군사혁명위원회가 추진하는 테러 선동은 체계적이고 조직적인 성격을 갖는 것 같다. 쿠데타 직후 몇 개월에 비하면 억압이 좀더 선택적이기는 하다. 그러나 사전준비가 철저하게 이루어지고 있다. 수감자들의 성명과 거주지와 상세한 체포내역들이 컴퓨터에 입력된다. 그들의 목록에는 앞으로 잡

아들일 사람들도 포함되어 있다."³⁾

지난 몇 주일 동안, 몇몇 시편들이 너무나 잔인하게 느껴졌다. 문제였다. 그런데 이제는 좀더 쉽게 이해하게 되었다. 내가 칠레 에스타도에서 비망록을 적어 보낸 칠레인이었다면, 나도 이렇게 탄식하였으리라:

갇힌 사람들의 신음소리를
주님께서 들어 주십시오.
죽게 된 사람들을
주님의 능하신 팔로 살려 주십시오.
주님,
이방 나라들이 주님을 모욕한 그 모독을
그들의 품에다가 일곱 배로 갚아 주십시오(시편 79편).

하나님,
오만한 자들이 저를 치려고 일어나며,
난폭한 무리가 저의 목숨을 노립니다.
그들은 주님을 안중에도 두지 않습니다.
그러나 주님,
주님은 자비롭고 은혜로우신 하나님이시요,
노하기를 더디 하시며,
사랑과 진실이 그지없으신 분이십니다.
저에게로 얼굴을 돌려 주시고,
저에게 은혜를 베풀어 주십시오.
주님의 종에게 힘을 주시고,
주님께서 거느리신 여종의 아들에게
구원을 베풀어 주십시오.
은총을 베풀어 주실 징표를 보여 주십시오.

저를 미워하는 자들이 보고,
두려워하게 해주십시오.
주님,
주님께서 친히 저를 돕고 위로하셨습니다(시편 87편).[4]

　이런 식으로 훨씬 더 많은 시편들을 인용할 수가 있다. 칠레에 관한 글을 읽은 후로 이 시편들이 타오르는 기도와 같아졌기 때문이다. 아무쪼록 감옥에 갇혀 있는 이들이 이 시편들로 기도를 드리고, 거기에서 용기와 힘을 얻었으면 한다.
　고문 이야기 속의 모습들을 생각하다 보니 망연자실해진다. 과연 내가 지금 실제로 체험하고 있는 것은 무엇일까? 무력감인가? 분노인가? 연민의 정인가? 들떠 있는 것인가? 이곳을 떠나 무엇인가 '하겠다'는 의욕인가? 사랑의 하나님에 대한 믿음 부족인가? 감각 마비인가? 내 생각에는 이 모든 느낌이 저마다 선두다툼을 하되 끊임없이 뒤로 밀렸다 앞으로 나섰다 하는 것 같다.
　하지만 중요하게 생각되는 한 가지 의문은 혹시 동정보다 맹목적인 분노가 내 감정을 지배하고 있지는 않나 하는 점이다. 고문 장면들이 뇌리에 스쳐 지나가고, 나라면 그런 상황에서 무엇을 하고 무슨 생각을 하며 무엇을 느끼고 무슨 말을 하게 될지 궁금해지면서 깨닫게 되는 점은, 나의 마음 속 깊은 곳에 격렬한 분노와 고문하는 자들이 치욕당하는 모습을 보고 싶은 욕망과 못된 짓을 하는 자들을 눌러 이기고 싶은 희망이 내재한다는 사실이다. 이같은 느낌들은 실제로 존재한다. 고통받는 이들에 대한 동정심보다, 못된 짓을 하는 자들을 용서하려는 감정보다 훨씬 강하게 작용한다.

　어쩌면 이러한 느낌들을 인정하는 것이 실제적일 수도 있다. 시편들을 통해서 이런 느낌들을 절실한 기도로 표현할 기회를 부여받은 것이 고마울 수도 있다. 어쩌면 이런 느낌들은 '좀처럼 화를 내지 않으시는' 하나님과 나와의 관계 중심부로 직접 연결되어, 그곳에서 동정과 용서로 전환되어야 하는 것들인지도 모른다. 그리고 어쩌면 나는 아직 하나님 나라를 위하여 고통받을 준비가 되어 있지 않은지도 모른다. 내 마음은 너무도 불순하다. 내 영혼은 갈기갈기 찢겨져 있다. 내 사랑은 너무도 허약하기만 하다.

잠들기 전, 내가 이곳 수도원에 왜 와 있는지를 생각해 보았다. 한 가지 확신하는 건, 내가 여기 있어야 한다는 사실이다. 정말로 '꼭 그래야 한다는' 그 무엇이 있다. 하지만 이 모두가 그 무엇을 목표로 하고 있는지는 솔직히 모르겠다. 칠레에 대한 생각이 났을 때, 나는 아주 섬뜩한 기분마저 들었다.

오늘 아침, 안토니 수도사가 내 머리를 면도기로 밀어 주었다. 실은 머리를 전부 다 삭발해 버렸다. 처음에 그는 머리를 자르는 데 상당히 주저했다. 그러나 내가 자르고 싶은 만큼 마음대로 자르라고 부추기자, 몽땅 밀어 버렸다. 다른 모든 수도사들의 머리처럼 아주 밋밋하게.

고백해야 할 것이 있다. 그 당시 잘려 버린 긴 머리카락에 내가 약간의 애착심을 지니고 있었다는 사실이다. 면도질한 내 머리를 거울로 바라보았다. 아주 묘한 느낌이 들었다. 어찌보면 내가 빼앗기기 싫어하는 것을 누군가가 빼앗아 가버린 것 같기도 했다. 그러나 한편 잘되었다는 느낌도 들었다.

머리를 자르면서 나한테 연상되는 일들도 많았다. 알프링크 추기경이 1955년 리젠부르크에서 삭발예식 때 내 머리 상당량을 잘랐던 일, 전쟁 기간 중에 부역했던 독일 여성들이 벌로 삭발당한 일, 삼손이 머리털을 잘리면서 힘을 잃었던 일, 내 친구 리처드의 제멋대로 흐트러진 머리, 짐과 낸시와 프랭크의 우아하게 늘어뜨린 긴 머리들이 뇌리에 떠올랐다. 그렇지만 잘린 머리카락들을 쓰레기통에 내다버릴 때, 나는 개인적인 차이점을 벗겨 없앰으로써—안토니 수도사의 말처럼 "우리 가운데 하나"가 됨으로써—이제는 하나님과 나 사이, 내 동료 수도사들과 나 사이의 관계가 지닌 내밀한 인격적 고유 특성에 초점을 맞출 수 있게 되었다고 생각하였다. 또 나의 참 자기를 좀더 가까이 대할 수 있게 되었다고 생각하였다.

7월 3일, 수요일

　오늘은 예수님의 제자였던 도마를 생각하는 날이었다. 대화식 설교 시간에 수도사 두 사람이 서로 다른 방식으로, 도마가 주님의 부활을 믿지 않았지만 사도들의 공동체에는 끊임없이 충실했다는 점을 지적하였다. 주님은 바로 그 공동체 안에서 도마에게 발현하시어 그의 믿음을 굳게 만드셨다는 것이었다. 나는 이것이 상당히 심오하고 위로가 되는 생각이라고 본다. 의혹이나 불신의 시기에 공동체는 말하자면 '그대를 떠메고 갈' 수가 있다. 공동체는 심지어 그대가 놓치고 지나간 것까지 그대에게 제공해 줄 수 있다. 그대가 주님을 알아보도록 만드는 토대가 될 수도 있다.
　존 유즈 원장은 도마(토마스)의 가명 디디무스(*Dydimus*)가 복음서에서 말하고 있듯이 '쌍둥이'라는 뜻이며, 교부들은 우리 모두가 '두 사람'으로 하나는 의심하는 사람이고 다른 하나는 믿는 사람이라고 주석을 했다는 이야기를 해주었다. 의심에 가득 찬 우리 인격이 지배권을 갖고 믿음의 능력을 파괴하지 않도록 하려면, 형제자매들의 후원과 사랑이 필요하다는 것이었다.

7월 4일, 목요일

　고약한 날이다. 거반 하루 내내 축 처지고 침울했다. 울적한 기분이었다. 빵공장에서 일한 오전은 몹시 피곤하였다. 오후에 안토니 수도사가 어제 남은 문기둥을 커다란 해머로 헐어내는 일을 시켰다. 날씨는 찌는 듯이 무더웠다. 내게는 힘이 하나도 없었다. 좀더 나은 장비라면 5분 안에 끝낼 일을 최소한 하루를 꼬박 일하게 만드니 화가 날 수밖에……. 이 점을 안토니 수도사한테 따졌다. 그랬더니, 허참, 그는 마음을 고쳐먹을 생각은 안하고, 그게 수도원식 일처리 방식이니 어쩌니 하고 나불거렸다. 그래서 나는 수도원 방식이 그렇게 구시대적이고 비실용적이라면 진짜 마음에 들지 않는다고 한 마디 쏴주었다. 프랭크라는 이름의 젊은 친구가 나를 약간 거들어 주었다. 그런데 글쎄, 안토니 수도사가 더 무거운 해머를 가져오는 것이 아닌가! 아예 들 수도 없었다.

그때 내 가까이에서 불도저 트로얀으로 작업을 하던 장 비안네 수도사가 나의 일하는 모습을 보고 "쉬어요, 이런 일 하기에는 날이 너무 더우니, 내가 트로얀으로 뽑아내 드릴께요"라고 말하였다. 그는 육중한 밧줄을 콘크리트 기둥에다 감아 매고 다른 끝을 트로얀에다 붙들어 맸다. 그런 다음, 모터를 작동시켜 휙 잡아 당겼다. 기둥 전체가 성냥개비처럼 통째로 뽑혀 나왔다. 나는 그에게 매우 고맙다는 인사를 하였다. 그리고 주변을 정리한 다음에 귀가하였다.

내 마음은 안토니 수도사의 '수도원식 일처리 방식'과 육체적인 피로에 짓눌려 끝없이 무거웠다. 예배 중에도 정신집중이 안 되었다. 한동안 이런 기분으로는 공동으로 예전을 집례하는 일조차 하지 않는 게 낫겠다고 느꼈다. 그러나 그 느낌은 따르지 않기로 하고 마음을 고쳐 먹었다.

한편으로 나는 성 도시테우스가 "자신의 의지를 꺾고 스스로 순종을 택함으로써"[5] 성인이 되었다는 글을 읽었다. 침울한 날 읽기에는 당혹함을 주는 글이었다. 이 글을 읽으면서 나는 별로 위로를 받지 못하였다. 어딘가 건너기 힘든, 엄청난 단절이 있다. 나는 성자가 되기 위해서는 사람이 하나님의 뜻에 복종하고 스스로를 자신의 의지와 분리시켜야 한다는 것만 사실이 아니라, 성자가 되어야만 사람이 자신의 뜻을 다른 누군가가 하나님의 뜻으로 해석하도록 허용할 수 있다는 것도 사실이라는 생각을 지금도 하고 있다.

하지만 이것은 온유하지 못한 생각이다. 극히 악의적인 생각이다.

내일은 좀 나아졌으면 싶다.

7월 5일, 금요일

저녁이 되면서 침울한 모습이 많이 좋아졌다. 비교적 시원하면서도 빛이 잘 들고, 목수들과 트럭 운전사들이 내는 소음에서는 아주 멀찍이 떨어진 방 하나를 찾아낸 덕택이었다.

7월 6일, 토요일

오늘 나는 〈가자의 도로테우스 지침서〉 가운데 영성지도에 관한 귀중한 글 몇 페이지를 읽었다. 그는 이렇게 말한다: "자신이 자신을 지도하는 것보다 더 해로운 건 없다. 그보다 더 치명적인 것도 없다 ……나는 내 자신이 충고를 구하지 않고 스스로의 생각을 따르도록 놓아둔 일이 결코 없었다."[6]

스티븐 수도사, 브라이언 수도사, 그리고 새로 온 관찰자 요한과 함께 많은 바윗돌을 모아 들였다. 우리의 야심은 때때로 걷잡을 수 없을 정도였다. 움직여지지 않는 바위들까지 빼내려고 애를 썼다. 성전을 짓는 일과 새 바벨탑을 짓는 일 사이에는 엄청난 차이가 있다. 이 차이를 망각하고 싶은 유혹이 영원히 존재한다고 생각한다.

7월 7일, 주일

오늘 조지 고리가 푸코의 일생을 사진 에세이로 엮어 놓은 샤를 드 푸코 전기를 읽었다.

사막의 영성 지도자들과 그들이 했던 말들을 요즘같은 현대적 맥락에서 좀더 잘 생각해 보기 위하여 이 경이로운 이야기를 (전에 신학대학에서 읽었지만) 다시 한번 읽어 보았다. 그의 삶이 나에게 주는 의미를 온전하게 이해하려면, 이 시대의 성자에 관하여 좀더 많이 읽어야 할 것 같다. 그는 사막의 은둔 수도사가 되기 위하여 유복한 생활을 버렸다. 어디에선가 그는 이런 글을 쓴 적이 있다:

> 생각하여라―――
> 그대가 모든 걸 빼앗긴 채,
> 발가벗겨지고 아무도 보는 이 없이,
> 피와 상처로 범벅되어,
> 땅바닥에 몸 쭉 뻗고,
> 참혹하고 고통스럽게 죽임을 당하는,
> 순교자 되어야 할 것을―
> 그리고 오늘이 바로 그 날이 되기를 갈망하여라.[7]

그는 1916년 12월 1일에 타만라세트에서 알제리의 이슬람 반군들 손에 살해당하였다. 나는 샤를 드 푸코가 두 곳의 트라피스트 수도원(프랑스와 시리아)에서 생활한 적이 있고, 얼마 동안 트라피스트 회 수도사가 되는 것도 고려했었다는 것을 오늘에야 처음 알게 되었다.

7월 8일, 월요일

오늘 하루 가운데 가장 중요했던 부분은 존 유즈 원장과의 만남이었다. 나는 내가 느낀 우울, 피로, 짜증, 책 읽을 시간이 없는 데 대한 좌절, 그리고 전반적으로 지친 것 같은 느낌을 그에게 털어놓았다.

그는 이것에 대하여 아주 호의적으로 답변해 주었다. 우선 그는 이런 일이 예상된 것이라고 설명하였다. 그리고 자기가 이른 시간에 일어나는 습관이 몸에 배는 데 일년이 걸렸다고 하였다. 그러면서 육체노동과 육식폐지를 비롯한 그 밖의 생활양식의 변화는 처음의 열정이 사그라든 뒤에는 피로와 우울, 심신의 욕구불만, 소명에 대한 의심을 유발할 수도 있다고 말하였다. 더 이상 새로운 것이 없어 보이고, 다른 이들이 더 이상 그대에게 특별히 주목하지 않으며, 그대를 매혹시킬 만한 '흥미로운' 것이 없어질 때, 수도원 생활은 어렵게 된다는 것이었다. 그러고 나면 기도와 극기에 필요한 여유도 생기게 된다는 것이었다.

나에 관하여 이야기하면서, 존 유즈 원장은 내 자신의 한계들을 받아들이고 당분간 하루 생활에 약간의 변화를 시도해 볼 필요가 있다고 느꼈다. 얼마간 대화하다 보니, 빵공장에서 일하는 날은 빵공장에서만 일하고 다른 날들은 오전이나 오후에만 일하고 남은 시간은 공부하는 데 보내는 것이 가장 나을 것만 같았다. 존 유즈 원장의 느낌으로는 어느 것도 결코 강요되어서는 안 된다는 것이었다. 나한테 처음 한 달의 생활은 내 자신의 연약한 면들을 깨우쳐 주었다. 이제는 그 덕분에 내가 내 생활을 재정비할 수 있게 되었다는 것이다. 그는 내가 책을 읽고 공부하고자 하는 욕구도 더 이상 부정해서는 안 된다고 느꼈다. "당신이 여기 머무르면서 깊은 사색없이 극기생활을 영위하겠다고 마음먹었더라면 더 좋았을테지만, 당신의 경우는 당신의 체험을 당신의 사고에 더욱 명확하게 통합시키는 것이 중요해 보입니다."

이어서 우리는 수도적 배경 속에서 사람이 지극히 본능적인 욕구들을 아주 민감하게 느끼게 되는 현상에 관하여 잠시 이야기를 나누었다. 특별나게 금식도 하지 않았는데 그 어느 때보다 먹는 음식에 대한 생각을 많이많이 했노라고 하였더니, 존 유즈 원장은 이렇게 말하였다. "우리는 누구나 만족을 원하고 갈망하고 또 요구하지요. 하지만 이런 상황 아래에서는 만족을 얻는 통상적인 양식들—대화, 관심, 기분전환 등—이 통할 수가 없습니다. 그래서 당신은 좀더 본능적으로 대응하기 시작하는 것입니다. 음식과 성(性)에 관하여 생각하기 시작하는 거지요. 당신은 아주 기본적인 욕망들을 훨씬 많이 느끼게 됩니다. 어떤 의미에서 당신은 퇴락하고 퇴보하는 것입니다. 그러나 한편으로는 그래서 영성지도를 받아들일 수 있게 되지요. 또 기도와 금욕생활의 여지를 발견하게 되기도 합니다. 이 모두는 아주 민감한 일입니다. 자칫하면 자기 중심적인 편견에 빠질 수도 있습니다. 그것을 미연에 방지하려면 영성지도를 받을 필요가 있습니다."

느끼는 바가 많은 이야기였다. 그 이야기를 들으면서 나는 나한테도 영성지도가 필요하다는 사실을 뼈저리게 느꼈다. 동시에 내 인생의 이 시점에서 존 유즈 원장 같은 영성 지도자를 갖게 된 것이 얼마나 기쁜 일인지 깨닫게 되었다.

7월 9일, 화요일

아침에 벌새를 보았다. 주둥이가 길고 재미나게 생긴 새다. 그 긴 주둥이로 꿀이 있는 꽃에서 즙을 빨아 먹는다. 벌새는 곧추 서서 윙윙거리며 헬리콥터처럼 공중에 떠 있다가 제트기처럼 급상승한다.

갈수록 가자의 도로테우스한테서 감명을 받고 있다. '원한에 관하여'라는 장은 정말이지 요즘의 현상학자나 쓸 수 있는 글이었다. 대단히 읽어볼 만하였다. 여기에는 마음이 비판적인 말 때문에 불편을 겪다가 짜증이 나고 그 짜증이 분노로 바뀌며 그 분노가 원한으로 변하는 과정이 상세하게 기술되어 있다. 도로테우스는 에바그리우스 폰티쿠스의 다음 말을 인용하고 있다: "분노를 극복한 사람은 악마들을 정복한 사람입니다. 반면에 이 울화통에 제물이 된 사람은 수도생활과는 완전히 거리가 먼 사람이지요."[8] 그는 우리가 이웃에 대하여 파괴적이고 불건전한 내적 자세를 어떻게 키워나갈 수 있는지 생생하게 기술하고 있다. 그것은 적절하지 못한 말 한 마디에 신경을 바짝 곤두세우는 데서 시작된다. 그래서 우리 마음의 평화를 빼앗아 가고 다른 사람들에게 해독을 끼친다. 나아가 우리를 하나님께로 가는 길에서 이탈하게 하는 무서운 암으로 자랄 수도 있다.

　이같은 울화통에 대처하는 가장 중요한 방안으로 도로테우스는 우리에게 상처입힌 자를 위하여 드리는 기도를 들고 있다. 여기에서 그는 다시 한번 에바그리우스의 말을 인용한다: "자기 원수를 위하여 기도하는 사람은 결코 원한을 품는 일이 없습니다."[9]

　아들 마틴 루터 킹의 어머니가 애틀랜타의 에배너저 교회에서 주일예배를 드리던 도중에 암살당하였다. 암살 표적은 그녀의 남편이었다. 그 교회에서 40년 동안 목회를 해온 아버지 마틴 루터 킹에 대한 생각이 머리를 떠나지 않는다. 하나님은 정말로 그의 신앙을 시험하고 계신다. 그는 두 아들을 잃었다. 이제 자기 아내마저 잃었다. 그 사건이 있은 뒤에도 보복이 아닌 용서를 외치며 순수한 마음으로 복음을 전한 당신은 성자임에 틀림없다.

7월 10일, 수요일

　현대 사회에서 사막의 영성 지도자인 샤를 드 푸코는 끊임없이 내 넋을 빼앗고 있다. 분명히 반종교적이고 쾌락지향적인 젊은 시절을 보낸 뒤 하나님께 돌아옴으로써 깊은 변화를 보였음에도 불구하고, 그의 생활 면면에는 굽힐 줄 모르는 자유가 놀라우리만큼 동일하게 유지되었다. 그가 동료의 압력에서 얼마나 자유로웠던가! 또 불복종 면에서 얼마나 용감하였던가! 한 가지 목표를 추구하는 데도 얼마나 집요하였던가! 생각하면 할수록 놀랍기만 하다. 바로 그같은 과격한 성격 때문에 그는 군대의 명령을 무시하고 여자친구를 알제리 수도로 데려간다. 떠돌이 유대인으로 모로코를 탐사하고 자신을 하나님께 내놓는다.

마리온 밀 프레밍거는 자신의 저서 〈타마라세트의 모래밭〉에서 샤를 드 푸코와 그의 영성 지도자 위블랭 수도원장 사이에 있었던 대화를 재현시켜 놓았다. 그의 이같은 극단주의적 태도가 여기에 잘 나타나 있다:

> 그가 말하였다. "스승님, 저는 꼭 제 삶을 하나님께 바치고 싶습니다." 위블랭은 서글프게 고개를 저었다. "내 아들아, 너는 아직 준비가 되어 있지 않아. 아직은 확실하게 장담할 수가 없다구."
> 신이 존재한다는 사실을 믿은 그 순간부터 저는 어쩔 수 없이 그분만을 위하여 살지 않으면 안 된다고 알게 되었는데요."
> "그렇게 중요한 결정을 충동에 따라 해서는 안 돼. 신중히 생각해야 하는 돼."
> "스승님, 저는 2년 동안이나 생각해 왔는걸요."
> "내 아들아, 너는 짧은 인생을 살면서 많은 일들을 겪었지. 하지만 네가 하나님께 너를 바치기 위하여 세상을 등지게 되면 다시는 돌아오지 못하게 된단다."
> "스승님, 저는 이미 마음을 굳혔습니다."
> 영성 지도자는 다시 한번 머리를 흔들면서 말하였다. "준비하렴. 여행을 떠나렴. 우리 주님이 거니셨던 거룩한 땅을 거닐어 보렴. 그분이 기도하셨던 자리에서 기도를 드려 보렴. 그리고 나서 돌아오면 그때 너의 장래를 이야기해 보자꾸나."[10]

"네가 하나님께 너를 바치기 위하여 세상을 등지게 되면 다시는 돌아오지 못하게 된다"는 문장이 나에게 세찬 충격을 주었다. 그것은 나를 따르려면 모든 것을 버려야 한다는 예수님의 부르심이다. 뿐만 아니라, 사막에서 활동했던 수많은 영성 지도자들의 음성이기도 하다. 나는 내가 아직도 세상을 버리지 못하고 그 가장자리에서 머뭇거리고 있음을 갈수록 더 절감한다. 솔직히 '되돌아오지 못할 것'이라는 데 겁을 집어먹고 있다. 하나님을 향한 완전한 헌신의 길이 지난하고 고통스럽고 아주 외롭지 않을까 두려움에 떨고 있는 게 분명하다. 존 유즈 원장이 전체모임 때 농담조로 했던 말, "우리는 휴식차 이곳에 온 것이 아닙니다—우리에게 이곳은 영구히 있을 곳이지요"라는 표현이 떠오른다. 모든 사람이 웃음을 터뜨리며 나를 보고 친절한 미소를 보냈다. 하지만, 그때 나는 그가 내 영성생활의 중추신경을 콕 집어 건드려 놓았다는 것을 알았다.

평생 트라피스트회 수도사가 되는 것과 7개월짜리 트라피스트인이 되는 것은 근본적으로 다르다. 사실 '7개월짜리 트라피스트인'이란 말 자체가 얼마나 모순인가! 존 유즈 원장이 한번은 이렇게 토로한 적이 있다: "내가 의학을 공부하면서 내게 좋지 않은 일이 벌어질 때면, 나는 늘 '좋아, 조금만 있으면 이 처지를 벗어날테니까'라고 말할 수가 있었지요. 해군에 들어가서 이 생활이 입맛에 맞지 않다는 것을 알아차렸을 때도, 나는 언제고 제대할 날짜가 올 거라고 학수고대할 수 있었구요. 그러나 트라피스트 수도원에서 영성수련을 받을 때에는 그같은 탈출구가 전혀 보이지 않았어요. 이번에는 '영원히 있어야' 하였지요. 그래서 힘들고 불쾌한 것도, 입맛에 맞지 않는 것들도 하는 수 없이 받아들여서 마음을 정화시키는 방편으로 삼으며 살아야 했어요."

바로 이런 식의 극단론, 절대론, 철저한 자기 포기, 조건없는 '예,' 하나님의 뜻이라면 흔들림 없이 복종하려는 모습에 나는 거듭거듭 놀란다. 또 내가 이쪽과 저쪽 두 세계에 양발을 걸쳐놓고 싶어하는 희멀건 영혼이 되게 만든다. 하지만 이것이야말로 사람을 비틀거리게 하는 길이구말구.

7월 11일, 목요일

성 베네딕트를 생각하며 기도하는 날이다. 이 베네딕트 수도사 공동체 곁에서 함께 머물면 얼마나 좋을까 줄곧 생각해 왔다. 이 순간에 내가 트라피스트 수도사가 되어야 한다거나 될 수 있다는 징조는 아무 것도 없다. 내가 지금 이곳에 있어야 한다고 확신하듯이, 다시 이곳을 떠나야 한다는 확신도 있다. 하지만 혹여 이곳이 내 공동체, 내 가족, 내 '가정,' 내 지향점이 될 수도 있는 것 아닐까?

오늘의 복음서와 존 유즈 원장의 설교가 마음에 와 닿았다. 내용인 즉, 우리가 우리 자신을 철저하게 벗어나 하나님께 우리를 온전히 드려야 한다는 것. 온유하다는 거듭된 칭찬에 인본주의자라고 불리우기까지 했던 성 베네딕트도 겸손과 순종과 모든 것의 공동소유 문제를 이야기할 때는 그에 못지않게 급진적이었다.

내가 이런 급진론에 동참이라도 하려면, 나는 내 영성 지도자에게 온전히 순종하려는 자세를 기꺼이 지녀야 한다. 그가 길을 가리킬 수 있도록 충분히 겸손해져야 한다. 그에게 내 모든 생각과 감정과 계획을 털어놓아야 한다. 그리 하지 않으면 일 전체가 공상에 불과하니까.

오늘 나의 죽음과 관련하여 전혀 예상하지 못했던 환상을 많이 접하였다. 이 수도원이 내가 묻히기에 가장 좋은 자리가 될 것이라는 생각! 그러나 곧이어 나는 이곳에서 지낸 지 이제 겨우 몇 달밖에 안 됐는데, 수도원 뜰 안에 묻히는 영광을 얻기는 힘들겠다는 사실을 깨달았다. 존 유즈 원장은 어느 날 설교 시간에 이 공동체의 수도사들은 대부분 반평생 이상을 성 베네딕트 규칙을 실천하며 살아온 이들이라고 말한 적이 있다.

7월 12일, 금요일

그대가 '바깥에 있는' 누군가가 그대 생각을 해주리라는 희망에 부풀어 끊임없이 우편함을 열심히 뒤적거릴 때, 그대의 친구들이 그대에 대하여 생각하고 있을까 그리고 생각하면 무슨 생각을 하고 있을까 끊임없이 궁금해 할 때, 그대가 이 공동체 안에서 어느 정도 특별한 사람이 되고 싶은 욕구를 남몰래 품고 있을 때, 그대가 손님들이 그대 이름을 언급하리라는 환상을 버리지 못하고 있을 때, 그대가 수도원장이나 다른 어떤 수도사에게 각별한 관심의 대상이 되고 싶은 욕망을 떨치지 못할 때, 그대가 좀더 흥미있는 일과 좀더 자극적인 사건들을 끊임없이 갈구하고 있을 때—그대는 그대의 마음 속에서 하나님께 조그마한 자리를 마련해 드리는 일을 아직 시작조차 못하고 있음을 알게 된다.

아무도 그대에게 이제 더 이상 편지를 보내지 않을 때, 아무도 그대를 생각하지 않고 그대가 어떻게 지내는지 궁금해 하지도 않을 때, 그대가 형제자매들 가운데 한 사람이 되어 그들이 하는 일을 더 못하지도 더 잘하지도 않고 똑같이 할 때, 그대가 사람들의 뇌리에서 잊혀졌을 때—아마도 그대의 마음과 정신은 충분히 비워질 것이다. 하나님의 현존이 그대에게 알려질 수 있는 진정한 기회를 하나님께 내어드리게 될 것이다.

7월 13일, 토요일

나는 다른 사람들과는 좀 다르게 살겠다는 묘한 욕망을 항상 지녀왔다. 아마 이런 욕망을 가졌다는 점에서 다른 사람들과 전혀 다르지 않은 것이 나일 것이다. 이 욕망을 생각하고 또 그것이 내 생활에 어떤 작용을 해왔던가 생각하다 보면, 나는 나의 생활양식이 '주인공 자리'를 차지하려는 이 시대의 욕망에 일조한 것이었음을 더욱 절실히 느끼게 된다. 나는 주목을 받고 이야깃거리가 되는 무언가 '다른' 것, '특이한' 것을 이야기하고 글로 쓰고 행동으로 보이고 싶어하였다. 풍부한 환상의 삶을 사는 사람에게는, 이런 일이 그다지 어렵지 않다. 기대했던 '성공'도 어렵지 않게 얻게 된다. 사람이 전통적인 방식과는 아주 달라 눈에 띄는 그런 방법으로 가르칠 수는 있다. 사람이 참신한 원전으로 간주될 만한 문장이나 논문, 심지어는 책까지도 쓸 수가 있다. 그대가 이전에 그런 생각을 한 사람이 아무도 없었다고 믿게 만들만한 그런 방식으로 복음을 전할 수도 있다. 이 모든 상황에서 그대는 결국 칭찬을 듣게 된다. 그대가 무엇인가 선풍적인 일을 했기 때문이다. 그대가 무엇인가 '남달랐기' 때문이다.

요즘 나는 하나님의 말씀을 인기 위주의 것으로 만들어 버리는 위험천만한 가능성을 갈수록 절실히 느끼고 있다. 사람들은 인광을 내뿜는 복장으로 공중 곡예하는 서커스 곡예사를 넋놓고 구경하듯, 자신에게 주의를 끄는 데 하나님의 말씀을 이용하는 설교자의 말에 귀를 기울일 소지가 있다. 하지만 인기를 끄는 선풍적인 설교자는 감각들은 자극할망정 영혼에 감동을 주지는 못한다. 그는 하나님의 길이 되기는커녕 자신의 '남다름'으로 그 길을 메워 버린다.

수도원 체험은 그런 식으로 관심 끄는 걸 공박한다. 이 체험 속에서 남다를 것 없이 똑같이 말하고 글쓰고 일하도록 요구받는다. 이 체험 속에서 유서깊은 전통들에 순종하도록 요구받는다. 마음과 정신을 흔히 입증되고 인정된 원칙들에 따라 다듬어 가도록 요구받는다. 내가 이곳에 온 후 읽은 영성 저서들 속에는 복음에, 초대 교부들의 말씀에, 그리고 그 당시 영성 지도자의 통찰력에 충실하려는 의도가 두드러진다. 색다르고 인기를 끌며 독창적이 되려는 노력은 그만큼 배제되어 있다. 위대한 영성 작가들은 하나같이 "너희는 독창적이 될 수 없다. 너희가 하는 말이 가치있는 것이라면 그것은 하나님의 말씀과 온맘으로 그분을 섬겼던 이들에게서 기인한다"고 말하는 것같다. 이곳이 나에게 촉구하고 있는 것은 같아져라, '더욱더' 같아지라는 것이다. 수도사들과 같아지고, 성자들과 같아지고, 예수님과 같아지고, 하늘에 계신 아버지와 같아지라는 것이다. 성 베네딕트 규칙—날마다 새롭게 반복되는 리듬을 따르고 150편의 시편을 끊임없이 낭송하고 복장과 음식과 장소를 획일화하는—은 시간과 장소를 초월하며 그대를 온 사람, 온 장소, 온 시대의 아버지요 세세토록 변함없이 똑같으신 하나님과 하나되게 하는 그 힘센 동일성을 차근차근 깨닫게 해준다.

수도원 생활은 독창적인 게 거의 없다. 끊임없이 특별한 일을 하고 어떤 공로를 세우며 무엇인가 새로운 것을 추가하고자 하는 욕망에 사로잡혀 있는 내가 내 자신에게 일깨워야 하는 것은 내가 주목을 덜 받을수록, 내가 특별한 배려를 덜 요구할수록, 내가 덜 색다를수록 나도 그만큼 수도생활을 훌륭하게 누리게 된다는 것이다. 어쩌면—그대가 하는 이야기라는 것도 이미 이야기되지 않은 게 없다는 사실을 그대가 온전히 깨달을 때—아마도 수도사는 그대의 이야기에 관심을 가지고 귀를 기울일 것이다. 하나님의 사랑에 관한 신비는 우리가 이 동일성 속에서 독자성을 발견하는 데 있다. 그리고 이 독자성은 성탄 트리 위의 인조 은방울처럼 반짝이는 '특이성'과는 무관하다. 가장 인격적이며 가장 내밀한 우리와 하나님과의 관계와 연관되어 있다. 우리가 색다르고자 하는 욕망을 버리고 우리 스스로를 특별히 배려받을 권리가 전혀 없는 죄인으로 체험할 때, 비로소 우리의 이름을 불러주시고 우리에게 친교를 맺자고 초청하시는 우리 하나님을 만나뵐 수 있는 공간이 열린다.

성부 하나님의 외아들 예수님께서는 자신을 비워 종의 모습을 취하시고 "사람과 같이 되셨다. 사람의 모양으로 나타나셔서 자기를 낮추시고, 죽기까지 순종하셨으니, 곧 십자가에 죽기까지 하셨다. 그러므로 하나님께서는 그분을 지극히 높이시고, 모든 이름 위에 뛰어난 이름을 그분에게 주셨다"(빌립보서 2:7-9). 예수님께서는 절대적인 동일성을 통하여 비로소 독자적인 이름을 부여받으셨다. 사도 바울은 우리에게 예수 그리스도의 마음을 지니라고 촉구한다. 우리가 이와 동일한 겸손을 통하여 주님의 형제요 하늘에 계신 아버지의 자녀가 되라고 권면하고 있는 것이다.

오늘은 성 헨리코를 생각하는 날이었다. 그래서 모든 관심이 같은 이름을 지닌 헨리코 수도사한테로 쏠렸다. 나는 어느 정도 남은 관심이 나한테도 쏠렸으면 했던 것같다. 그런데 그 남은 관심마저 못 받은지라, 동일성에 대한 내 묵상에 상당히 많은 '울화통'이 가미되어 버렸다.

나의 오후 일과는 페인트칠 하는 것이었다. 아름다운 날씨―맑고 쾌청하였다. 나는 벗겨진 칠을 긁어 내고 훼손된 부분을 사포로 닦아 냈다. 그리고 칠을 새롭게 하였다. 일하고 있던 그 좋은 자리에서 들판을 바라보았다. 정말 즐거운 한때였다. 커다란 말벌 한 마리가 오후 내내 내 주변을 맴돌았다. 그러나 쏘지는 않았다. 파스칼 수도사가 말했다. "겁먹고 움직이면 안 돼요. 가만히 있으면 녀석이 괴롭히지는 않는다구요." 정말 그랬다.

7월 14일, 주일

지난해 니즈메겐 대학에서 은퇴하신 아버지로부터 편지가 왔다. 이런 글이 들어 있었다: "연금을 받는 사람으로서 너는 세상이 멀어져 가는 것을 알게 될 것이다. 아무도 더 이상 너를 필요로 하지 않을 것이다. 따라서 너는 네 발로 서야 한다. 수도원은 외관상 너한테서 아주 멀리 떨어져 있는 것같은 그 시기에 필요한 준비를 훌륭하게 제공해 줄 것이다."

나의 아버지는 비관적인 분이 아니다. 반대다. 명랑하고 생기와 활력이 넘치는 분이다. 감히 말한다면, 그분은 은퇴하신 뒤 더욱 그러신 것 같다. 따라서 그분이 내게 하신 말씀은 정말 의미깊고 아주 진실된 것이다.

내가 필요하지도 않고, 나를 요구하지도 않고, 나한테 바라는 것도 없고, 나를 알아주지도 않고, 내가 감탄과 찬사를 받지도 못하는 그런 삶을 사는 것이 얼마나 힘든지……. 나는 너무 잘 안다. 몇 년 전, 나는 네덜란드에서 교직을 그만 두고 시내에 셋방을 얻어 1년 동안 학생신분으로 지낸 적이 있었다. 드디어 자유로운 몸이 되었구나! 너무 바쁘고 요구되는 것들이 너무 많을 때는 도저히 못했던 많은 일과 공부들! 이제는 할 수 있겠거니 예상했었다. 하지만 어떠했던가?

직장을 그만 두자, 나는 바로 잊혀졌다. 찾아와 주었으면 했던 사람들이 끝내 찾아오지 않았다. 방문해 주리라 기대했던 친구들도 감감 무소식이었다. 동료 성직자들이 주일예배 때 협조를 부탁하거나 때때로 설교 정도는 맡길 거라 생각했건만, 그들도 나를 필요로 하지 않았다. 내 주변은 정말 제대로 반응을 보였다! 그 반응은 내가 이제 근처에 없다는 그런 것이었다. 역설적인 사실은 늘 혼자 지내면서 일하고 싶어했던 내가, 막상 혼자 있게 되자 일이 손에 잡히지 않았다는 것이다. 침울함, 분노, 불쾌함, 섭섭함, 미운 생각, 쓰라림, 불만 등을 느끼기 시작했다.

그 해에 나는 내 자신의 취약점을 그 어느 때보다도 절실히 깨달았다. 준은퇴 처지였던 그 해에 내가 깨달은 것은 홀로 있다고 해서 반드시 내적 평화와 마음의 고독이 담보되는 것은 아니라는 것이었다. 오히려 후회와 쓰라림이 야기될 수도 있으니!

3년이 지난 지금, 나는 똑같은 상황으로 되돌아가 있다. 번번히 우편함 쪽에 다가갔다가 그 안이 비어 있는 것을 목격하고선, 내가 네덜란드에서 느꼈던 것과 동일한 기분이 자칫 되살아나려 한다. 이 아늑한 곳에서 수많은 훌륭한 사람들에 둘러싸여 있으면서도 나는 잊혀지는 것, 홀로 버려지는 것을 두려워하고 있다. 그러나 나는 내 선택에 따라 홀로 있기로 하였다. 내가 원한 것이 아닌가!

아무도 나를 더 이상 필요로 하지 않을 시간이 이르면, 수도원이 훌륭한 대비책 역할을 해주리라는 아버지의 말씀은 대단히 옳은 말씀이다. 이곳에서 나는 솟구쳐 오르는 쓰린 감정과 적개심을 직시하고 그 탈을 벗겨 영적 미성숙의 표지들로 파악할 수 있는 기회를 갖는다. 이곳에 나는 나홀로 머문다. 동시에 그것을, 아무도 더 이상 관심을 보이지 않을 때조차도 여전히 충실하신 하나님을 뵐 계기로 점점 삼아간다. 그것은 또다른 기회다. 이곳에서 나는 외로운 감정을 은둔으로 전환시킨다. 하나님께서 나의 텅 빈 마음 속으로 들어오시도록 만든다. 그것도 새로운 기회다. 이곳에서 나는 사막을 조금씩 체험한다. 사막은 사람들이 목말라 죽는 메마른 장소다. 그러나 사랑의 하나님께서 자신을 드러내 보이시는 곳이기도 하다. 사막은 충실하게 기다리는 이들에게 약속을 베푸시는 드넓고 빈 공간이기도 하다. 내가 나의 하나님께 약간만 마음을 열 줄 알면, 아마도 나는 그분을 세상에 모셔 올 수가 있을 것이다. 또 내 이웃에게서 감사나 선물을 받지 않고서도 그들을 사랑할 수가 있게 될 것이다.

사실 나의 은퇴 생활은 겉으로만 멀리 떨어져 있는 것처럼 보일 따름이다. 25년이란 금방 지나가는 판에 너무 서둘러 갖가지 형태로 은퇴를 서두를 필요가 없을 것이라는 말을 누가 하겠는가? 영성적인 의미에서 내가 지금 은퇴할 수 있다면, 다시 말해서 내가 내 일의 성공에 매이지 않게 된다면, 아마도 나는 훨씬 더 창조적으로 살게 될 것이다. 상처받을 일도 한결 줄어들 수 있을 것이다.

이같은 수도원 체험 덕분에 나는 '곱게 늙는다'는 것이 무엇인지, 새 땅을 정복하고 거기에 집착하려는 욕망에 붙잡혀 살지 않고 삶을 하나님의 선물들에 대한 감사어린 응답으로 삼아 살아가는 것이 무얼 뜻하는지 새롭게 인식하게 되었다. 어쨌든 이 수도원은 아름답게 늙어 가는 데는 상당히 좋은 훈련장이다.

7월 15일, 월요일

오늘 존 유즈 원장을 만나러 갈 때, 내 머리 속은 의문으로 가득 차 있는 것 같았다. 어떻게 조금이나마 초점을 맞추어 혼돈스런 관심사들에 질서를 부여할 수 있을지 의심스러웠다.

그리고 그를 만나고 돌아올 때에는 하나님의 영광에 초점을 맞춤으로써 많은 것을 진정 하나로 모을 수 있었다는 느낌이었다. "그대 자신의 영광이 아닌 하나님의 영광을 위하여 어떻게 살아야 하는가?"라는 질문은 나에게 매우 중요한 질문이 되었다. 외관상 극히 영성적인 활동 속에도 허영이 스며들 수 있음을 지난 몇 주일 동안 더욱더 절실히 깨달았다. 트라피스트 수도원에 들어가는 일도 뭔가 좀 특별하게 보이고, 사람들 눈에 '영웅적'으로 비치는 경향이 있다. 그래서 나는 진실로 하나님을 추구하고 있는지 의심이 생기기까지 하였다. 초대 영성 지도자들이 남긴 금욕적이며 신비주의적인 글들에 내가 쏟은 더없이 강렬한 관심도, 자칫하면 내 자신의 회심이 아닌 다른 사람들의 회심에 이용되는 사상과 직관으로 변해 버릴 소지가 있지는 않은지……. 그렇다, 하나님까지도 내 울화통의 대상으로 삼고, 하나님을 탐구하되 그분의 영광을 위하지 않고 거룩한 생각들을 미끈하게 조작함으로써 얻어지는 그 영광을 위하여 탐구하려는 커다란 유혹이 분명 존재하고 있다.

존 유즈 원장은 나의 이런 근심거리들에 별로 놀라지 않았다. 그는 그것들을 충분히 우려하고 생각하면서 체험해 볼 만한 중요한 것들이라고 흔쾌히 인정하였다.

우리가 예배 대신 조작을 하도록 만드는 그 격한 감정들을 제거하는 방법은 무엇일까? 자, 우리가 제일 먼저 알아야 할 점은 바로 그대가 하나님의 영광이라는 사실이다. 창세기에 보면 이런 말씀이 나온다: "주 하나님이 땅의 흙으로 사람을 지으시고, 그의 코에 생명의 기운을 불어넣으시니, 사람이 생명체가 되었다"(창세기 2:7). 우리가 살고 있는 것은 하나님의 입김, 하나님의 생명, 하나님의 영광을 함께 나누고 있기 때문이다. 그러니까 "하나님의 영광을 위하여 어떻게 살아야 하는가?"가 아니라 "있는 그대로의 우리를 어떻게 생활화하고, 가장 심원한 우리의 자아를 어떻게 실현할 것인가?"가 질문이 되어야 한다.

존 유즈 원장은 미소를 지으며 말했다: "'내가 곧 하나님의 영광이다'를 묵상언어로 삼으세요. 이 생각을 묵상의 중심축으로 삼으세요. 그것이 단순한 생각에 머물지 않고 점점 생생한 현실이 되도록 만드세요. 당신은 하나님께서 머물기로 작정하신 거처입니다. 당신이 바로 하나님의 처소(*topos tou theou*)이지요. 그리고 영성생활이란, 그 공간이 하나님께서 거처하실 수 있는 장소로 존재하게 하고 그분의 영광이 스스로 드러날 수 있는 공간을 창조하는 것입니다. 그 이상도 이하도 아니예요. 묵상하는 동안 이렇게 자문해 보세요. '하나님의 영광이 어디에 있는가? 하나님의 영광이 지금 내가 있는 이곳에 있지 않다면 달리 어디에 있을 수 있겠는가?'"

정녕 이 모든 것은 하나의 직관, 하나의 개념, 사물을 보는 하나의 방식 그 이상의 것이다. 이것이 연구 대상이라기보다 묵상 주제가 되는 것도 바로 그 때문이다. 하지만 이 지극히 내밀하고 인격적인 방법을 통하여 진실로 그대가 하나님의 영광임을 일단 '깨닫기' 시작하면 모든 것이 달라진다. 그대의 삶은 결정적인 전환점을 맞게 된다. 예컨대, 그때 극히 실제적이며 하나님보다 더 현실적인 것으로 보이던 그대의 격한 감정들은 자체의 환각적 본질을 드러내고 점차 소멸되어 사라질 것이다.

이런 생각들에서 출발하여 우리는 하나님 체험에 대해 짤막한 대화를 나누게 되었다. 나는 존 유즈 원장에게 하나님이 언젠가 반항이라는 나의 단단한 껍질을 깨고 확신을 주는 강렬한 형태로 나한테 모습을 드러내시어, 마침내는 내가 '우상들'을 내어몰고 조건없이 그분께 헌신하도록 만드시리라는 환상을 여러 해 품어 왔다고 토로하였다. 존 유즈 원장은 그러한 환상에 별로 놀라는 기색이 없었다. 그는 이런 말을 했다: "당신은 당신의 격한 감정이 갈망하는 그런 방식으로 하나님께서 당신에게 발현해 주시기를 바라고 있군요. 그런데 그런 격한 감정들 때문에 당신이 현재 하나님의 현존을 목격하지 못하고 있어요. 당신 자신 안에서 격한 감정 없는 부분을 바라보세요. 거기 계시는 하나님의 현존을 감지하세요. 이 부분이 당신 안에서 더욱 자라나게 하세요. 무슨 결정을 할 때도 이 부분에 토대를 두고 하세요. 당신은 도저히 감당할 수 없을 것 같은 세력들이 소멸되어 가는 모습에 놀라게 될 것입니다."

우리는 그 밖에도 많은 것들에 대하여 이야기를 나누었다. 그런데 우리의 대화 마지막 부분에서 가장 기억에 남는 게 있다. 내가 승리

문제에는 관계없이 전투에 참여하게 된 것을 행복하게 여겨야 한다는 것이었다. 이 전투는 현실적이요 위험하며 매우 잔혹하다. 그대에게 주어진 것은 위험뿐이다. 그것은 투우장에서 투우와 싸우는 것과 같다. 그대는 이 전투에 참여했을 때 비로소 승리가 무엇인가를 알게 된다. 진정한 승리를 맛본 사람은 한결같이 그 승리에 대하여 겸허하게 마련! 그들은 그 이면을 보았기 때문이다. 그래서 자랑할 것이 거의 없음을 알고 있기 때문이다. 암흑의 세력과 빛의 세력은 서로 너무 가까이 붙어 있어서 자칫하면 허영의 기회를 제공하게 된다.

수도원이란 것도 완전히 그런 것이다. 일상생활의 수없이 하찮은 일들 속에서 우리는 전쟁을 감지할 수 있다. 그것은 편지를 받고 싶은 욕망이나 한 잔의 우유를 마시고 싶은 욕구같이 하찮은 것일 수도 있다. 그리고 한 장소에 머물러 있음으로써 그대는 전쟁터에 아주 익숙해진다.

7월 16일, 화요일

난 이런 생각도 해보았다. 이곳에 평생 머물고 싶은 강렬하고 진실된 욕구를 느끼는 바로 그 순간이 내가 이곳을 떠날 때라는 생각! 내가 내 일생을 오로지 하나님의 영광만을 위하여 살려는 내적 자세가 갖추어지는 그 순간, 나는 세상에서 창조적으로 살아가고 또 이제 더이상 이웃의 애정에 매이지 않음으로써 그에게 나를 열어 줄 채비가 갖추어지기 때문이다.

도로테우스는 이렇게 말한다: "그대의 이웃에게서 애정을 구하지 마세요. 그것을 구하는 사람은 그것이 주어지지 않을 때 괴로움을 당하게 됩니다. 오히려 그대의 이웃에게 사랑을 증거하고 안식을 제공하세요. 그렇게 할 때, 그대는 그대의 이웃이 사랑을 베풀게 할 수 있습니다."[11]

7월 17일, 수요일

이런 수도원이 그대에게 해주는 일들 가운데 하나는 새로운 리듬, 거룩한 리듬을 그대에게 제공해 주는 것이다. 뉴헤이븐에서 가르치고 있을 때, 나는 주일은 특별한 날임을 아주 잘 알고 있었다. 그러나 그 이외의 날들은—학사 일정과 관계해서만 다를 뿐—모두 똑같아 보였다. 그런데 여기의 리듬은 다르다. 주일들만 다른 게 아니다. 한 주간의 온 리듬이 저마다 나름의 색조를 지녔다. 그 색조는 그대가 노래하는 시편과 찬송, 그대가 듣는 성경의 교훈들, 그리고 다른 무엇보다도 그대가 참여하는 성만찬 예식에 따라 결정된다. 처음에 나는 내가 어떻게 해서 새로운 생활양식, 시간판별의 새로운 길, 하나님의 현존을 체험하는 새로운 길로 이끌려 들어가고 있는지 거의 깨닫지 못하였다. 그러나 난 지금 한 달 이상을 내 이전의 삶과 거의 접촉하지 않은 채 이 공동체의 일상리듬 속에 끼어든 상태다. 나는 삼위일체 하나님과 그리스도의 일생을 생각하고, 세례 요한과 성 베네딕트와 성 보나벤투라를 생각하며, 자주 되풀이되는 복음구절과 특정 시편 및 성자들의 이야기의 핵심적인 표어를 생각하고 있는 나를 발견한다. 마치 우중충하고 무디며 어딘가 단조롭고 세속적인 시간주기에서 엄숙함과 쾌활함, 기쁨과 비애, 진지함과 경쾌함이 서로 밀고 밀리는 엄청 화려하고 풍요로운 사건들의 연속선상으로 서서히 끌려 올라가는 듯하다.

성자들의 삶을 묵상하고 다시 경축하게 된 것은 내게 중요한 체험이 되고 있다. 내가 지난 3년간 일했던 주변 환경 속에서는 성자들이 들어설 여지가 거의 없었다. 그에 비해 여기에서 성자들은 오랜 대화를 함께 나눌 수 있는 한방 식구나 같다. 때때로 나는 성자들을 기념하는 축제일 리듬을 따라가지 못한다. 하루는 수도원 전체가 성 베네딕트 때문에 하나님께 드리는 찬양으로 충만된다. 그래서 나도 성 베네딕트의 생애를 막 읽기 시작한다. 그런데, 아차, 다른 사람들은 벌써 또다른 성자의 이름을 떠올리며 흥분에 들떠 있으니! 뿐만 아니라 수도사들은 자기의 생일은 축하하지 않고 본명 축일을 경축하는 까닭에 성자를 기념하는 날이 수도사 저마다에게 각별한 의미를 갖는다. 그러기에 모든 축제일은 한결 인격적인 특성을 갖게 된다.

예수회 회원들과 함께 지낸 고등학교 시절과 신학대학 시절에 세속과 교회의 주기가 항상 엇갈렸던 기억이 난다. 하지만 이곳에서는 서로 엇갈리는 것이 전혀 없다. 이곳에는 오직 교회력 주기만 있을 뿐이다. 이곳의 시간은 진실로 구원받은 시간이다. 이곳에서 그대는 수도원의 하루, 한 주간, 한 해는 시간상 한정적이나마 하늘의 실존을 미리 맛보는 것을 뜻한다는 사실을 알고 느낀다. 그대는 이미 성삼위일체이신 아버지와 아들과 성령의 친밀한 생명에 동참하도록 초청을 받고 있다. 또 하늘 나라에서 특별한 자리를 차지하게 된 이들이 자신들의 역사적 실존 속에서 하나님께 아주 가까이 나아왔기 때문에 기쁨을 누리도록 초청을 받고 있다. 그러기에 묵상은 실로 부활 때 실현될 일의 출발점이 된다.

오늘은 성가대석에서 늘 내 옆자리에 앉는 알렉시스 수도사의 축제일이었다. 무척 행복해 보였다. 주변이 환히 빛나는 것 같았다.

7월 18일, 목요일

무슨 일인지 별로 기억나지는 않는다. 하지만 빵공장에서 일할 때 있었던 사소한 비판소리와 몇 가지 짜증스런 일들은 나를 아주 침울한 기분으로 곤두박질치게 하기에 충분하였다. 적대감들이 와락 폭발하였다. 불건전한 것들이 길다랗게 연상되었다. 내 자신과 나의 과거, 내가 하는 일, 내 머리 속에 떠오르는 모든 사람에 대한 고약스런 느낌이 갈수록 깊어졌다. 그러나 다행히도 나는 허우적거리는 내 자신을 볼 수 있었다. 진짜 하찮은 것만으로도 내 마음의 평화가 소실되고 나의 세계 전체가 궤도에서 이탈될 수 있다니! 정말 놀라웠다. 아, 이렇게 나약한 것이 나라니!

경건한 사람들로 가득 찬 이 수도원, 이곳의 분위기는 내가 연극하고 화를 내고 왈칵 폭발하는 걸 허용하지 않는다. 그래서 나는 주저앉아 내 마음 속의 좁디좁은 평화의 빈 터가 사방에서 쏟아지는 돌멩이들과 쓰레기들로 얼마나 금방 가득 차는지 목격할 수 있었다.

이런 기분 속에서는 기도도 힘들다. 그래도 작업이 끝난 직후 짤막하게 드리는 오전기도 때 때문은 작업복 차림으로 서서 이렇게 봉독한다: "여러분 가운데 염려하는 사람이 있습니까? 그 사람은 마땅히 기도하여야 할 것입니다." 진실로 기도는 내 마음을 깨끗이 비우고 새 여백을 만드는 실질적인 유일한 방편이다. 나는 내적 여백이 얼마나 중요한지 깨닫고 있다. 마음의 여백이 있을 때, 나는 다른 이들의 수많은 관심사를 받아들이면서도 우울해지지 않을 수 있는 것같다. 내가 그런 내면 세계의 평온한 자리를 감지할 때, 나는 다른 많은 사람을 위하여 기도할 수가 있다. 또 그들과 매우 밀접한 관계를 느낄 수도 있다. 감옥이나 북아프리카 사막에서 고통당하는 수천의 사람들을 포용할 여지가 있는 것 같기도 하다. 때로 내 마음이 인도네시아를 여행하는 부모로부터 로스엔젤레스의 친구들에게까지, 칠레의 감방들에서 브루클린의 본당들에게까지 확대되는 것 같은 느낌을 받는다.

이제는 내가 기도하는 게 아니라 하나님의 영이 내 안에서 기도하신다. 나는 이 사실을 안다. 실제로 하나님의 영광이 내 안에 거한다면, 너무 멀거나 너무 고통스럽거나 너무 낯설거나 너무 낯익어서, 이 영광 안에 받아들여질 수 없다거나 이 영광과 접촉함으로써 새로워지지 못하는 것은 아무 것도 없다. 내가 내 안에서 하나님의 영광을 감지하고 그 영광이 나에게 스스로를 드러낼 수 있도록 공간을 부여할 때면, 언제나 인간적인 것 전부가 그곳에 받아들여질 수 있다. 또 그 어떤 것도 결코 두 번 다시 동일한 것이 되지 않는다. 어쩌다 한번쯤 나는 이 사실을 안다. 물론 하나님은 내 기도를 들으신다. 그분 스스로 내 안에서 기도하신다. 그리고 지금 여기에서 온 세상을 하나님의 사랑으로 어루만지신다. 그런 순간들에는 '기도의 사회적 상관관계 등'에 관한 질문은 모두 우둔하고 극히 비이지적인 것이라고 생각된다. 수도사들의 말없는 기도가 이 세상에 어느 정도 제 정신을 유지시키는 몇 안 되는 것들 가운데 하나처럼 보인다.

그러나 그러다 또다시 그 별것도 아닌 사소한 것 때문에 내 안에서 모든 게 함몰되면서 내 마음 또한 무지의 암흑세계로 변하고 마는구나. 어쩔 수 없는 인생! 바로 오늘 내가 읽은 말씀이다: "신앙은 하나님을 생각함으로써 격한 감정에서 자유로워지는 것이다."[12] 울화가 치밀어 씩씩거리느라 하루가 휑 지나버렸는데, 참 의미깊은 말씀이다.

7월 19일, 금요일

오늘 아침, 4시간 반 동안이나 건포도를 씻어댔다. 마지막 건포도가 언제나 기계를 통과하려나! 생각은 오직 그것뿐, 그 어디에도 정신을 집중할 수가 없었다.

〈유에스 뉴스 앤드 월드 리포트〉에서 달에 두 번째로 착륙한 에드윈 앨드린이 〈지구 귀환〉이라는 책을 썼다는 기사를 읽었다. 이 책에서 그는 이제 더 이상 도달해야 할 목표들을 찾지 못하는 세상에 재적응해야 하는 자신의 문제들에 대하여 기술하고 있다. 이 기사는 그가 우울증이 심해지는 순간들 때문에 고통당하고 있다는 말도 하고 있다. 나는 그가 앓고 있는 우울증을 비교적 이해할 수 있을 것 같다. 달에 갔던 일이 평소 그가 갖고 있었던 지구에 대한 이해에 심대한 영향을 끼쳤을 것은 불을 보듯 뻔하다.

7월 20일, 토요일

지난 3년 동안 내가 해온 일을 반성하다 보면, 거기에 통일성이 결여되어 있음을 갈수록 실감하게 된다. 내가 이 3년 동안 했던 수많은 일은 실제 서로 연관성도 없어 보인다. 단일한 뿌리에서 유래하지도 않아 토막나 보인다. 나는 그 동안 시간을 정해, 날을 정해 기도를 드렸다. 하지만 내 기도는 내가 한 강의들, 내가 한 여행들, 내가 한 충고들과 유리되어 있었던 것 같다. 내가 수많은 강연 초청을 받고 준비할 시간이 없다는 이유로 거절했던 사실을 생각하면서, 내가 구두발표—그것이 강의가 됐든 설교가 됐든 아니면 학위수여식 연설이 됐든간에—일체를 새로운 준비를 요하는 새로운 연기로 보는 시각이 어느 정도였었는지 이제는 알 것만 같다. 나는 마치 볼품없는 연기는 묵과하지 않는 까다로운 청중을 즐겁게 해주어야 하는 연기자와 같았다. 이런 자세가 피로를 몰아온다. 결국엔 사람도 탈진시킨다. 가르치는 학생들과의 대담같은 사소한 직무까지도 불안을 야기시키는 부담거리가 되어 버린다.

이제는 알겠다. 나는 얼마나 혼란스런 존재였던가! 내 삶을 수많은 조각으로 토막내어 실제로 단일체를 형성하지 못하게 만들었던가! '나한테 준비할 시간이 있느냐?'가 문제가 아니다. 문제는 '내가 준비된 상태로 살고 있느냐?'다. 하나님이 나의 유일한 관심의 대상일 때, 하나님이 나의 관심의 핵이 될 때, 나의 기도와 나의 독서, 나의 연구와 나의 발언, 나의 저술 모두가 오직 하나님을 좀더 잘 알고 하나님이 좀더 잘 알려지도록 하는 데 보탬이 될 때, 근심걱정이나 무대 공포증의 근거는 아무 것도 없게 된다. 그럴 때, 나는 그런 준비된 상태로 생활할 수 있게 된다. 마음으로부터 하는 이야기는 곧 마음에 가닿는 이야기가 된다고 믿을 수 있게 된다. 그런 만큼, 지난 3년간 누적된 피로와 두려움은 족히 성실성 부족으로, 단일한 시각 부족으로, 단순성 부족으로 진단될 수 있다. 사실 이제까지 내 마음은 엄청 분열되어 있었다. 지금도 역시 매우 분열되어 있다. 나는 하나님을 사랑하고 싶다. 하지만 동시에 출세도 하고 싶다. 나는 훌륭한 그리스도인이 되고 싶다. 또한 교사로서, 설교자로서, 또는 연사로서 성공도 하고 싶다. 나는 성자가 되고 싶다. 동시에 죄인의 기분도 즐기고 싶다. 나는 그리스도와 가까워지고 싶다. 또한 많은 사람들한테 인기도 얻고 애정도 받고 싶다. 그러니 삶이 피곤할 수밖에……. 키엘케고르의 말을 빌리면, "한 가지 것만 바라는 게" 성자의 특성이다. 그런데 나는 한 가지 것 이상을 바라니! 표리부동하다. 결단을 내리지 못한다. 충실해야 하는데도 마구 이랬다저랬다 한다.

"너희는 먼저 하나님의 나라……를 구하여라. 그러면 이 모든 것을 너희에게 더하여 주실 것이다"(마태복음 6:33). 예수님께서는 바로 이 점을 아주 분명히 하신다. 사람이 하나님과 재물을 동시에 사랑하지는 못한다는 것. 사람이 하나님 편에 서면서 동시에 그분을 대적할 수는 없다는 것. 사람이 하나님을 어느 선에서만 따를 수는 없다는 것. 그래, 전부가 아니면 전무지.

존 유즈 원장은 수도사들과의 상담이 자신의 묵상에서 싹터나온다고 말하였다. 그것은 자신의 기도를 다른 사람들과 함께 나누는 것과 같다고 하였다. 내가 만일 하나님에 대한 신뢰, 자기 포기, 어린 아이와 같은 자기 개방에 도달할 수가 있다면, 근심걱정들은 거짓되고 공허하며 불필요한 것들로 밝혀져 사라질 것이다. 그리하여 나는 단순한 삶을 누릴 수 있을 것이다. 나의 설교와 가르침, 내 강의와 충고는 묵상생활의 또다른 형태. 그럴 때 나는 아마도 열린 마음을 갖고 이제껏 알아보지 못한 많은 것들을 알아보게 될 것이다. 이전에는 귀기울이지 않았던 많은 사람들의 말을 귀담아듣게 될 것이다. 그럴 때 나는 내 명성, 내 경력, 내 성공, 내 인기를 걱정하지 않을 것이다. 하나님과 그 백성의 음성에 마음을 열게 될 것이다. 그럴 때 나는 무엇이 할 만한 가치가 있고 무엇이 할 만한 가치가 없는지, 어떤 강의는 받아들여야 하고 어떤 강의는 거부해야 하는지, 어떤 사람들과 함께 시간을 보내고 어떤 사람들과는 거리를 두어야 할지 훨씬 잘 알게 될 것이다. 그럴 때 나는 그릇된 서적들을 읽고 그릇된 장소들을 배회하고 그릇된 상대들과 시간을 허비하게 만드는 격한 감정들에 시달리지 않게 될 공산이 크다. 그럴 때 나는 틀림없이 기도하고 독서하고 공부하게 될 것이다. 또 적당한 때가 오면 하나님 말씀을 전할 준비를 끊임없이 해두는 시간을 훨씬 많이 갖게 될 것이다. 또한 집안, 호텔, 기차, 비행기, 비행장 등 어디에 있든지 짜증내고 초조해 하며 다른 장소에 가 있거나 다른 일을 하고 있었으면 하고 바라는 일이 없게 될 것이다. 나는 하나님께서 나에게 이 시간 이 장소에 있기를 바라고 계시는 까닭에, 지금 여기가 가치있고 중요하다는 사실을 알게 될 것이다.

이곳 안전한 수도원 뜰 안에서 나는 이 모든 점을 아주 명확하게 깨닫고 있다. 아무쪼록 내가 이 자리를 떠나 산산이 부서지고 또 산산이 부서뜨리는 세계로 다시 돌아갈 때에도, 이런 안목이 어느 정도는 유지되었으면 좋겠다.

수도사들 가운데 한 사람이 오늘 내게 한 말이다: "수도사들은 어린 아이와 같아요. 부끄럼도 잘 타고 감수성도 아주 예민하죠. 당신이 성질을 부리면 그들은 움츠러드는 성질이 있어요. 그들은 어느 정도 정신적으로 밀고당길 줄 아는 대학생들과는 달라요. 그들은 조금만 건드려도 상처받을 수 있어요. 당신이 너무 세게 나오면, 그에 대한 반응으로 그들은 당신 앞에서 자신의 진짜 모습을 감추어 버릴지도 몰라요."

7월 21일, 주일

주일이면 제단 앞에 늘 꽃다발이 놓인다. 오늘은 밀 추수가 내일부터 시작된다는 사실을 선포하는 뜻에서 밀다발이 놓여 있었다. 그 광경이 나한테도 깊은 감동을 주었다. 밀이 성만찬의 신비와 분명한 관계를 맺고 있기 때문만은 아니었다. 북아프리카 여러 나라들이 밀 부족에 시달리고 있음을 더욱 잘 알게 되었기 때문이기도 하였다.

아프리카에서 선교하고 있는 백의 선교회(White fathers)가 보내온 편지가 게시판에 붙어 있었다. 미국에서는 다이어트 방법이 소개된 기사들을 발표하고 있는 판국에, 수백만의 사람들이 굶어 죽어가고 있음을 알리는 절망적인 편지였다. 로마제국 시대만 해도 이들 아프리카 국가들은 번영을 누렸다. 밀과 가축이 풍부하였다. 그런데 현재는 황폐한 사막이 갈수록 넓어지고 있다. 주일설교 때, 존 유즈 원장은 5월에 나이지리아를 방문했던 이야기를 하였다. 그의 이야기에 따르면, 농부들이 바짝 마른 땅을 쟁기질하는 것은 수확을 얻으려는 기대에서가 아니라, 단순히 농경술을 잊어 버리지 않기 위해서였다. 해마다 사막이 3마일에서 20마일까지 증가하고 있다. 해마다 농경지가 수마일씩 줄어들고 있다. 메마르고 황량한 사막은 몇 마일씩 넓어져 가고 있다.

그렇다면 우리는 어떤가? 존 유즈 원장은 "아프리카에서 돌아와서 본 우리의 대지는 낙원처럼 푸르고 풍요롭고 비옥해 보였다"고 말하였다. 그렇다면 그토록 많은 수확을 할 수 있는 우리가 비행기로 불과 여덟 시간밖에 되지 않는 곳에서 굶어 죽어가는 사람들과 수확물을 함께 나누지 못하는 이유가 과연 무엇이란 말인가?

거기에는 복잡한 요인들이 수없이 얽혀 있다. 하지만 무슨 설명이 나온다고 하더라도, 그것은 우리가 필요한 조처를 충분히 강구하지 않고 있다는 느낌을 결코 지우지 못한다. 안토니 수도사가 "과연 우리는 우리가 수확하는 밀이 어디로 가고 있는지 아는가?"라는 질문을 한 적이 있다. 그에 대한 답변은 "이 밀은 짐승이 아닌 사람들이 먹는다는 것만 알뿐, 누가 먹는가 하는 문제는 우리의 통제권 밖의 일이다"는 것이었다.

이 모든 사실을 좀더 생각해 보고 지혜롭게 행동할 필요가 있다. 내가 이곳 수도원을 떠나서 할 일에 관하여 생각할 때는 물어볼 것도 없이, 앞으로 여러 해 동안 계속될 이 세계 문제와 내가 할 일이 어떤 관계를 갖게 될지 내 스스로에게 물어야 할 것이다. 그러나 지금 당장에는 다름 아닌 금식이 굶주리고 있는 수백만의 사람들을 기억하고 그들을 도외시하지 않겠다는 결심이 서도록 내 마음과 정신을 정화시키는 최선의 방법인 것 같다.

7월 22일, 월요일

오늘 존 유즈 원장과의 만남에서 나는 예수님의 어머니 마리아와 나와의 관계에 관하여 이야기하였다. 내가 어렸을 때 마리아는 내 신앙 성장에 아주 막대한 역할을 했다. 우리 가정에서 실천되던 5월과 10월 특별기도는 내 어릴 적 추억에 깊이 남아 있다. 우리는 작은 제단들을 만들고 찬양을 부르고 기도를 드렸다. 그것이 그렇게 즐거울 수가 없었는데……. 하지만 신학대학 시절이 지나고 내가 소속된 집단에 어느새 세속화 바람이 불면서 예수님의 어머니 마리아가 내 신앙생활에서 차지하는 비중은 갈수록 줄어들었다.

그런데 이번주에 "마리아를 다시 생각하게 되었다." 마리아에 대한 경건한 생각을 되찾으려고 의식적으로 애를 쓴 것도 아니었다. 책을 읽거나 충고를 들은 것도 아니었다. 어떠한 외부 간섭도 없는 상태에서 마리아가 좀더 깊은 묵상생활을 추구하는 내 마음 속에 들어와 있는 것을 발견하였다. 무슨 도움이 되는 것이 있었다면, 그것은 수도원 소성전에 있는 블라디미르의 마리아 그림이었다. 실제로 겟세마네의 어떤 수도사가 재현시킨 이 더없이 온유한 그림을 보고 도무지 눈을 뗄 수가 없었다.

마리아는 그림을 바라보는 사람을 약간 구슬프고 애수어린 시선으로 응시한다. 오른손으로는 왼팔에 안긴 아기를 가리키고 있다. 그리고 아기는 아주 다정한 모습으로 마리아를 포옹하고 있다. 아기의 포옹에서 드러나는 친밀감은 그 작은 손이 마리아의 머리를 덮은 면사포 밑으로 그 왼쪽 **뺨**을 살포시 만지는 것으로 **표현**되어 있다. 아기는 수도복을 걸친 꼬마어른처럼 보인다.

이 정감어린 모습을 바라보고 있노라면, 평화가 내 영혼 속으로 스며든다. 마리아는 나에게 예수님에 관한 이야기를 들려준다. 그녀는 무서운 경고나 강력한 도전이나 강압적이고 엄한 시선도 보이지 않는다. 그러면서도 내가 예수님을 향하도록 이끈다. 마치 나에게 "보라, 너의 주님이요 구원이신 이분이 너를 위하여 작고 연약한 존재가 되셨다. 그런데 어찌하여 너는 좀더 가까이 와서 이분이 하시고자 하는 말씀에 귀를 기울이지 않느냐?" 하는 듯싶다. 또 자신과 자신의 아기 사이의 긴밀한 친교를 함께 나누도록 나를 초청하고 있는 것처럼 생각된다.

이번주에 나는 개인기도를 드리다 저항감을 자주 경험하였다. 홀로 앉아 기도하려고 하면, 번번히 나의 생각은 요즘 읽고 있는 책 속을 뱅뱅 맴돌았다. 계속 책이나 읽고 싶어졌다. 꼬르륵 꼬르륵 허기진 배에 관심이 쏠렸다. 형상이 또렷하지도 않은 수도사를 떠올리기도 했다. 떨쳐버리지 못한 백일몽이나 적개심에 빠져들기도 하였다. 따라서 내 생각의 초점을 다시 잡기 위해선 몇 분 정도 책을 붙잡는 게 고작이었다. 그러나 블라디미르의 마리아 그림 앞에 꿇어앉으면 달랐다. 웬지 묵상에 대한 저항감이 사그라지는 게 아닌가! 아기 예수와 마리아의 정감어린 친교에 동참하라는 초청을 받는 것이 즐거울 뿐이었다.

존 유즈 원장은 이 모든 것 속에 깃든 심리적 의미들을 모르는 체 피해 가지는 않았다. 그는 나의 정서 생활이 실제로 얼마나 남성적인 것인지, 나의 내적 생활 중심에 경쟁의식과 적대의식이 어느 정도 자리하고 있는지, 그리고 나의 여성적 측면이 얼마나 미분화 상태에 머무르고 있는지 나에게 알려 주었다. 그는 조금도 주저없이 수도사의 직분을 (일반 성직자의 남성적인 직분과 비교하여) 여성의 직분으로 일컬었다. 또 수도원장[abbot: 이는 본디 아빠(abba=아버지)에서 유래된 것]에게 어머니로서의 책임들을 촉구한 바 있는 성 버나드 이야기를 하였다. 그리고 하나님의 영에 해당하는 히브리어(ruach)가 남성이자 동시에 여성임을 지적하였다. 이는 하나님이 남성이요 여성이심을 강조하고 있다고 알려 주었다. 그러면서 마리아는 내가 나의 수용적이고 묵상적인 측면을 새롭게 접하고, 아울러 일방적으로 공격적이고 적대적이며 횡포하고 경쟁적인 면을 견제하도록 돕고 계신다는 것이었다. 그는 말했다: "당신이 쉽게 우울해지고 싫증을 느끼는 것은 그다지 놀라운 일이 아닙니다. 당신의 에너지 가운데 많은 양이 당신의 적개심과 호전성을 제어하고 온유함과 친절이 표출되도록 작용하는 데 투여되고 있기 때문이지요."

아무쪼록 나는 예수님의 어머니 마리아에 대한 좀더 성숙한 생각을 통해서 나의 다른 면이 성숙을 보여 내가 자의식에 덜 젖고 의심을 덜 하고 화를 덜 내며, 하나님의 선물들을 더욱 잘 수용하고 더욱 훌륭한 묵상가가 되기를 기도드린다. 하나님의 영광이 마리아 안에 그토록 내밀하게 머무셨듯이, 내 안에도 머무실 수 있게 되기를 바라며 또 기도드린다.

7월 23일, 화요일

묵상생활에서 내적이든 외적이든, 크든 작든, 모든 갈등은 빙산의 물위 부분처럼 좀더 크고 좀더 깊은 어떤 것이 있는데, 그 윗부분만 살짝 드러난 것으로 볼 수 있다. 겉으로 나타난 우리의 일상적인 행동과 생각과 느낌들 이면에 자리잡고 있는 그것은 탐색할 가치가 있을 뿐 아니라 그럴 필요가 있기까지 하다.

존 유즈 원장이 영성지도를 통하여 가장 꾸준하게 충고하는 것은 상처들을 자세히 조사하라는 것이다. 흔히 난감하고 부끄러운 감정들에 유의하고 그 쓴뿌리를 추적하라는 것이다. 그는 나에게 혼란스러운 백일몽이나 마음 속에서 끓어오르는 적개심을 밀쳐내려고 하지 말라고 한다. 그냥 놓아둔 채 세심하게 검토하라고 끊임없이 권면한다. 겁먹지 말고, 허겁지겁 뛰지 말고, 세심하게 바라보라는 것이다.

여기에서 포티체의 디아도쿠스가 가진 영들의 식별에 관한 견해를 언급해 볼 만하다. 그는 우리가 영혼을 깊숙이 들여다보려면 표면적으로 평온을 유지해야 한다고 말한다. "바다가 잔잔할 때 어부들은 물

속 깊숙히 들여다보며 그 속에 나타난 색다른 움직임들을 판별할 수 있습니다. 그러면 바다의 좁은 길을 따라 움직이는 생물들 모두가 그의 눈을 벗어나지 못하게 되지요. 하지만, 바다가 바람에 요동하면 청명한 날 맑은 미소 안에 드러나는 것도 암울한 불안 속에 감춰지게 됩니다."[13]

여기서 중요한 것은 무엇인가? 디아도쿠스의 말은 우리의 마음이 맑을 때 우리가 선한 제안과 악한 제안을 식별하여 선한 것들은 소중하게 여기고 악한 것들은 배제해 버릴 수 있다는 것이다.

영혼의 움직임들을 추적할 수 있다는 것은 참으로 가치있는 일이다. 우리가 겁을 집어먹고 파도를 일으키지만 않는다면, 우리는 끝까지 '그 움직임들을 철저하게 고찰할' 수 있다. 그리하여 그 끝이 낭떠러지요 막다른 골목이라는 게 확인되면, 옛길이 더 나은 길이었을지 모른다고 하는 그릇된 미련을 품지 않고 새로운 길을 자유롭게 찾을 수 있다. 우리가 진단적인 시선으로 우리 영혼을 계속 주시할 때, 우리는 내면 생활 속에 나타나는 흔히 복잡하고 색다른 요동침들을 익히 잘 알게 된다. 그리하여 빛으로 향하는 길을 확신 속에서 걸어갈 수가 있다.

클레르보의 버나드가 파리에서 대학생들에게 했던 설교에서 이와 유사한 사상을 발견하고 나는 놀라면서도 한편으로 기뻤다. 이 설교에서 그는 말하고 있다: "'……너희 반역한 죄인들아, 이 일을 가슴 깊이 간직하여라'(이사야 46:8) 하신 주님의 말씀을 귀담아듣는 사람은 자신의 내면세계 깊은 곳에서 아주 음란한 성향들을 발견하면, 열정적인 탐험가처럼 모든 노력을 기울여 그것들을 추적해 들어가지요. 그리고 그 근원들을 하나씩 밝혀 내고, 그것들이 어떻게 자기 내면으로 스며들게 되었는지 파악합니다."[14] 버나드는 우리 자신의 사악한 생각들을 우리가 철저하게 이해함으로써 우리의 죄많음을 고백하게 되고 하나님의 동정과 자비도 자유롭게 받아들이게 되는 과정을 밝히고 있다. "의사에게 도움을 구하는 게 약점이라면 그건 유익한 약점입니다."[15]

이같은 심상과 관념은 상당히 혼란스럽게 들린다. 하지만 두 가지는 분명하다. 첫째는 그대의 내적 감정들이 두렵게 느껴질 때라도 거기에서 도망치지 말라는 것. 그것들을 철저히 추적함으로써 그대는 그것들을 더욱 올바르게 이해하게 된다. 또 옛길이 꽉 막힌 담벼락으로 이어질 때 좀더 자유롭게 새 길을 찾게 된다. 둘째는 그대가 거칠고 걷잡을 수 없는 감정들을 깊이 탐색하다보면, 그대의 죄많은 자아와 대면하게 된다는 것. 하지만 이러한 대면 때문에 그대가 절망에 빠져서는 안 된다. 이러한 대면을 통하여 그대는 그 어떤 치유도 가능케 하시는 하나님의 자비를 자유롭게 받아들일 수 있어야 한다.

나는 오늘 바께스로 퍼붓는 것같은 빗속에서 브라이언 수도사와 암석을 끌어모았다. 집으로 돌아왔을 때, 우리는 모두 물에 빠진 생쥐 꼴이었다. 하지만 모두들 3주간 동안 물기 한 방울 없다가 내린 비였는지라 무척 고마워하였다. 비 때문에 밀 추수가 중단되고 있긴 하지만, 이 비가 밀에도 한결 더 도움이 될 것이다.

7월 24일, 수요일

사랑에 대하여 좀더 많이 생각해 보고 싶다. 이곳 수도원은 실질적으로 사랑의 분위기를 조성하고 있다. 수도사들이 서로 사랑한다는 말에는 거짓이 없다. 그들이 나에게 진정한 사랑을 보여주고 있다는 말도 감히 할 수가 있다. 나는 이것이 매우 소중한 체험이라고 생각한다. 그들이 나에게 사랑을 느끼도록 만들어 줄 뿐 아니라, 내가 사랑을 좀더 깊이 이해하도록 돕고 있기 때문이다.

처음에 나에게는 사랑을 내 내부에 존재하면서 나를 사랑스럽게 만들어 주는 어떤 특별한 것과 연결시키려는 경향이 있었다. 그 경향이 많은 면에서 여전히 존재하고 있다. 사람들이 나한테 친절하고 다정하게 굴 때 내가 행복을 느끼는 것은, 그들이 나에게 매력을 느끼고 또 나를 각별히 좋아한다고 생각하기 때문이다. 이런 다소 무의식적인 자세가 여기에 와서 나를 곤혹스럽게 만든 것은 나에게 친절히 잘 대해 주던 수도사가 다른 모든 사람한테도 똑같이 친절히 잘 대한다는 사실이 밝혀지면서부터이다. 따라서 그 수도사가 다른 사람들한테는 없는 어떤 특별한 것이 나한테 있어서 나를 사랑한다고 믿기가 힘들어졌다. 내가 다른 사람들보다 매력이 더 있는 것도, 덜 있는 것도 아님이 분명하였다. 처음에는 이러한 체험이 고통스러운 것이었다. 그래서 나는 이런 식으로 생각해 버리려고 하였다. '좋아, 그가 나한테 친절하듯이 다른 사람 모두에게 친절히 대한다면 그의 우정은 결코 진실된 것일 수 없어. 그저 겉치레요 억지미소일 뿐이야. 그가 친절한 것은 남들로부터 친절할 것으로 기대되기 때문이야. 그는 그저 규칙에 따르고 있을 따름이지. 그의 사랑은 순종의 결과일 뿐이야. 그것은 자연스럽지도, 자발적이지도, 진실하지도 못해. 그의 친절이 겉으로만 나타난 건, 그가 개인적으로는 나한테 그다지 마음을 쓰고 있지 않다는 증거야.'

하지만 이 생각들은 어디까지나 생각들에 지나지 않았다. 나는 내가 자신을 속이고 있다는 것과, 내가 놓치고 있는 매우 중요한 어떤 것이 있다는 것을 알게 되었다. 내가 그 사실을 깨닫게 된 이유는 단순히 내 스스로에게 일러준 말들이 진실하지 못함을 알았기 때문이다. 나한테 사랑을 보여 주는 수도사들은 하나의 추상적 개념으로서가 아니라 나름대로 강점과 약점을 지녔고 나름대로 습관과 관습을 가졌으며 유쾌하고 불쾌한 면들을 지닌 구체적 개인인 나에게 사랑을 보이고 있다. 그들이 나한테 보여 주는 사랑은 실재하는 나를 토대로 하는 아주 민활하고 지각있는 사랑이다. 내가 무엇인가를 요구하면 그들은 주의깊게 귀담아 듣고 나를 도와주려 애쓴다. 후원이나 소식이나 관심이 필요하다는 뜻을 내비치면, 그들은 내게 필요한 것을 제공해 주려고 최선을 다한다. 따라서 나에 대한 그들의 사랑은 비록 독점적이고 특수하거나 유일무이한 것이 아닐지라도, 일반적이고 추상적이며 비인격적이거나 단순히 규칙에 순종하는 행위가 아니라는 것도 분명하다.

　이제까지 나는 사랑을 얼마나 제한적이고 불완전하며 나약하게 이해해 왔던가! 이걸 깨닫는 게 중요한 것같다. 이론적인 이해가 아니라 구체적인 상황들 안에서 내 감정적 반응들을 통하여 드러난 그대로의 이해. 내 사랑관은 배타적이다("네가 남들을 나보다 덜 사랑할 때만 비로소 너는 나를 진실로 사랑하는 거야!"). 또 소유지향적이다("네가 진실로 나를 사랑한다면 나한테만 특별히 신경쓰기 바래!"). 또 상대를 조종하려고 든다("네가 나를 사랑한다면 나에게 특별한 일들을 해 주어야 해!"). 이런 사랑관 때문에 쉽사리 허영에("너는 틀림없이 내 안에서 아주 특별한 무언가를 발견하게 될 거야!"), 질투에("너는 도대체 무슨 이유로 갑자기 나 아닌 다른 사람에게 그토록 관심을 보이는 거지?"), 분노에("네가 나를 실망시키고 왕따시켰으니 어디 두고 보자!") 빠져들게 된다.

　그러나 사랑은 "오래 참고 친절하다. 사랑은 시기하지 않으며, 뽐내지 않으며, 교만하지 않다. 사랑은 무례하지 않으며, 자기의 이익을 구하지 않으며, 성을 내지 않으며, 원한을 품지 않는다"(고린도전서 13:4-5).

　내가 서서히 배우지 않으면 안 되는 것이 바로 이런 사랑의 이해다. 하지만 어떻게 배워야 하는가? 이에 대한 대답은 수도사들이 잘 알고 있는 것 같다: "네 마음을 다하고 네 목숨을 다하고 네 뜻을 다하여 주 너의 하나님을 사랑하여라." 이것이 가장 중요하고 으뜸가는 계명이다. 그런데 수도사들이 누리고 있는 삶은 우선 이 첫째 계명을 지키는 일이 중요하다는 사실을 증거하고, 그렇게 함으로써 "이에 못지않게 중요한 둘째 계명 "네 이웃을 네 몸 같이 사랑하여라" 역시 실현될 수 있는 삶이다(마태복음 22:37-39). 하나님에 대한 무조건적이고 철저한 사랑이 이웃에 대한 명확하고 지각있고 세심한 사랑을 가능하게 해준다는 사실을 이제 나는 체험하고 있다. 내가 곧잘 '이웃에 대한 사랑'이라고 불렀던 것은 통상적으로 지극히 불안하고 오래가지 못하는 시험적이고 부분적이며 순간적인 매혹에 불과하다는 사실이 너무도 자주 입증되고 있다. 그러나 하나님에 대한 사랑이 진실로 나의 최우선적 관심사가 될 때, 내 이웃에 대한 깊은 사랑도 성장할 수 있다.

그 밖에도 이 점을 명시해 줄 수 있는 사실 두 가지가 있다. 무엇보다도 먼저, 나는 하나님에 대한 사랑 속에서 '내 자신'을 새로운 방식으로 발견하게 된다. 클레르보의 성 버나드는 하나님을 위하여 우리 자신을 사랑하는 것을 사랑의 최고봉으로 묘사하고 있다. 그리고 이 점을 토마스 머튼은 이렇게 해설하고 있다: "이것이 버나드의 그리스도교적 인본주의가 갖는 높은 경지이다. 이는 전통적인 발언자들의 말마따나, '한 통의 포도주 속에 섞인 한 방울의 물이나 용광로 속의 쇠붙이'처럼, 우리 운명은 하나님 안에서 길을 잃기도 하지만, 우리 모두의 개인적·인격적 실재 안에 계시는 하나님 속에서 발견됨으로써 성취된다는 것도 보여 준다. 우리가 비단 하나님의 무한하신 선을 소유하게 되었다는 사실에서뿐만 아니라, 무엇보다도 그분의 뜻이 우리 안에서 실현되고 있음을 우리가 알고 있다는 그 사실에서 영원한 행복을 맛보면서……."[16]

둘째로, 우리가 우리 개인 안에서 우리 자신만 발견하는 게 아니고 동료 인간들도 발견하게 된다는 것이다. 형태와 양식이 아주 다양한 하나님의 백성 안에서 스스로 모습을 드러내시는 것이 바로 하나님의 영광이기 때문이다. 우리 이웃의 특이성은 오직 그들만 갖고 있고 다른 사람에게는 없는 특유한 개성을 말하는 것이 아니다. 하나님의 영원하신 사랑과 아름다움이 이 유일무이하고 달리 대체할 수 없는 유한한 인간 안에서 가시화된다는 사실. 다름 아닌 각 사람의 귀중한 가치 속에서 하나님의 영원하신 사랑이 굴절되면서 사랑의 공동체 토대가 된다.

우리는 하나님의 사랑 속에서 우리 자신의 독자성을 발견한다. 하나님의 사랑이 우리 안에 거하시기에, 우리는 진실로 사랑스러울 수밖에 없다. 바로 이런 사실들을 확인할 때, 우리는 다른 사람들에게 팔을 뻗칠 수 있다. 그들 안에서 동일한 사랑이 새롭고 독특하게 드러나고 있음을 발견할 수도 있다. 그래서 마침내는 그들과 긴밀한 친교를 나눌 수 있게 된다.

손님접대를 맡은 프랜시스 수도사가 지난주에 수도원을 방문한 정신장애우 소년들의 인솔자한테서 온 감사의 편지를 내게 보여 주었다. 아주 감동적인 편지였다. 그들이 가장 큰 감동을 받은 것은 저녁기도였다. 으레껏 '후렴을 욕지꺼리로 대신하는' 까닭에 성전 밖으로 쫓겨나야 했던 한 소년이 있었는데, 이번만은 그런 짓을 하지 않아 다시 불러들인 일도 있었다.

실로, 말 표현력이 모자라는 이들이 두뇌가 아주 좋고 '토론을 즐기는' 이들보다 어떤 장소나 사건의 분위기와 기분을 훨씬 민감하게 감지한다는 생각이 종종 든다. 이 정신장애우 소년들은 말씀의 의미 밑바탕에 감추어져 있는 신비를 감지했던 것이다.

7월 26일, 금요일

이곳 제네시 수도원에서 생활을 시작한 이래로 내가 쓴 편지는 이곳에 올 때 계획했던 것보다 훨씬 더 많았다. 본디 내 계획은 어떤 전화도, 어떤 편지도 주고받지 않는다는 것이었다. 어떤 방문객도 받지 않고, 어떤 손님과도 접촉하지 않으려 했었다. 오직 '홀로 계시는 분과 홀로 지내는' 진정한 영성수련이 되게 한다는 것이었다.

내 계획은 대부분 그대로 이루어지고 있다. 그런데 유독 편지쓰기만큼은 그렇게 안 된다. 이것이 과연 좋은 일인가, 아니면 타협의 초기 증세인가? 아마도 두 가지 다인 것 같다.

침묵 체험들 가운데 하나는 수많은 사람들, 곧 아주 오랜 친구들과 아주 오랜 적들이 관심의 대상으로 떠오르기 시작한다는 것이다. 흔히 생각은 기도로, 기도는 편지로, 편지는 실로 평화롭고 따뜻한 느낌으로 이어진다. 얄팍한 편지뭉치를 우편함에 집어넣고 나서, 기쁨과 화해와 우정을 뼛속깊이 느끼는 경우가 몇 번 있었다. 나에게 많은 것을 베풀어 준 이들에게 감사한다. 내가 비위를 건드렸던 이들에게 유감의 뜻을 전한다. 내가 잊고 지냈던 이들에게 인사를 한다. 또 슬픔에 잠긴 이들에게 위로를 보낸다. 이럴 때마다 내 마음은 자라나고 무거운 짐을 벗은 것처럼 느껴졌다. 이런 편지들은 과거의 회고로 상처입은 내 부위들을 치유해 준다. 나의 지난 역사를 지금 기도로 드리는 데 장애가 되는 걸림돌들을 치워 주는 것만 같았다.

그런가 하면, 또 다른 면도 없지 않다. 내가 편지를 쓰는 것이 부분적으로 보여 주는 건 아마도 내가 이곳에서 잊혀진 채 지내고 싶지 않다는 것이리라. 나를 생각해 주는 사람이 '바깥에' 여전히 존재해 주기 바란다는 것이리라. 내가 쓴 편지는 부분적으로 이곳 수도원 울타리 안에 있는 나에게 관심을 쏟도록 사람들을 유인하기 위하여 내가 새로 개발한 방편일 수도 있다. 내 편지가 부분적으로 그렇다고 확신하는 까닭은, 쓴 편지들을 우편함에 집어넣을 때는 행복을 느끼면서도 한편으로 답장을 많이 받지 못할 때는 실망을 느끼기 때문이다. 그리고 그럴 때 내 친구들한테 편지를 쓰지 않겠다는 나의 대담한 발언들은 잊혀진다. 외토리가 되어 있다는 기분 속으로 찾아들어 버린다.

내가 이 모든 것을 생각한 것은 클레르보의 버나드와 세인트 티에리의 윌리엄 사이에 오고간 탁월한 우정에 관하여 읽은 때였다. 두 사람은 모두 감수성이 매우 예민했다. 그러나 성격은 전혀 달랐다. 베네딕트 수도원 원장이었던 윌리엄은 버나드에게 깊은 애정과 찬탄을 보내고 있었다. 그래서 그에게 많은 편지를 써 보냈다. 하지만, 버나드 쪽에서는 대개 그가 기대하는 것만큼 조속히 답장을 보내지 않았다. 상당수의 편지에 답장이 없었을 때, 윌리엄이 한번은 이런 말을 써 보냈다: "나는 사랑을 받는 것보다 사랑을 더 많이 하고 있노라"(*Plus amans, minus diligor*). 이 편지를 받고 마침내 버나드도 격정적인 장문의 편지를 써 보내게 됐다. "당신은 내가 어떤 사람인지 생각만 한다해도 나와 맞닿을 수 있습니다. 당신이 내게 되어 주었으면 하는 내가 아니라, 있는 그대로의 내게 만족하겠노라고 원하기만 하면, 그 때마다 당신은 나와 맞닿을 수 있지요." 이 문장과 그 밖의 많은 문장을 통하여 버나드는 윌리엄에 대한 자신의 애정이 자기에 대한 윌리엄의 애정보다 더 못하다는 암시에 응답하였다.

루이 부이에는 이 서신교환을 논하면서 무덤덤하게 이렇게 말한다: "……그에 못지않게 확실한 것은 버나드에게 일어났던 일이 아주 감수성이 풍부하고 열정적인 사람들에게는 상당히 빈번하게 일어났다는 점입니다. 그에게 마음에 드는 친구들이 있는 한, 그는 그들 생각에 온통 사로잡히기 일쑤였습니다. 하지만 그들 생각을 전혀 하지 않은 채, 한 달이나 너끈히 보낼 수도 있는 사람이 바로 그였습니다."[17]

세인트 티에리의 윌리엄이 바라던 우정 욕구가 내 내면에도 많이 존재하고 있는 것 같다. 때때로 이러한 욕구는 좋은 상호관계를 실제로 향유하는 데 대한 관심이라기보다 참된 자아 의식의 결여를 더욱 짙게 드러내 보여 준다. 내가 나의 가치를 확인시켜 주는 편지들을 아직도 요구하다니……. 내가 내 친구들한테 반 년간의 '영성수련'에 들어간다고 말한 뒤에도 여전히 관심를 가져주기를 요구하다니……. 내가 '홀로 계시는 분과 홀로 있기'를 진정으로 바라는 것인지 의구심을 품어 볼 만한 이유가 충분히 있다.

그렇지만 여전히 확신하는 게 있다. 하나님께서 내 고독 속에 스며드시도록 허용하고 또 내가 도무지 상상할 수 없을 만큼 아주 깊이 사랑받고 있음을 내게 알려주실 수 있도록 배려할 때, 나는 참된 우정을 주고받으며 인기 끌려는 의도없이 편지를 쓸 수 있게 된다는 사실이다. 내가 바울처럼 "내가 사는 것이 아니라 그리스도께서 내 안에 사시는 것이다"라고 말할 줄 알게 될 때, 나는 내 자신을 감지하는 데 다른 사람들의 관심에 의지하지 않아도 된다. 그때야 비로소 나는 내 가장 소중한 주체성은 내가 하나님께 은총으로 부여받은 주체성, 나를 하나님 자신의 거룩하신 생명에 참여하는 이로 만들어 준 그 주체성임을 깨닫게 되기 때문이다.

한편 생각하면, 편지쓰기가 중요한 목회형태 가운데 하나라는 사실에 대하여 이야기하는 사람이나 그런 식의 글이 별로 없다는 게 놀랍기만 하다. 훌륭한 편지는 고통받는 사람의 하루를 뒤바꿀 수 있다. 원한의 감정들을 몰아내기도 한다. 마음에 미소와 기쁨이 있도록 만들 수도 있다. 아무튼 신약성경의 상당부분이 편지들로 이루어져 있지 않은가! 또 가장 심오한 통찰력 가운데 일부는 개인적인 깊은 애정으로 결합되어 있은 사람들 사이에서 주고받은 편지들 속에 서술되어 있지 않은가! 편지쓰는 일은 특히 기쁜 소식을 전하고자 하는 사람들에게는 매우 중요한 기술이다.

7월 27일, 토요일

며칠 전, 우리는 스페인 투우사에 관한 책 〈아니면 상복을 입히겠지요〉를 다 읽었다. 이 책의 끝부분에는 서른두 살짜리 백만장자와 프랑코 총통과의 만남이 몇 페이지에 걸쳐 서술되어 있었다. 이것은 여러 가지 면에서 슬픈 결말이다. 여전히 읽고쓰는 능력이 거의 없는 젊은이가 멋적게 가난했던 것처럼 멋적게 부유해져 버렸다. 그러면서도 그는 결코 아주 행복된 사람은 못되었다. 그가 꿀 수 있는 가장 거창한 꿈 이상으로 부와 명성을 누리게 되었지만, 그는 자기 조국의 진정한 비극을 이해할 정도의 수준에는 도달하지 못하였다. 그는 소박한 자만심에서 제 아버지를 강제노동수용소에다 수감시킨 장본인인 프랑코와 함께 사진을 찍을 정도였다. 지금 우리는 세실 우드햄 스미스가 쓴 〈대기근〉을 읽고 있다. 이 책은 1840년대에 아일랜드를 휩쓸어 약 1백만의 농부들을 죽음으로 몰아넣고 아일랜드인들을 대거 미국으로 이민가게 만든 감자 기근에 대하여 상세하게 수록하고 있다. 우리는 스페인의 가난과 굶주림에 대하여 듣고 난 뒤, 이제 다시 훨씬 세밀하게 묘사된 지난 세기의 아일랜드 농부들이 겪은 수난사를 대하고 있는 셈이다.

그런가 하면, 한편에서는 신문들이 북아프리카 국민들의 기아실태를 끊임없이 알려주고 있다. 어떤 수도사도 약간의 금식을 한다 해서 어떤 착각을 하지는 못하리라 생각된다. 이처럼 굶주림 이야기들을 들으면서 식사를 할 때, 이곳의 소박한 식사도 호사스런 잔칫상처럼 보인다. 또 실제 그런 맛을 내기도 한다.

역사심리학자 봅 리프턴이 현대의 남녀들 속에서 식별해 내고 있는 특성들 가운데 하나가 그들의 역사적 단층 현상이다. 그들에게는 창조적 생활양식에 아주 중요한 연속성 감각이 부족하다. 자신들을 지금 여기 첨예한 순간만이 가치를 갖는 비역사의 일부분으로 보고 있다.

내가 이 점에 관하여 생각한 것은 "신원 조사: 아메리카인들은 족보에 열올리고 있다"는 제목의 기사를 읽었을 때였다. 이 기사는 말하고 있다: "한때 '사멸한' 과거에 대한 무관심을 소리높이 외치던 1960년대의 '신세대' 젊은이들 다수가 알아내려고 몰려들고 있는 것은 '내 과거는 도대체 어떤 것인가? 나의 선조는 누구인가? 그들은 어떻게 생겼었는가? 그들이 한 일은 무엇인가?"라는 것이다……족보관계 서류들을 보관하고 있는 문서국들과 도서관들의 보고에 따르면, 그들의 업무량이 갈수록 늘고 있다. 워싱턴 D.C.에 있는 국가문서국의 경우, 서면질의서가 1954년에 월 3,000여 건이던 것이 올해 들어 주당 4,000여 건으로 격증하였다. 게다가 매주 1천여 명에 육박하는 사람들이 약 30만 평방미터나 되는 기록들을 뒤지기 위하여 직접 찾아오고 있다."[18]

무엇인가 변화되 급속도로 변하고 있는 듯싶다. 올해 대학 교정의 분위기는 3년 전에 비하여 엄청 다르다. 활동적인 면이 줄고 좀더 사색적이다. 전위적인 면이 줄고 좀더 전통적이고자 한다. '가장 오래된 것'에 대한 관심이 늘고 있다. 불안스런 면이 줄고 침착해지고 있다. 어떤 사람들은 50년대로의 복고를 이야기하기도 한다. 어쩌면 맞을지도 모른다. 하지만 그것만이 아니다. 60년대를 살았던 사람들에게 70년대는 50년대와 다를 수밖에 없다. 하지만 분명한 것은 사람들이 자기 뿌리를 찾고 있다는 사실! 나 자신에게서도 그것을 느낀다. 이곳에서 내가 제일 먼저 읽은 것은 요한 클리마쿠스, 에바그리우스, 도로테우스, 디아도쿠스—350년에서 650년 사이에 작품을 썼던 사람들—의 글이었다. 지금은 클레르보의 버나드, 세인트 티에리의 윌리엄, 리보의 앨레드에 심취해 있다. 이 세 사람은 12세기의 위대한 인물들이다.

   이 사람들이 아주 가깝게 느껴진다. 이 '옛 사람들'이 내 자신과 내가 하나님을 찾는 데 막대한 도움을 주고 있다는 느낌이다. 이들은 내 문제들이 결코 처음도, 새로운 것도 아님을 일깨워 주는 일보다 훨씬 더한 것을 해주고 있다. 그들은 하나님 백성의 얽혀진 역사 속에 깊숙이 파묻혀 있는 자아를 나에게 새롭게 의식하도록 해준다. 나는 내 족보에 그다지 큰 흥미는 없다. 하지만 어쩌면 내가 추구하고 있는 것과 많은 젊은이들이 워싱턴 문서국에서 찾고 있는 것이 결국 별반 다름이 없는지도 모른다. 우리들이 찾는 것은 우리의 뿌리인 것이다. 하나님이 그 아들 예수 그리스도를 통하여 역사 속에 개입하신 사실을 별로 들어보지 못했거나 전혀 들은 바 없는 사람들에게, 워싱턴 문서국은 '내 과거는 어떤 것이며 그것이 지금 이곳의 내 자신에 관하여 무엇을 이야기해 주고 있는가?'라는 질문에 해답을 찾기 시작할 장소로는 꽤 고개가 끄덕여지는 곳이다.

7월 28일, 주일

   그대 자신이 다른 사람들과 끊임없이 비교될 때, 그대는 어떻게 하는가? 그대가 말을 건 상대방이, 그대에게 이야기를 들려주는 상대방이, 아니 글 속에 들어 있는 상대방이 늘 그대보다 더 지성적이고 더 노련하고 더 매력있고 더 온화하고 더 아량있고 더 실천적이거나 더 묵상적이라고 느껴질 때, 그대는 어떻게 하는가? 그대 자신을 다른 사람들과 비교하여 저울질하지 않고는 못배기고, 그러면서 그들은 인간답게 살고 있는 데 비해 그대는 아무것도 아니요 어쩜 그보다 더 못한 존재라고 끊임없이 느껴질 때, 그대는 어떻게 하는가?

이러한 느낌들은 주관의 객관화에서 비롯된 것이다. 대단히 왜곡되고 불균형적이다. 건강한 영성생활을 해가는 데 매우 해로운 것들임에 분명하다. 하지만, 그래도 여전히 실재하기는 마찬가지. 그대가 미처 깨닫기도 전에 그대를 타고 올라올 수 있다. 그대가 미처 깨닫기도 전에 그대는 다른 사람들의 나이와 업적을 그대 자신의 것과 비교하게 된다. 그래서 그대가 미처 깨닫기도 전에 그대는 아주 해로운 심리적 경쟁 의식과 적대감에 사로잡혀 버릴 수 있다.

오늘 내가 존 유즈 원장과 나누었던 이야기는 대충 이런 것들이다. 그는 내가 이것을 좀더 깊이 분석하도록 도와주었다. 우리는 사람이 낮은 자존감이나 자기 회의에 빠져, 다른 사람들을 이런 감정을 강화하고 확실시하는 방향으로 이해할 때 말려드는 악순환에 관하여 이야기하였다. 이것이야말로 다시 한번 예정대로 성취되고 있는 그 유명한 예언이다. 나는 상당한 불안과 두려움을 안고 인간관계를 맺는다. 그리하여 다른 사람들이 무슨 말을 하고 무슨 행동을 하든, 그들은 훨씬 강하고 훨씬 훌륭하고 훨씬 가치있는 인간들인 데 비하여, 나는 한결 나약하고 한결 고약하고 말할 가치조차 없는 존재로 경험된다. 그러다 얼마 뒤 이 관계가 도무지 견딜 수 없는 것이 되면, 이 관계를 시작할 때보다 훨씬 더 형편없는 느낌 속에 떨어져 나갈 구실을 찾게 된다. 내가 추상적으로 무가치하다고 느끼던 보편적인 느낌이 특정한 만남을 통해서 구체화된다. 그리하여 내 잘못된 두려움은 줄어들기는커녕 외려 누적된다. 그 결과, 진정한 동등관계는 설령 불가능하지는 않다 하더라도 어렵게 된다. 다른 사람들과의 관계 속에서 나타나는 내 갖가지 감정은 피동적인 의존형이 되어 버린다.

그럴 때 그대는 어떻게 하는가? 더 분석해 보는가? 신경증을 일으키는 원동력이 무엇인지를 아는 건 어렵지 않다. 하지만 그것을 깨뜨리고 성숙한 삶에 이르기란 결코 쉽지 않다. 여기에 관해서는 할 말이 많다. 또 이제까지 심리학자들과 심리치료사들이 많은 이야기를 해왔다. 그렇다면 영성적 관점에서는 이에 관하여 어떻게 이야기해야 할까?

존 유즈 원장은 비교 이전의, 악순환이나 예언의 자기 달성에 들어가기 직전의 그 순간, 그 시점, 그 지점에 관하여 이야기하였다. 바로 그 순간, 그 시점, 또는 그 자리가 묵상에 들어갈 수 있는 순간이요 시점이며 자리라는 것. 바로 그 순간이 독서와 대화, 사사로운 교제를 중단하고 그대의 시간을 묵상에 '투자할' 순간이라는 것. 그대 마음이 또다시 경쟁을 벌이고 있다고 깨달아질 때, 그대는 묵상이라는 '텅 빈 시간'을 계획하라는 것. 그렇게 함으로써 이 생각 저 생각 악순환의 고리를 끊고 그대 자신의 영혼 깊숙이 파고들라는 것. 그 속에서라면 그대는 그대가 태어나기 전부터 계셨고, 그대가 사랑을 알기 전부터 그대를 사랑하셨으며, 그 어떤 비교도 나오기 이전에 그대 자신을 그대에게 제공해 주신 분과 함께 있을 수 있다는 것. 그러니까 묵상을 통하여 우리가 다른 사람들이 아닌 하나님에 따라 창조되었으며, 우리가 다른 사람들과 우리를 어떻게 비교하느냐가 아니라, 하나님의 뜻을 얼마나 성취하느냐에 따라 심판받게 된다는 사실을 확인할 수 있다는 것.

그러나 그런 일이 말처럼 쉽지만 않다. 바로 그 묵상 속에서 우리가 이미 우리 자신의 경쟁적인 노력에 엄청난 희생제물이 되어 버렸기 때문이다. 또 우리 영혼을 다른 사람들의 의견에다 이미 몽땅 팔아 넘겨 버렸음을 처절하게 깨달았기 때문이다. 하지만 우리는 이러한 깨달음을 회피하지 않고 대면하여 그 속의 환상적 요소를 밝혀냄으로써, 우리 자신의 근본적 종속성을 손수 경험하게 된다. 그 결과, 일상생활 속의 그릇된 종속성도 제거할 수 있게 된다.

이 점에 대하여 생각하면 할수록 나는 사도 요한의 "하나님이 먼저 우리를 사랑하셨으니 우리도 하나님을 사랑하자"는 말씀이 얼마나 중요한가를 더욱더 실감하게 된다. 이 말씀이 성 버나드 사상의 핵심 구절이기도 하다.

7월 29일, 월요일

오늘 내 마음에는 여러 가지 상충되는 감정들이 치밀어 올랐다. 탄핵 절차에 관한 워싱턴 정가의 뉴스들이 빼곡히 들어차 있는 지면들 속에서 〈뉴욕 타임즈〉의 '주간 동향'란은 그리스 군부독재가 키프로스를 장악하지 못한 채 붕괴되고, 새 수상으로 올라앉은 카라만리스가 모든 정치범을 석방했다는 기쁜 소식을 전하고 있었다. 나는 그리스 감옥들 안에서 더없이 끔찍스런 고통을 겪다가 이제 별안간 석방된 이 남녀들이 맛보고 있을 기쁨에 대한 생각이 머리를 떠나지 않았다. 아테네 거리거리에서 기쁨의 눈물을 흘리며 서로 부둥켜안고 있을 이 사람들이 눈에 선하다. 일주일 전만 해도 이런 일이 가능하리라고 누군들 꿈이나 꿀 수 있었겠는가? 칠레, 파라과이, 브라질에서도 이런 일이 벌어지기를 바라는 마음 간절하다.

그러나 슬픈 소식도 있었다. 뉴스회보 〈화해의 친교〉지는 키엔 기앙의 남베트남 구역인 키엔 탄에서 데모하는 200명의 성직자들에게 경찰이 최루탄과 실탄을 발포하여 4명의 성직자가 죽고 10명이 부상을 당했다고 전하고 있다. 이 사건이 발생한 것은 6월 6일이었다. 감옥에 수감된 수많은 신도들 소식은 하나도 없었다.

수도원 안의 수도사 모두가 닉슨 대통령에게 북아프리카의 기아를 완화시킬 만한 과감한 조처를 곧바로 단행하여 대량으로 굶어죽는 일을 미리 막도록 촉구하는 탄원서에 서명하였다. '세계식량기구'에서 작성한 이 탄원서는 대통령에게 우리의 식량자원을 모든 지역의 굶주린 사람들과 함께 나누도록 요구하고, 즉각적인 식량원조 증액을 촉구하며, 온 세계 식량확보 체계수립의 중요성을 강조하고 있다. 이 탄원서에는 "굶주린 사람들에게 식량을 제공하기 위해서라면 우리는 기꺼이 음식량을 줄일 것이다"라는 구절도 들어 있다. 우리가 이런 방법으로나마 목소리를 전하게 되니 기쁘다. 수도원 밖에서 금식에 관한 교회법이 사실상 폐기되고 있는 시점에서, 어쩌면 금식이 또다시 새로운 의미를 부여받게 될지도 모르겠다.

7월 30일, 화요일

좋은 일인지 나쁜 일인지는 알 길이 없다. 하지만, 아무튼 고독이 내 과거를 자주 생각하도록 만든다는 것은 의심할 여지가 없다. 수도생활의 고요한 흐름 때문에 나는 내 기억을 탐사하게 된다. 내가 놀란 것은 실제로 기억하고 있는 것이 너무도 적다는 사실이다.

여섯 살에서 열두 살 사이에 내가 행하고 느끼고 생각했던 것은 과연 무엇인가? 보잘것없는 조각조각들이 뇌리에 떠오른다. 1학년짜리 다정한 형이 아프리카에 간 선교사들 이야기를 들려주었던 일, 6학년 때 엄한 선생님이 하루는 반 학생 전부를 자기 집에 초대했는데 급우들이 사팔뜨기라고 날 놀려대던 일, 나의 첫 성만찬예식, 전쟁이 터지고 부모들이 엉엉 우시던 일, 할머니의 죽음과 장례예식, 인디언 놀이와 카우보이 싸움놀이—이런 스쳐 지나가는 추억들을 제하고 나면 커다란 공백기만 있을 뿐.

내가 십대 청소년이었을 때 무슨 일이 있었던가? 고등학교 때 같은 반 급우들 가운데 내가 지금도 이름을 기억하고 있는 사람은 몇이나 되는가? 그들은 지금 어디에 있는가? 기억할 만한 사건들이 도무지 없는 것 같은 시간. 커다란 공백. 저으기 놀라지 않을 수 없다. 도대체 신학대학에서 보낸 6년이라는 긴 세월동안 나는 무엇을 했다는 말인가? 열심히 공부를 했다지만, 그렇다고 과연 제대로 배운 것이라도 많았던가?

진실로 내가 내 인생을 산 것인가, 아니면 내 인생이 나를 살아 준 것인가? 실제로 이 시간 이 자리로 나를 이끌어 준 결단들을 과연 내가 내린 것인가, 아니면 그저 흐름에, 슬프고 행복했던 사건들에 휩쓸려 온 것인가? 내 과거를 완전히 다시 살고 싶은 생각은 없다. 그러나 그래도 좀더 자세하게 기억함으로써 내 과거가 의미하고 배움을 얻을 수 있는 한 권의 책 구실쯤은 할 수 있었으면 좋겠다. 고작 수동적인 희생제물밖에 되지 못한 사고들과 사건들에 얽히고설켜 새끼줄 꼬듯 질질 꽈온 게 과연 인생이란 말인가? 나는 그렇게 믿지 않는다.

그래, 나한테 우발적인 건 아무 것도 없어. 하나님께서 내 인생 사건들을 통하여 나를 빚으셨어. 또 그 빚어 가시는 하나님의 손길을 감지하고 하나님이 나에게 베풀어 주신 그 위대한 일들에 대하여 감사와 찬양을 드리도록 지금도 날 부르고 계시는 거야!
과연 내가 역사의 하나님, 내 역사의 하나님께 충분히 신경 써서 귀를 기울였던가? 그분이 내 이름을 부르시고 전날 아무 것도 잡지 못한 나더러 그물을 던지라고 하시거나 빵을 떼었을 때, 내가 과연 그분을 알아보았던가? 미심쩍기만 하다. 어쩌면 나는 너무도 빠르게, 너무도 들뜬 채로, 너무도 흥분에 쌓인 나머지, 지금 이곳 내 코밑에서 벌어지고 있는 일에 신경을 쓰지 못했는지도 모른다.

온 세상 아름다움이 한송이 꽃에서 발견될 수 있다. 하나님의 위대하신 은총도 하나의 작은 계기 속에서 맛볼 수 있다. 창조세계의 아름다움을 바라보기 위하여 거창한 여행이 꼭 필요한 게 아니다. 하나님의 사랑을 발견하기 위하여 반드시 엄청난 황홀경에 빠질 필요도 없다. 그대는 조용히 기다리라. 하나님은 지진이나 폭풍우나 번갯불 속에 계시지 않는다. 산들바람 속에 계신다. 그 미풍으로 그대의 등을 어루만져 주신다.

오늘 날씨는 아주 화창하였다. 햇빛이 내리쬐고 맑으면서도 서늘하였다. 싱그럽고도 상쾌하였다. 나는 존 유즈 원장과 함께 한참이나 새 관찰을 다녔다. 흰독말풀 더미 속에 갇히기도 하였다. 막 쟁기질 해놓은 밭을 지나느라 신발이 진흙으로 엉망이 되기도 하였다. 창공을 나는 멋진 물떼새도 몇 마리 보았다.

오후에는 강의 작은 지류에서 일했다. 평소보다 더 많은 바윗돌을 찾아냈다. 지류 양편 언덕은 자줏빛 좁쌀풀들이 수를 놓고 있었다. 돌아오는 길에 스티븐 수도사가 햇살개아카시아라는 이름의 아름다운 나무들을 가리켰다. 몇 주일이 지나면 노오란 '꽃봉오리가 벌어질' 것이라고 귀뜸해 주었다.

7월 31일, 수요일

케빈의 모친이 세상을 떠나셨다. 케빈은 제네시 공동체와 함께 생활하고 있는 목수다. 몇주 전, 그는 당뇨병이 몹시 악화된 어머니를 찾아뵌다고 아일랜드로 갔었다. 그리고 그 어머니가 얼마나 더 사실 수 있을런지 알지 못한 채, 지난주에 돌아왔다.

케빈의 모친이 사망한 것이 계기가 된 걸까? 케빈 식구가 살고 있는 고장 도네갈에 대한 추억들이 새록새록 되살아났다. 북아일랜드의 어둡고 애수어린 언덕들을 지나 무전여행을 했던 때가 아주 생생하게 떠오른다. 도네갈의 이야기꾼들에 관한 이야기를 네덜란드 신문에 기고한 적도 있었다. 케리와 킬라니에 대한 기억은 지금 거의 남아 있지 않다. 그래도 도네갈만은 결코 잊을 수가 없다.

도네갈에는 암울하면서도 깊이있고 성스럽기까지 한 그 무엇이 있었다. 사람들 역시 그곳의 땅과 비슷하였다. 도네갈의 한 농부를 장사 지내던 소박한 장례예식이 지금도 눈에 선하다. 성직자와 남자 몇이 수수한 관을 묘지로 운반하였다. 관이 무덤으로 내려가자, 사람들은 무덤을 모래로 채우고, 다시 그 위에 미리 갖다놓은 떼를 입혔다. 그리고 나서, 두 남자가 떼를 발로 밟아 그곳에 무덤이 있는지 알아보기 힘들게 만들었다. 그런 다음, 한 사람이 나무토막 두 개를 가져와 십자가 모양으로 엮어서 땅에다 박았다. 사람들은 재빨리 성호를 그었다. 그리고는 말없이 그 자리를 떴다. 어떤 말도, 어떤 의식도, 어떤 꾸밈새도 없었다. 그것으로 끝이었다. 하지만 누군가가 죽었다. 잠든 것이 아니고 죽었다. 떠난 것이 아니고 죽었다. 안식을 얻기 위하여 누운 것이 아니고 죽었다. 완전히 죽었다는 사실을 그토록 분명하게 보여 준 장례예식도 없었다. 친구를 묻은 무덤을 밟아 평평하게 만들던 두 사내를 쳐다보면서, 나는 이 도네갈 농사꾼들에게는 장례놀이 같은 것은 아예 존재하지 않는다는 걸 알았다. 그러나 그들의 사실주의는 죽음이 확인되는 그 자리에서 희망이 뿌리를 내린다고 말하는 그 꾸밈없고 초라한 나무십자가 때문에 더욱더 초월적인 사실주의가 된다.

> 밀알 하나가
> 땅에 떨어져서 죽지 않으면
> 한 알 그대로 있고,
> 죽으면 열매를 많이 맺는다.
> (요한복음 12:24).

우리가 케빈의 모친을 위하여 베푼 예식은 간소하면서도 아름다웠다. 예식이 끝나고 케빈이 앞으로 나와 예식 집례자들과 악수를 나누었다. 예식이 진행되는 동안, 내 눈앞에는 자기 무덤을 파고 그 땅에다 십자가를 꽂아 세우는 소박한 도네갈 사람들의 모습이 내내 아른거렸다. "주여, 마가렛의 영혼을 주님의 집으로 인도하소서……."

세번째 내 영혼의 일기

8월: 세상 밖에서, 세상과 함께
Out of the World, With the World

8월
세상 밖에서, 세상과 함께

8월 2일, 금요일

하루를 마감한다는 뜻에서 마침기도라고 부르는 저녁기도는 수도원의 하루 생활 가운데 가장 정겨운 순간이다. 다른 기도 때는 가끔씩 빠질 수밖에 없는 이들도 이 시간에는 세상 없어도 다 모인다. 온 수도사가 자리를 함께 하여 진정한 일체감을 맛보게 한다. 드리는 기도는 늘 똑같다. 그래서 기도서가 따로 필요한 사람은 아무도 없다. 누구나 자기가 서고 싶은 자리에 가서 서 있을 수 있기 때문에, 불도 없어도 된다. 안은 완전한 적막감. 이때부터 수도사들이 일컫는 이른바 대침묵이 시작된다. 오후 6시 30분에 시작하여, 다음날 새벽 5시 30분까지.

마침기도는 그만큼 친근감 있고 경건한 순간이다. 그래서인지 이웃 사람 몇 명도 날마다 수도원으로 찾아와, 하루 가운데 가장 고요한 이 기도를 함께 드리고 있다.
나는 마침기도 시편들이 서서히 내 살로 굳어가고 있음을 깨닫기 시작하고 있다. 이 시편들은 내 밤의 일부가 되어 나를 평화로운 잠에 빠져들게 한다.

잠자리에 누워 깊이깊이 반성하면서,
눈물을 흘려라.
올바른 제사를 드리고,
주님을 의지하여라.

제가 편히 눕거나 잠드는 것도,
주님께서 저를
평안히 쉬게 하여 주시기 때문입니다(시편 4편).

저녁기도 내내 신뢰의 말씀이 내 영혼을 적신다:

가장 높으신 분의 보호를 받으면서 사는 너는,
전능하신 분의 그늘 아래 머무를 것이다.
너는 주님께 고백하기를
"주님은 나의 피난처, 나의 요새,
내가 의지할 하나님"이라고 하였다.

정녕, 주님은 너를,
사냥꾼의 덫에서 빼내 주시고,
죽을 질병에서 너를 건져 주실 것이다.
주님이 자신의 깃으로 너를 덮어 주시고,
너도 그분의 날개 아래로 피할 것이다(시편 91편).

점점 내 마음의 중심부로 파고드는 말씀들이다. 사상이나 표징이나 비유 그 이상의 것이다. 실재하는 현존이다. 고되게 일하거나 잔뜩 긴장한 채 하루를 보내고, 사람은 비로소 안심을 할 수 있게 된다. 지존하신 분의 처소에서 거하는 것이 얼마나 좋은지도 깨닫게 된다.
나는 여러 차례 이런 생각을 해보았다: 내가 만일 감옥에 간다면, 내가 만일 굶주림을 당하거나 고통을 받고 고문을 당하거나 치욕을 당한다면, 그렇더라도 상대방들이 나에게 시편만은 끊임없이 봉독할 수 있도록 해주었으면 좋겠다. 그렇게 기도하는 시편은 내 정신을 활력있게 지켜줄 것이다. 시편은 내가 다른 사람들을 위로할 수 있게 할 것이다. 시편은 압제하는 자들과 고문하는 자들에 항거하는 가장 강력한 무기가 될 것이다. 옳거니, 가장 혁명적인 무기가 될 것이다. 시편을 암송하고 있기에, 어디에 있거나 어디를 가더라도 성경이 필요없는 사람들은 무척 행복하다. 그래, 나도 시편 암송을 시작해야지! 그래서 아무도 나한테서 시편을 빼앗아가지 못하도록 해야지! 그리하여 시편으로 기도를 드리고 또 드리고 해야지…….

　　백성들아,
　　언제까지 내 영광을 욕되게 하려느냐?
　　언제까지 헛된 일을 좋아하려느냐?
　　언제까지 거짓된 것을 따라가려느냐?

　　주님께서는 주님께 헌신하는 사람을
　　각별히 돌보심을 기억하여라.
　　주님께서는 내가 부르짖을 때에 들어주신다(시편 4편).

　참으로 많은 상처를 치유해 줄 수 있는 기도이다.

　어제 사람들이 새 성전 기초를 놓는 작업에 들어갔다. 모든 일이 얼마나 빨리 진행되는지 놀라울 따름이다. 한 조각의 평평한 땅에 불과했던 것이 이제는 깊은 고랑들이 파이고 벌써 나무로 짠 틀 속에 콘크리트가 들어찼다. 수도사들은 거대한 기계가 작업을 하는 동안 말없이 지켜보기만 했다. 젊은이들이 서로 지시를 내리느라고 고래고래 소리를 질러댔다. 가장 높으신 분의 처소가 세워지고 있는 것이다.

　오늘 아침, 나는 모르고 갓 씻은 건포도가 담긴 커다란 상자 더미를 발로 차버렸다. 정말 엄청난 실수였다. 그런데도 아무도 기분나빠 하는 것 같지 않았다. 테오도르 수도사가 "이런 일은 전에도 있었다"고 하였다. 그런 다음, 그는 다시 기계를 작동시키고 건포도를 새로 씻었다.

8월 5일, 월요일

로버트 제이 리프턴과 에릭 올슨이 쓴 〈생과 사〉를 읽었다. 여기에는 나를 새롭게 내리치는 주제 하나가 담겨 있었다. 지은이들은 히로시마의 원자폭탄 폭발에서 살아 남은 생존자들 이야기를 하면서 이렇게 서술하였다: "생존자들 사이에 깊은 죄책감 같은 것이 급속도로 번져나갔다. 이 죄책감은 (사랑하는 이들과 이웃 사람들을 포함하여) 다른 이들이 죽었는데 자기는 살아 남았다는 사실과, 도움을 필요로 하는 이들에게 도움을 주지 못하는 무능력에서 생기는 것이었다. 그리고 이 모두가 하나의 의문으로 집약되어 생존자들의 삶을 위한 고투 한복판에 서려 있었다. '왜 그 사람은 죽었는데, 왜 그 여자는 죽었는데, 왜 그 사람들은 죽었는데, 나는 살아 남게 되었는가?' 이 의문은 때때로 자신의 생명이 죽은 다른 사람들의 희생을 담보로 얻어진 것 아니냐는 강박적인 의심으로 변하기도 하였다. '어떤 사람들은 죽어야만 했어. 그들이 죽은 까닭에 내가 살 수 있었다구.' 이런 의심은 생존자들 사이에 자신은 살아 있을 가치가 없다거나, 자신이 정당하게 살아 남아 있으려면 어떤 형태로든 죽은 사람들을 닮아야만 한다는 느낌을 심어 주었다."[1] 이 책 전반에 걸쳐 깃들어 있는 중요한 사상은 "……우리 모두가 이번 세기의 대학살에서 살아 남은 생존자들이다"는 선언에 함축되어 있다.

전에도 읽은 적이 있는 이 책이 또다시 나에게 새로운 충격으로 다가오고 있다. 온 세계 감옥에서 고생하고 죽은 이들에게 쏠리는 나의 신경과 북아프리카에서 굶어 죽어가는 수백만의 사람들을 향한 나의 고조되는 관심이 바로 이 생존자의 죄책감으로 심히 오염되어 있지는 않은가 하는 의구심이 일기 시작했기 때문이다. "왜 나는 아니고, 왜 하필 그 사람들인가? 왜 가난한 이들은 그렇고, 잘 사는 이들은 그렇지 않은가?" 이 모든 것 뒤에는 다음과 같은 의문이 숨겨져 있다: "내 자신이 살아 있다는 것을 합리화하기 위하여 그들의 고통에 동참할 방도가 과연 있는가?"

오늘 아침에는 빵 굽는 번철 몇 천 개에 기름칠을 하였다. 무척 시끄러운 작업이었다. 그러나 그렇게 나쁘지는 않았다.

8월 6일, 화요일

오늘은 예수님의 변모를 기념하는 큰 축제일이다. 하루동안 고요히 은둔생활에 들어가는 날. 회의실에서 간단한 예전을 끝내고 모두들 나름대로 침묵에 들어갔다.

나는 파스테르나크 사건[2)]에 관한 머튼의 논문과 파스테르나크의 작품 〈나는 기억한다〉와 〈의사 지바고〉의 부분부분을 읽었다. 그러다가 시편 91편과 관련된 아름다운 이야기를 발견하고 놀랐다. 거기에는 지바고 의사가 두 병사의 몸 속에서 이 시편이 적힌 쪽지를 발견했던 경위를 이야기하고 있다. 한 병사는 혁명군의 게릴라대원으로 죽었다. 다른 한 병사는 백러시아 지원병으로 부상을 당했다. 파스테르나크는 이렇게 적고 있다: "이 시편은 신비한 힘을 갖고 총탄을 맞지 않게 해준다고들 믿었다. 마지막 제국수호전쟁 때 병사들은 이것을 부적처럼 간직하였다. 몇십 년 뒤에는 감옥에 수감된 이들이 옷 속에다 이 시편을 바늘로 꿰매두고, 감방 안에서 밤중에 심문받으러 불려나갈 때면 이 시편을 읊곤 하였다."[3)]

그러므로 너는
밤에 찾아드는 공포를 두려워하지 않고,
낮에 날아드는 화살을
무서워하지 않을 것이다.
흑암을 틈타서 퍼지는 염병과
백주에 덮치는 재앙도 두려워하지 말아라 (시편 91:5-6).

러시아 군인들은 혁명군이든 황제군이든 이 시편을 기도로 드렸다. 그리고 수도사들도 흑인이든 백인이든 이 시편으로 기도하고 있다. 나도 이 시편을 기도로 드리고 있다―나는 이것을 옷 속에다 꿰매넣지 않아도 된다. 내 존재의 가장 내밀한 곳에 완전히 스며들도록 차라리 암기해 두는 게 낫겠다.

국회 법사위원회에서 하원에 닉슨 대통령 탄핵을 의결하도록 추전하는 결의를 투표로 통과시켰다(민주당 전원〔21명〕)과 공화당 7명). 여름 내내 최고의 뉴스거리가 될 만한 사건이다.

8월 7일, 수요일

저녁식사 전에 드리는 짤막한 기도시간 때 알베리코 수도사가 성전으로 들어와 몸짓을 해보였다. 그러자 수도사 절반 가량이 재빨리 허겁지겁 성전을 걸어나갔다. 나 다른 이들은 무슨 일인지 영문도 모른 채 그 자리에 남아 있었다. 기도가 끝나고 식사하러 식당으로 갔다. 저녁을 먹고 있는데, 나갔던 사람들이 돌아왔다. 그제야 우리는 밭에 쌓아둔 밀짚에 불이 났고, 그 불을 끄기 위하여 많은 손이 필요했음을 알게 되었다.

오후는 헨리코 수도사가 담당하는 벌통들 있는 곳으로 가서 그와 함께 보냈다. 이것이 내가 벌들과 첫 대면을 하는 순간이었다. 충분히 무장을 했음에도 불구하고, 벌 한 마리가 용케도 구멍을 찾아내 바지가랑이로 기어들었다. 그러더니 침을 한 방 쏘고는 영웅답게 죽었다. 놀라운 세계다. 지금 벌들에 관한 책을 읽고 있다. 머리 호이트가 쓴 〈벌들의 세계〉! 여기서 입을 딱 벌리게 만드는 아메리카 실용주의의 단적인 예를 목격하였다. 미콜라 H. 헤이닥 교수는 이스라엘의 성서적 표현인 '젖과 꿀이 흐르는 땅'을 토대로, 이것이 완전한 규정식 배합물이 되는가를 시험해 보기로 하였다.

두 달을 우유와 꿀로 지내고 난 뒤, "그의 피부는 거칠어지고 얼굴은 구진으로 엉망이 되었다. 혀에는 희끄무레하고 둥근 반점들이 나타났다." 비타민 C 부족 때문에 생긴 증상임이 분명하였다. "날마다 오렌지 주스 10온스를 함께 복용했더니, 증상이 모두 싹 가셨다." 호이트는 이 실험 이야기를 적고 나서 이렇게 말하였다: "따라서 '젖과 꿀이 흐르는 땅'은 아마도 '젖과 꿀과 오렌지 주스 10온스가 흐르는 땅'으로 바뀌어야 할 것이다."[4]

8월 9일, 금요일

크리스찬 수도사가 나나 다른 누구에게 쪽지를 적어 보낼 때면 늘 종이 맨 위에다 작은 십자가를 그려넣곤 하였다. 오늘 아침 내가 건포도 통 속에 머리를 깊숙이 처박고 있을 때, 그가 빵공장으로 와서 쪽지 한 장을 건네 주었다. 작은 십자가가 그려져 있었다. 그리고 그 밑에는 "닉슨이 사임했다"고 적혀 있었다.

오후에 차를 몰고 로체스터로 치과의사를 찾아갔다. 이 의사는 치료실 한쪽 구석 높다란 곳에다 텔레비전 수상기를 설치해 두었다. 자신이 환자의 상한 이빨을 조사하고 있는 동안, 환자가 텔레비전을 시청할 수 있도록 해둔 것이다. 오후에 사람들은 닉슨 가족이 백악관을 떠난 지 30분 뒤에 있었던 제럴드 포드 새 대통령 취임식을 구경했으리라. 미국의 새 대통령 취임식을 치과 의자에 앉아 입을 쩍 벌린 채 구경했을 환자의 모습이 떠올랐다. 어떻게 보면, 진짜 딱 어울리는 모습 아닌가!

8월 10일, 토요일

존 유즈 원장과 브라이언 수도사, 그리고 나, 우리 셋이는 솔트 크리크 강에서 돌을 모았다. 브라이언이 픽업 트럭을 곧장 냇물로 몰고 들어와 돌들을 실었다. 돌을 실은 트럭을 네 바퀴 모두에 불끈 힘을 주어 물 밖으로 몰고 나갈 때, 트럭이 너무 심하게 진동하여 실은 짐 절반이 다시 굴러떨어졌다. 녹슬어 부식된 낡은 흙받이도 거의 부서져 나갔다. 우리는 다시 트럭에 돌을 싣고 그걸 물 밖으로 끌어냈다. 그리고 저녁기도 전에 간단히 목욕할 수 있도록 시간에 맞춰 집으로 돌아왔다. 여유있게.

8월 11일, 주일

로체스터를 방문하고 나서, 머튼의 저서 〈죄많은 방관자의 억측〉 가운데 존 유즈 원장이 주일설교에서 인용했던 대목이 나에게 특별한 의미를 던져 주었다. 이 책에서 머튼은 루이빌을 찾아갔던 여행들 가운데 하나를 이야기하고 있다:
"루이빌에 갔을 때 상가지역 중심부에 위치한 4번가와 월너트 거리 모퉁이에서, 나는 돌연 내가 이 모든 사람들을 사랑한다고, 그들은 내 사람들이며 나는 그들의 사람이라고, 우리는 비록 완전히 낯선 사람들이지만 서로 소원하게 지낼 수는 없는 존재들이라고 깨닫게 되었다⋯⋯비록 '세상 바깥에 있지만' [수도사들은] 다른 누구와 마찬가지로 동일한 세상 안에 자리잡고 있다. 곧 테러의 세상, 폭력의 세상, 폭탄의 세상, 인종적 증오의 세상, 기술의 세상, 홍보매체와 대사업과 혁명과 그 밖의 모든 것들의 세상 안에 자리잡고 있다. 우리는 이런 사물들에 대하여 색다른 자세를 갖는다. 우리는 하나님께 속해 있기 때문이다. 하지만 다른 모든 이들도 역시 하나님께 속해 있다. 우리는 그저 그 사실을 우연히 의식하게 된다. 그리고 그러한 의식에서 서원을 하고 있다. 그렇다고 해서 우리 자신을 다른 사람들과 다르다고 생각하거나 그들보다 '더 훌륭하다'고까지 볼 수 있는 권리가 우리에게 있는 것일까? 만일 그리 생각한다면, 그건 온통 불합리한 생각에 지나지 않는다…….

나는 내 자신이 '사람,' 곧 하나님이 손수 성육신하시어 그 속으로 들어오신 인류의 구성원이 된 것을 한없이 기쁘게 여긴다. 인간 조건에 따른 불행과 어리석은 짓들에 짓눌릴 수 있는 것과 마찬가지로, 이제 나는 우리 모두가 어떤 존재인가를 깨닫고 있다. 모든 사람이 다 이 점을 깨달을 수만 있다면 좋으련만! 그러나 이것은 설명할 길이 없다. 사람들 모두가 태양처럼 밝은 빛을 내뿜으며 돌아다니고 있다는 것을 그들한테 이야기해 줄 방도가 전혀 없는 것이다.

이는 내 고독의 의미와 가치에 아무런 변화도 주지 않는다. 사실 고독의 기능은 다른 게 아니다. 사람이 다른 관심거리들, 다른 환영들, 그리고 꽉 죄어진 집단적 존재의 온갖 기계적 행위들에 완전히 빠져 있는 이들에게는 불가능한 명확성과 함께 그러한 것들을 깨닫도록 해주는 것이다. 하지만 나의 고독은 내 자신의 것이 아니다. 이는 내가 이것이 얼만큼 절실하게 그들의 것인가를 알고 있기 때문이다. 또한 내가 내 자신과의 관계에서만 아니라 그들과의 관계에서도 고독에 일종의 책임을 지고 있음을 알기 때문이다. 내가 그들과 하나이기에, 내가 홀로 있는 것은 다 그들의 덕이다. 내가 홀로 있을 때 그들은 결코 '그들'이 아니라 바로 내 자신이 된다. 낯선 이란 결코 존재하지 않는다."[5)]

루이빌이 겟세마네와 직결된다면, 로체스터는 제네시와 직결된다. 머튼은 수도원에서 15년 이상을 보내고 난 뒤에 이 글을 썼다. 그런데도—수도원에서 불과 9주간을 보낸—나도 로체스터에 갔을 때 그와 비슷한 감정을 느꼈다. 읍내에 사는 친구들한테 갖다줄 희고 노란 국화 몇 송이를 사려고 꽃가게에 들어갔을 때, 반짝이는 눈망울로 국화란 계절을 타지 않는 '사시사철 꽃'이라고 귀뜸해 준 꽃집 아가씨에게 나는 깊은 사랑을 느꼈다. 마음이 시원하고 자유를 만끽하며 편안한 기분이었다. 꽃과 대통령과 정치의 정직성에 관하여 나눈 짤막한 대화도 진짜 즐거웠다.

고독이 실제로 사람에게 다른 이들의 선한 면을 더욱 예리하게 감지하게 한다는 사실을 절실히 느끼고 있다. 그 감지한 것을 겉으로 드러낼 수 있도록 만들기까지 한다는 것도. 그렇다. "사람들이 태양처럼 밝은 빛을 발하며 돌아다니고 있다는 것을 그들한테 이야기해 줄 방도는 전혀 없다." 하지만 그대 안에 있는 하나님의 영광은, 그대가 이 몫의 선물을 좀더 깊이 깨닫게 될 경우, 다른 사람 안에 있는 하나님의 영광도 드러나게 만든다. 하나님이 하나님에게, 성령이 성령에게, 사랑이 사랑에게 말을 건다. 이 모두가 선물이요, 이 모두가 은총이어라!

8월 12일, 월요일

존 유즈 원장에게 지난 주간 동안 내가 어느 정도 '부르주아'가 된 느낌을 받았노라는 말을 하였다. 내 마음은 다른 것들보다 뉴스 쪽에 쏠렸다. 정신적인 내용에 관한 한 이전 생활과 별반 다르지 않는 아주 편안한 생활양식에 안주하고 있었다. 수도생활을 많은 도전이 없는 편안하고 정착된 존재로 만들고 싶은 유혹을 느꼈다. 그러면서 이 유혹은 신앙이 실제로 한낱 일상용품일 뿐, 더 이상 영성적 모험이 못되고 있음을 뜻한다고 깨달았다. 그래서 그렇게 이야기하였다.

존 유즈 원장은 한참을 크게 웃었다. 한편으로 그건 내가 평안감을 느끼기 시작했음을 보여주는 것이니 바람직한 일이라고 말하였다. 그러나 다른 한편으로는 반드시 해야 할 '일'이 있다고 말하였다. 그리고 이렇게 덧붙였다: "하지만 염려 마세요. 이 상태가 오래 가지는 않으니까. 지금은 바로 묵상이 아주 중요해지는 시기입니다. 이것은 기도에 좀더 깊이 파고들라는 일종의 초청인 것입니다. 그렇지 않으면 당신은 몇 주일 못가 수도원이 별로 엄격하지도 않고 별로 가난하지도 않고 별로 순수하지도 않다고 불평하기 시작할 거예요. 그러면서 이전에 많은 사람들이 그랬듯, 이곳을 떠나 훨씬 덜 가난하고 훨씬 덜 엄격한 생활을 시작할 거예요."

기도에 관하여 이야기하면서, 나는 존 유즈 원장에게 아주 초보적이며 상당히 고지식해 보이는 질문을 던져 보았다: "내가 기도할 때는 누구한테 하는 건가요?" "내가 '주님'이라고 할 때 그것이 무엇을 뜻하는 것인가요?"

존 유즈 원장은 내 기대와는 아주 다른 반응을 보였다. 그는 이렇게 말하였다: "당신이 제기할 수 있는 가장 중요하고 실질적인 질문입니다. 적어도 당신이 당신 나름대로 가장 중요한 의문으로 삼을 수 있는 질문이지요."

그는 내가 이 질문을 진지하게 받아들이기를 정말 원한다면, 다른 것들에 대한 여지를 남겨서는 안 된다는 사실을 깨달아야 한다고 매우 자신있게 힘주어 말하였다. 그리고 미소를 지으면서 이렇게 덧붙였다: "다만 이 질문이 당신을 너무너무 탈진시켜 쉼이 좀 필요할 때는 〈뉴스위크〉를 읽어도 무방합니다. 그건 예외니까요."

존 유즈는 이렇게 말하였다: "이 의문을 묵상의 핵심주제로 삼기란 결코 쉽지 않아요. 당신은 이 의문이 당신 자신의 모든 부분과 연결된다는 사실을 곧 알게 될 것입니다. '내가 기도드리는 주님은 누구이신가?' 하는 질문은 '주님께 기도드리고 싶어하는 나는 누구인가?' 하는 질문과 직결되기 때문이지요. 그러고 나면 이내 '정의의 주님이 왜 사랑의 주님도 되시는 것이지? 두려움의 하나님이 왜 온유하신 자비의 하나님도 되시는 것이지?' 하는 의문이 일게 됩니다. 이것은 당신을 묵상의 중심부로 인도합니다. 그 질문에 대한 해답이 과연 있을까요? 있기도 하고 없기도 하지요. 당신은 묵상을 통하여 알게 될 것입니다. 이 질문은 어느 날 당신이 문득 깨달음을 얻을 때에도 여전히 남아서 당신을 하나님 가까이 끌어당길 수 있습니다. 하지만 이 질문은 당신이 갖고 있는 여러 가지 질문들 가운데 하나에 지나지 않는 그런 질문이 아닙니다. 어떤 면에서 이 질문은 당신이 하는 모든 일에 제자리를 찾아주는 근거가 되는 중심 질문이 되어야 합니다. 그리될 때 당신은 먼, 아주 먼 길에 들어서 있음을 깨닫게 될 것입니다."

8월 13일, 수요일

오늘 아침에 요한 수도사가 물떼새는 공공연하게 모래밭에다 알을 낳아두고 부상당한 체해서 사람의 관심을 다른 곳으로 돌리는 새라고 설명해 주었다. 멋지다. 신경증을 무기로 쓰다니! 나도 사람들이 보지 않았으면 하는 것에서 그들의 시선을 딴 데로 끌기 위하여 별 문제도 아닌 것에 애절한 호소를 보낸 적이 얼마나 많았던가!

때때로 모든 새들이 나의 자기 방어 수법들 가운데 한 가지씩을 터득하고 있는 것처럼 보일 때가 있다. 찌르레기는 다른 새의 둥지에다 알을 낳아서 그 새가 알을 부화하게 만든다. 꾀꼬리는 훨씬 무서운 새 소리를 흉내내어 적들을 내쫓는다. 그리고 개똥지빠귀는 상대의 머리 위에서 꽥꽥 비명을 질러대어 질리게 만들어서 자기 영역을 떠나게 만든다. 나도 나 자신을 보호하거나 내 뜻을 관철시키기 위하여 이런 방법들과 그 이상의 방법까지도 이용하고 있지 않은가!

8월 15일, 목요일

이곳에 올 때만 해도 별로 잘 이해하지 못한 게 있다. 이곳에 오래 지내면 지낼수록 마더욱 깊이 절감하는 게 있다. 마리아가 수도사들을 대표하는 가장 순수한 묵상가라는 사실. 누가는 마리아를 구원의 신비들을 묵상하는 이로 묘사하고 있다. 목자들이 아기를 찾아온 이야기를 하고 난 다음에, 누가는 "마리아는 이 모든 말을 고이 간직하고 마음 속에 곰곰이 되새겼다"(누가복음 2:19)라고 기술하고 있다. 그리고 마리아가 예수를 성전의 율법학자들 사이에서 찾아내는 과정을 적은 다음, "예수의 어머니는 이 모든 일을 마음에 간직하였다"(누가복음 2:51)고 덧붙이고 있다. 그는 예리한 칼이 연로한 시므온의 마음을 꿰뚫을 것이라고 지적하고 있는 묵상가이다(누가복음 2:35).

이 묵상생활은 하늘에서 완성된다. 그곳에서 가장 철저히 구속되는 인간, 하나님께서 가장 친근한 방식으로 우리를 어루만지신 통로가 된 여인, 예수님과 그분을 믿는 모든 사람의 어머니가 거기 하나님의 현존 안에 서 계신다. 모든 수도사와 모든 그리스도인의 희망인 지복의 광경을 영원토록 즐기면서……

야고보 수도사가 6개월의 청원기간을 끝내고, 오늘부터 수련기간에 들어갔다. 그는 투명하리만큼 열려 있고 단순하고 경건하다. 우리가 흔히 볼 수 없는 몇 명 안 되는 사람들 가운데 한 명이다. 근면하고 정직하고 곧고 "거짓이 조금도 없는"(요한복음 1:47) 농부이다. 예식에 들어갈 준비가 끝났는데, 유일하게 나타나지 않은 사람이 그였다. 수련장이 나가서 그를 찾다가 제자리에 데려다 앉혔을 때, 수도원장은 담담하게 "모두 다 왔으니 이제 시작해도 되겠다"고 하였다.

야고보 수도사 같은 사람 주변에 있다는 것은 영예로운 일이다. 그는 성실하고 일관된 헌신에 대하여 책보다 더 많은 것을 나에게 가르쳐 주고 있다. 그는 '마리아의 노래'와 마리아에 관련된 성경구절들을 '교과서' 읽듯이 읽었다. "전능하신 분께서 나에게 큰일을 해주셨다"는 대목에서는 작은 종이쪽지에서 눈을 떼고 형제들의 얼굴을 똑바로 쳐다보았다. 참으로 감동적인 순간이었다. 그는 이제 온통 하얗게 차려 입었다. 새 수도복을 입은 그의 걸음은 그전이나 별로 다름없이 질질 끄는 느린 걸음이었다. 하지만 무엇인가 새로운 일이 그에게 일어났다. 그도 그 사실을 알고 있다.

8월 16일, 금요일

"귤 세 개를 보면, 마술을 부리고 싶어집니다. 그리고 탑 두 개를 보면, 걸어보지 않고는 못 배깁니다." 이 놀라운 말은 줄타기 곡예사 필립 프티가 (오전 7시 30분에) 뉴욕 세계무역센터 지붕과 지붕 사이를 밧줄을 총으로 발사하여 잇고 그 위를 건너갔다가 왜 그런 일을 했냐는 경찰의 질문에 답변한 말이다. 필립은 파리에서 노틀담 성전에 치솟은 뾰족탑 두 개를 보았을 때에도 똑같이 했었다. '예술을 위한 예술'(L'Art pour l'Art)이 이 고공줄타기 곡예사의 철학이다.

오늘 이 멋진 사나이 필립 프티에 관하여 간간이 생각해 보았다. 그가 경찰에게 한 답변은 장시간 묵상해 볼 만한 가치가 있는 귀중한 것이다. 우리는 대답 불가능한 질문에 늘 대답을 하고싶어 한다. 그대가 그녀를 좋아하는 이유는 무엇인가? 이런 질문에 대한 답변은 하나같이 터무니없게 마련이다. 그 여자가 아름답기 때문에? 그녀가 지성적이라서? 그녀의 코에 여드름이 재미있게 돋아 있기 때문에? 이런 대답은 어느 정도 별로 이치에 닿지 않는다. 그대는 무슨 이유에서 성직자가 되었는가? 하나님을 사랑하기 때문에? 설교하기를 좋아하기 때문에? 여자를 좋아하기 때문에? 그대는 왜 수도사가 되었는가? 기도를 좋아해서? 침묵이 좋아서? 아무 방해도 받지 않고 빵을 굽기 위해서? 이러한 대답들은 질문에 대한 답변이 되지 못한다.

사람들이 필립 프티에게 뉴욕 시에서 가장 높은 두 탑 사이를 가느다란 외줄을 타고 걸은 이유가 무엇이냐고 물었을 때, 누구나 그가 돈 때문에, 명성 때문에, 자기 선전을 하려고 그랬다고 생각하였다. 그러나 그의 답변은 "나는 귤 세 개를 보면, 마술을 부리고 싶어집니다. 그리고 탑 두 개를 보면, 걸어보지 않고는 못 배깁니다"라는 것이었다.

우리는 더없이 의미깊은 이 대답을 믿지 못한다. 우리는 이 사람이 틀림없이 돌았다고 생각한다. 실제로 사람들은 필립을 시내 병원으로 데려가 정신병 검사를 받게 하였다. 하지만 필립이 더할수없이 건강하다는 사실이 이내 밝혀졌다. 신문은 머리글자로 "정신 말짱, 원기 철철"이라고 썼다.

그의 답변은 참되다. 그대는 왜 그 여자를 사랑하는가? 그녀를 보자마자 사랑에 빠져서. 그대는 왜 성직자가 되었는가? 성직자가 될 수밖에 없어서. 그대는 무엇 때문에 기도하는가? 하나님을 알면서 기도하지 않을 수가 없기에. 질문들에 대한 이런 답변들 뒤에는 설명할 수 없는 내적 당위성, 내적 충동, 내적 부르심이 존재한다. 길 가는 수도사 누구한테라도 물어보라. 왜 수도사가 되었느냐고. 결코 만족스런 답변이 나오지 않을 것이다. 우리가 어린이들한테 "공놀이를 하는 이유가 무엇이냐?"고 물을 때, 아이들도 결코 그것을 속시원히 설명해 내지 못한다. 그들은 "공을 보면 가지고 놀지 않고는 못 배긴다"는 답변 이외에 어떤 대답도 할 수 없음을 안다.

필립 프티를 체포했던 경찰은 이 점을 이해했던 것 같다. 본디 불법침입과 질서교란으로 고발했는데, 그 고발을 취하하는 대신, 센트럴파크에서 어린이들에게 공중곡예를 보여 주겠다는 약속을 필립한테서 받아냈기 때문이다. 최소한 어느 정도는 이 사건에서 진정한 인간미를 되살린 조처였다. 지금도 내 입술 주변에서는 이런 중얼거림이 홍얼홍얼 새나온다: "나는 귤 세 개를 보면, 마술을 부리고 싶어집니다. 그리고 탑 두 개를 보면, 걸어보지 않고는 못 배깁니다."

8월 17일, 토요일

메마른 뙤약볕 아래 힘든 날들이 계속되다가, 오늘 아침 격렬한 폭우가 쏟아졌다. 요란한 소리를 내며. 막사식으로 낮게 지어진 수도원 건물 안을 걸었다. 사방에 물소리가 들리고 물천지인데, 안은 여전히 건조하고 편안하다. 묘한 기분이다. 이 나라에서 그리고 세상 다른 지역에서 많은 사람들이 비를 기다리고 있다. 이곳에는 비가 일정한 간격을 두고 줄곧 내려서 정말 풍성한 밀 수확을 가져다 주었다.

오후에 존 유즈 원장과 브라이언 수도사, 로버트—새로 온 관찰자—그리고 나, 그렇게 넷이서 냇가에 가 또 돌들을 모아들였다. 트랙터가 끄는 평평한 짐차에 앉아 바라다본 대지는 무척 아름다웠다. 금방 추수를 끝낸 밭에는 신비로운 막이 덮여 있었다. 뉴욕의 온화한 언덕들은 촉촉한 공기 덕분에 새로운 아름다움을 뽐내고 있었다.

나는 감사와 행복을 맛보며 옛날 생각에 잠겼다. 내가 그렇게도 사랑하는 친구들 모두가 오늘 내가 보고 느끼는 것을 함께 보고 느꼈으면 싶었다. 그렇지만 나는 결코 그렇게 되지 못하리라는 사실을 안다. 이 세상에서는 커다란 아름다움을 맛보는 체험은 늘 깊은 고독 체험과 불가사의한 끈으로 맺어져 있게 마련. 그러다 보니 내가 아직까지 목격하지 못한 아름다움이 여전히 남아 있음을 알게 된다. 그것은 고독이 아닌, 일치를 자아내는 아름다움이다.

테오도르 수도사는 건포도 세척기에 밀어넣은 수천 알의 건포도 사이에서 자그마한 쇳조각 하나를 찾아냈다. 그리고 그것을 내게 보여 주었다. 면도날처럼 날카로워 보였다. 아무튼 건포도 **빵**을 먹는 어떤 누군가는 테오도르 수도사 덕분에 위출혈을 면하게 된 셈이다. 물론 테오도르 수도사가 그에 대하여 고맙다는 말을 듣지는 못할 것이다. 하지만 예방약에는 그런 결함이 따르게 마련이다.

8월 18일, 주일

예전적으로 오늘은 아주 특이한 주일이었다. 새벽 2시 30분에 공

동으로 드리는 철야기도 때 예언자 요엘의 입을 통하여 나온 주 하나
님의 말씀을 들었다:

> 너희는 모든 민족에게 이렇게 선포하여라.
> "전쟁을 준비하여라!
> 용사들을 무장시켜라.
> 군인들을 소집하여
> 진군을 개시하여라!
> 보습을 쳐서 칼을 만들고,
> 낫을 쳐서 창을 만들어라.
> 병약한 사람도
> '나는 용사다!'라고 외치고 나서라.
> (요엘 3:9-10).

예배 때 우리는 제일 먼저 예레미야가 적들 손에 웅덩이 속으로 던져지는 이야기를 들었다. "그 물웅덩이 속에는 물은 없고 진흙만 있어서, 예레미야는 진흙 속에 빠져 있었다"(예레미야 38:6). 이어서 히브리서 저자는 말한다: "죄인들의 이러한 반항을 참아 내신 분[그리스도]을 생각하십시오. 그러면 여러분은 낙심하여 지쳐 버리는 일이 없을 것입니다"(히브리서 12:3). 그리고 마지막으로 예수님의 말씀을 듣는다: "너희는 내가 세상에 평화를 주러 온 줄로 생각하느냐? 내가 너희에게 말한다. 그렇지 않다. 도리어, 분열을 일으키러 왔다"(누가복음 12:51).

성경의 이런 면은 내가 잊어 버리고 싶어하는 부분이다. 하지만 성경은 사실주의적인 책이다. 인간 실재의 어떤 부분도 피하려 들지 않는다. 성경은 남녀들의 삶과 생각과 역사를 주관하시는 하나님의 관점에서 이야기한다. 이런 사실주의를 주목해 보는 것이 바람직하다. 하나님은 평화롭고 고요한 곳에만 계시지 않는다. 박해와 갈등, 분열과 투쟁이 있는 곳에도 계신다. 실로 하나님은 우리에게 장미 꽃밭은

약속하신 적이 없다.

8월 19일, 월요일

　뉴욕 〈타임즈〉를 장식하는 뉴스들, 게시판에 나붙은 인도에서 온 편지, 돈과 음식과 의복이 필요하다는 불어나는 요구들. 이런 것들을 보면 내가 노아의 방주에 승선을 허용받은 몇 안 되는 행복한 사람에 속한다는 느낌이 갈수록 더 든다. 이 비유가 이곳 독신자들 모두에게 아주 꼭 맞게 적용되는 건 아니다. 그러나 나의 경우, 주변 세상이 온통 떠내려가고 있을 때 나는 산꼭대기에 앉아 있구나라는 생각이 머리를 떠나지 않는다.

　우리가 아주 풍성한 밀 수확을 거둬들인 데 반해서, 신문들은 농작물들을 모조리 휫쓸어간 인도의 대홍수, 북아프리카의 한파, 그리고 방방곡곡에서 비참한 참상이 연이어 터지며 인플레이션이 기승을 부리는 미국 내 지역들 이야기를 하고 있다. 이곳에 사는 우리는 건강하고 혈색이 좋아 보이는데, 사진들은 손수 만든 뗏목을 타고 정처없이 떠돌아 다니는 삐쩍 야윈 모습들을 찍어놓고 있다. 우리는 이곳에서 평화와 신뢰의 분위기 속에 지내는데, 키프로스, 칠레, 브라질, 중동, 대한민국 등지에서는 가혹한 일들이 날마다 터지고 있다. 그래도 나는 고통과 문제들을 안고 있는 이 세계에 대한 향수를 자주 느낀다.

　기도를 부탁한다고 하는 말들이 뉴스를 제공하는 역할을 하는 경우가 종종 있다. 저녁기도 때 마르셀루스 수도사가 한 말이다: "대한민국 대통령의 부인을 위하여 기도합시다"—그러다가 그는 자기 외에는 아무도 최근 신문을 읽지 않았음을 깨닫고 얼른 덧붙였다—"그 부인이 살해당했습니다"—그런 다음, 아마도 어느 누가 무슨 이유로 대한민국 대통령의 부인을 살해하려 했는가를 아무도 모르고 있다는 생각이 퍼

뚝 들었던지, 다시 덧붙였다―"누군가가 대통령을 살해하려 했어요"―그러다가 이제는 수도사들이 이야기의 결말을 알고 싶어한다는 사실을 깨닫고 이렇게 기도를 부탁하는 말로 매듭을 지었다―"그런데 그는 무사히 피했어요." 도서실 담당인지라, 신문을 제일 먼저 읽다보면 이런 일도 생긴다.

8월 20일, 화요일

성 버나드를 기념하는 날이다. 예배는 이 12세기의 위대한 성인에 대하여 부드러우면서 때론 감미로운 찬사들로 가득 차 있었다. 밤에 드리는 성무일도 때 그의 설교 가운데 하나가 낭독되었다. 단순과 냉정과 엄숙이 버나드의 이상이었다. 자신도 이것들을 실천하였다. 그러나 그의 언어는 풍부, 화사, 화려, 경건하다. 거의 바로크풍에 가깝다. 아가에 대한 그의 설교들은 세계문학에서 고전들에 속한다. 그 이유가 장엄함 때문이 아닌 것만은 분명하다.

브라이언 수도사가 자신의 축일을 기념하였다. 나는 이해할 수가 없었다. 우선 나는 브라이언을 아일랜드의 어떤 성자 이름이겠거니 생각했었다. 그러나 그건 잘못이었다. 브라이언이라는 성자는 아예 없다. 유명한 브라이언이 있었을 뿐이다. 브라이언이 겟세마네 수도원에 들어갔을 때, 그곳 수도원장으로 있던 돔 제임스 폭스가 '베르나르'에 해당하는 켈트어가 '브라이언'이라고 하면서 그를 '브라이언'으로 부르기로 하고, 그의 축일은 성 버나드의 축일인 8월 20일로 정하도록 하라고 하였다나? 브라이언은 그 말에 순종하였다. 그리하여 그 때부터 이리 된 것이었다. 오늘 수도사들은 자신들의 형제 브라이언 수도사를 위하여 특별기도를 드렸다.

8월 21일, 수요일

어제 나는 발이 책에 걸려 비틀거린 일이 있었다. 하나님께서 나더러 이 책을 집어들고 읽도록 하시려고 그 자리에 놓아두셨다는 묘한 느낌이 들었다. 이 책의 제목은 〈진리를 위한 고난〉이다. 아브라함 요수아 헤셀이 마지막으로 써서, 죽기 몇 주 전에 출판사 발행인한테 넘긴 것이다.

헤셀의 작품을 읽다보면, 토마스 머튼의 작품을 읽을 때와 똑같이 '고향에' 와 있는 듯한 편안함을 느낀다. 두 사람 모두 쉽고 명쾌한 언어로 이야기한다. 이는 내가 다른 영성 작가들에게서 아쉬움을 느끼는 부분이다. 그들은 둘 다 내 귀에 직접 대고 속삭이는 듯한 기분이다. '번역'이 설령 필요하다 할지라도, 그 정도는 아주 미미하게 생각된다.

지난 몇 주간 동안, 나는 내 일기에서 하나님의 현존의 기쁨과 수도원의 고요와 평온, 수도사들의 사랑, 자연의 아름다움에 대한 기록들, 아프리카 및 인도의 기아, 칠레와 브라질과 베트남에서 자행되는 고문, 사방에서 터지는 전쟁, 세상에 보편화된 비참한 상태에 관한 기록들 사이에 뚜렷한 대비가 이루어지고 있음을 갈수록 절실히 느끼게 되었다. 꼭 내 안에 두 사람이 존재하면서 저마다 전혀 다른 삶을 체험하고, 전혀 다른 기도를 드리며, 전혀 다른 이야기에 귀를 기울이고 있는 듯한 느낌이다. 함께 평화롭게 지낼 수 있다는 것이 놀랍게 생각되기 시작하였다.

헤셀은 자신의 저서 〈진리를 위한 고난〉 머리말에서 자신이 이 책을 쓰게 된 배경을 설명하고 있다. 그는 두 인물이 자신의 젊은 시절과 계속되는 영성생활에 얼마나 큰 역할을 해주었는지 이야기한다. 바알 셈 토브와 코츠크 사람 메나헴 멘들, 이 두 인물은 헤셀 자신의 실재하는 면면들을 대변하는 이들이다. 유대주의의 한 분파인 하시딤주의 랍비 바알 셈 토브는 자신의 평화와 기쁨과 아름다움의 체험을 대변한다. 그에 반해서, 메나헴 멘들은 불안과 끊임없는 추구와 엄격한 자기 부정을 대변하였다.

헤셸은 이렇게 기록하고 있다: "……난 바알 셈 토브와 코츠크 사람(메나헴 멘들), 두 분의 지도를 받으면서 두 개의 세력이 내 안에서 고투를 벌이도록 만들어 왔음을 깨달았다……아주 이상하게도, 나는 바알 셈에게서는 내 영혼의 평안을 발견했는데, 코츠크 사람에게서는 떠밀림을 당했다. 메즈비시 사람(바알 셈 토브)의 기쁨과 코츠크 사람의 불안 사이에서 마음을 찢긴 채 살아가는 게 좋았던 것일까? ……나는 선택을 하지 않았다. 내 마음은 메즈비시 사람한테 가 있었다. 그러나 내 정신은 코츠크 사람한테 가 있었다. 나는 바알 셈한테서는 의미로 가득 찬 무한정한 광산에 대하여 가르침을 받았다. 그리고 코츠크 사람한테서는 길을 가로막고 있는 거대한 산맥과 같은 어리석음을 탐지해 내는 법을 배웠다……앞사람은 나에게 지상에 하늘 나라가 있을 수 있음을 깨우쳐 주었다. 그러나 뒷사람은 우리 세계 속에서 함부로 하늘 나라로 단정된 그런 자리에서 지옥을 발견하게 하여 내게 충격을 주었다……바알 셈은 내 삶 속에서 등불과 같은 존재였다. 그에 반해서, 코츠크 사람은 번갯불처럼 치고 덤볐다. 번갯불이 좀더 확실하다는 것은 분명하다. 하지만 사람은 등불을 믿고 등불에 신뢰를 둘 수도 있는 법. 사람은 등불과 더불어 평화롭게 살 수가 있다. 바알 셈은 나한테 날개를 달아 주었다. 그리고 코츠크 사람은 나를 밧줄로 동여매 놓았다. 나에게는 그 밧줄을 끊어 버리고 내 단점들을 안은 채 마음의 기쁨을 누릴 용기가 없었다. 나는 바알 셈 덕분에 취기를 맛보았다. 그리고 코츠크 사람 덕분에는 굴욕에서 오는 축복들을 누렸다."[6]

모든 게 확연하다. 아주 힘차고 선명하다. 헤셸이 표현한 이런 긴장 상태를 딱 대하면서, 나는 내가 받아들여지고 있구나라고 무척 느낀다.

두 수도사가 몸짓으로 뭔가 활발하게 토론하는 장면을 목격하였다. 재빠른 손동작, 팔 움직임이 가히 볼 만하였다. 그들이 무슨 이야기를 하는지 궁금해 하다가 그 몸짓이 "저 방으로 가서 그 문제에 관하여 이야기하기로 하자"는 말임을 알아차렸다. 몸짓 언어는 분명 한계가 있는 것 같다.

8월 22일, 목요일

회계담당 알렉시스 수도사가 나를 꾀어 호치키스와 볼펜과 자가 한 개의 플라스틱 통에 같이 들어 있는 것을 사게 했다. 합쳐보니, 웬걸, 96센트! 나한테는 전혀 필요도 없는 걸! 그는 그것들이 없으면 내 생활이 상당히 곤란해질 것처럼 느끼도록 만들어 버렸다. 알렉시스 수도사는 대단한 장사꾼이다. 이곳에서 실질적인 고객은 나 한 사람뿐. 그래서 그는 나를 상대로 솜씨를 발휘하고 있는 것이다.

그는 '유능한 상품구매'에 필요한 날카로운 눈을 가진 사람으로 가격을 인하해서 파는 특별한 판매광고들을 수집하고 있다. 그러다가 때가 무르익으면 사람을 시켜 그런 가게들을 찾아가 엄청난 물량을 사들이게 한다. 그러면 상점 주인은 자신의 상품이 대단히 인기 있으며, 가격을 낮추어 주는 것은 실수라는 인상을 받게 된다. 그런가 하면 이런 곳에서는 무슨 물건이든 어느 날, 어느 주간, 또는 어느 해에 사용되게 마련이다. 트라피스트 수도회는 결단코 스카치테이프나 볼펜이 떨어지는 날이 없을 것이다. 알렉시스 수도사한테는 스카치테이프가 수백 피트 있고, 볼펜도 무한정 있으니.

이제 나한테도 호치키스가 있다. 이것에게 기적을 바라지만 않는다면 오래 쓸 수 있을 것이다. 만일 이것으로 종이 다섯 장 이상을 철하려 들면, 이건 아마 중병에 걸리고 삐걱거려 못쓰게 될 것이다. 하지만 어떤 욕심쟁이가 종이 다섯 장 이상을 한꺼번에 철하려고 덤빌까? 설마?

8월 23일, 금요일

오늘 나는 새 브리태니카 대영백과사전에 완전히 걸려들었다. 1974년에 나온 제15판 브리태니카 대영백과사전이었다. 이것이 도서실에 막 도착하자 마자, 어서 와서 이 신착도서를 구경하라는 글이 게시판에 나붙었다. 나도 얼른 보고 와야겠다고 마음먹었다. 하지만 이 30권짜리를 뒤적이느라 결국 두 시간은 잡아먹었다. 정말 일종의 오락이었다.

사전의 잔글씨 속에서 '그리스도' 항을 찾아보았다. 그랬더니 "나사렛의 예수를 보라"고 나와 있었다. 하나님이 다른 이름들 가운데 낀 하나의 이름이 되어 버린 셈. 차례를 보면, 예수회가 나사렛의 예수보다 앞서 나와 있다. 쩝쩝.

8월 24일, 토요일

200장 가량 되는 홑이불을 다리미질하고 있을 때, 함께 일하던 동료가 자신이 어떻게 수도원에 들어오기로 결심했는지 들려주었다.

그는 가족간의 유대가 매우 끈끈한 동양가정에서 태어났다. 그래서 그리스도교 수도원에 들어가겠다는 그 희망을 지지해 주는 이가 아무도 없었다. 아니, 비판만 드셌다. 아무도 이해해 주지 않았다. 그는 슬픈 빛을 역력히 드러내며 "가족들을 도무지 이해시킬 수가 없었다"고 하였다. "다시는 집에 못 돌아올 것이고 부모님의 장례예식 때도 못 올 것이라고 하자, 가족들은 도저히 허락할 수가 없었던 거지요." 필시 엄청난 갈등이 있었을 터. 가족에 대한 깊은 끈 때문에 그의 기분이라고해서 부모형제와 다를 리 없었다. 허나 동시에, 수도원도 끊임없이 그를 부르고 있었다. "5년간을 늦추었어요. 기도드릴 때마다 '내일이요, 주님, 오늘은 아니고, 아직은 아니고, 내일이요'라고 말씀드리곤 했지요." 그러다 급기야 수도원으로 들어왔다는 것이다.

부친이 세상을 떠났을 때도 그는 집에 가지를 못했다. 그래서 모친은 그를 데려가려고 해마다 수도원으로 찾아오곤 했단다. 이제 일흔다섯이 된 모친은 결국 아들이 가정으로 돌아오지 않을 거라는 사실을 받아들이게 되었다고 한다. 그러나 어쩔 수 없이 현실을 받아들였을 뿐, 이해 못하기는 마찬가지. 노모에게 유일한 위안거리가 있다면, 자신이 죽었을 때 아들이 장례예식에는 올 거라는 점. 회칙이 바뀌어서 그 일이 가능해졌기 때문이다. 동양인들은 그리스도교의 하나님이 누구시든간에 자녀들이 자기 부모를 장례하지 못하게 막는다면 결코 좋은 하나님이 될 수 없다고 느낀다. 오늘 트라피스트 수도회가 느끼는 것도 똑같은 것 같다.

8월 25일, 주일

유명해지고픈 욕망을 제거할 수 있는 좋은 방법이 있다. 버즈 앨드린이 쓴 〈지구 귀환〉을 읽어 보는 것. 이 책은 이틀 전에 도착했다. 정말 읽어볼 만한 내용이다. 여기에는 달여행 이야기는 많지 않다. 달여행 이후에 전개된 앨드린 가정의 생활 이야기가 주종을 이루고 있다. 앨드린이 달을 밟는 광경을 칠레에서 텔레비전으로 본 기억이 있다. 도시빈민 지역에 사는 일부 칠레인들은 우주비행사들이 달을 거닐 때 무슨 끔찍스런 일이 벌어지지 않을까 걱정했었다. 그들은 그것을 신성모독 행위로 여겼던 것이다. 아무튼 끔찍스런 일이 벌어졌다—몇몇 칠레인들이 기대하던 것은 아니었지만, 달을 밟은 사람에게 불행이 쌓이게 된 것이다. 좀더 읽어 보아야겠다.

8월 26일, 월요일

존 유즈 원장과 순종에 관하여 이야기를 나누었다. 내가 먼저 이렇

게 말했다: "나는 순종 문제 때문에 수도사가 될 수 있다는 생각을 하지 못합니다. 나는 당연히 글을 쓰고 책을 읽고 공부를 해야 한다고 깊이 확신하고 있는데, 당신이나 다른 어떤 사람이 나더러 날마다 돌을 주으라고 한다면, 난 그것을 받아들이지 못할 것입니다. 아주 심한 불안과 적대감을 느껴 조만간 떠나고 말 것입니다."

그러자 그가 말했다: "그런 이유들이라면, 당신은 볼품없는 수도사가 될 수밖에 없습니다. 나가서 일반 성직자가 된다고 해도, 그저그런 성직자밖에 못될 것입니다. 당신 문제는 수도사에 국한되는 문제가 아니지요. 당신이 하는 일, 당신이 하고 싶은 일 모두에 초탈하지 못하는 한, 당신은 온전한 영성생활을 누릴 수 없습니다."

이렇게 해서 우리는 순종에 대한 이야기로 들어갔다. 존 유즈 원장은 순종 문제가 곧 친교 문제임을 깨닫게 해주었다. 꽤 도움이 되었다: "당신이 권위를 가진 상대방한테서 걸핏하면 상처를 받게 될 경우, 순종은 힘들어집니다. 당신이 어떤 규칙에도 불순종하려는 게 아니라는 건 압니다. 그러나 '안 됩니다!'라는 말을 듣고싶지 않아, 이런 일 저런 일을 당신의 영성 지도자나 수도원장 등에게 숨기는 식으로 순종놀이를 할 수가 있습니다. 당신은 다른 어떤 사람에게, 분명히 당신이 순종해야 될 어떤 사람에게 깊은 신뢰를 갖고 당신 자신을 온전히 내어맡길 필요가 있습니다. 많은 사람들이 아주 재빨리 적응은 하면서도 정작 순종은 하지 않습니다. 그들은 그저 파문을 일으키지 않으면서 추세에 따르려 합니다. 그것은 순종이 아니지요. 다만 순응하는 것일 뿐입니다."

내가 더욱더 신뢰할 수 있고 좀더 쉽게 내 자신을 열 수 있고 나의 취약점을 좀더 적나라하게 드러낼 수 있을 때, 순종은 그다지 어렵지 않게 될 것이다. 왕따를 두려워하지 않으면서 이의를 제기할 수 있을 것이다. 원한을 품지 않으면서 항의할 수도 있을 것이다. 독선에 빠지지 않은 채 다른 관점들을 표현할 수도 있을 것이다. 논쟁이 모두 끝나고 나서 "내가 좋아하지 않는 그 일을 하라는 요구가 아직도 계속된다면 나는 아마도 하나님이 내가 상상하는 것보다 훨씬 더 크고 중요한 어떤 것을 나한테 예비하고 계신다고 생각해야겠지요"라고 말할 수 있을 것이다.

 그런 자세만 가질 수 있다면, 사람은 정말 다음에 무슨 일이 일어날지 모르므로, 순종의 삶이 실제로 아주 흥분시키는 것이 될 수도 있을 것이다. 하지만 나의 경우, 내 자신의 내면 깊숙이 그러한 자세를 갖추자면 가도 한참을 더 가야 하리라.

8월 28일, 수요일

 점점 내 꿈이 더 요란해지고 있다. 간밤에 꿈속에서 샌프란시스코의 금문교 바깥쪽 난간에 부착된, 부드러운 털담요로 씌워진 긴의자에 앉아 있었다. 긴의자가 이쪽 해안에서 건너편 해안으로 움직여 갔다. 저 아래 물위에는 원양정기선들과 돛단배들이 오갔다. 저 위로는 작은 양들이 무리지어 있는 것 같은 구름떼가 하늘에 떠 있었다. 정말 환상적인 정경이었다. 나는 아주 산뜻한 건물들과 높다란 마천루들이 하얀 색으로 아름답게 들어찬 시내 쪽을 향하여 천천히 움직여 갔다.

 시내에 도착하자, 내 친구 돈과 클로드가 마중나와 있다가 커다란 호텔로 데리고 갔다. 거기에서 우리는 바로 가서 바텐더와 굉장히 유쾌한 대화를 나누었다. 바텐더는 우리를 너무너무 좋아하였다. 특별 클럽 회원자격을 가진 사람들만 출입하는 호텔내부의 이곳저곳을 구경시켜 주었다. 방문 열쇠들도 다 가지고 있었다. 그래서 저마다 다른 호화스런 사교장들도 보여 주었다. 우리는 주변을 둘러보고 있다가 구석구석까지 카페트가 깔리고 안락의자들이 놓인 장소로 자리를 옮기는 훌륭한 복장의 사람들 한 무리를 보았다.

 바텐더가 우리를 다시 휴게실로 안내해 갔다. 그때, 나는 하얀 수도복과 검정 수단을 착용한 한 무리의 트라피스트 성직자들과 마주쳤다. 그들은 또다른 주요 클럽들을 위하여 미사를 드리러 가는 중이라고 하였다. 상류계급의 인종차별과 분리주의를 종교적으로 후원하는 이런 처사에 무척 화가 났다. 그치만 항의를 하지는 않은 채, 돈과 클로드를 데리고 그 자리를 떴다.

아주 묵시적인 꿈. 낮에는 세상에 속하지 않으면서 세상에 존재하려고 애쓰는 반면, 밤중에는 온전히 세상에 속해 있으면서도 실제로 세상에 존재하지 않는 사람, 그가 바로 나.

8월 29일, 목요일

글쓰는 일은 정말 큰일이다. 지금이 딱 그렇다. 지난 며칠간 마음의 기도에 관하여 무슨 글을 써야 할지 걱정해 왔다. 사막의 영성 지도자들이 실천한 기도 전승에 관한 여러 가지 서적들을 다시 읽고, 전에 발췌해 두었던 초록들을 다시 검토해 보았다. 그래도 여전히 기분이 꺼림칙하였다. 펜대가 제대로 잡히지 않았다. 그래서 오늘은 무작정 시작해 보기로 하였다. 어떤 글이 써질지 지켜보면서……. 둘째 문장 다음에는 꼭 펜이 내가 예상했던 것과는 전혀 엉뚱한 방향으로 끌어가는 것 같았다. 한 장 한 장 계속 써 내려갔다. 사막의 영성 지도자들에게 온통 신경이 집중되었다. 그러다 보니, 내가 쓰고자 하는 책의 전체 구도에 훨씬 적합하고 한층 더 중요한 사실들을 생각하고 글로 옮기는 데 지장을 받고 있음을 깨닫게 되었다.

생각과 단어들이 그토록 술술 흘러나오는 데서 엄청난 희열을 느꼈다. 마치 늘 그 자리에 존재하고 있었는데, 다만 표현으로 옮겨지지 못하고 있었던 듯.

한편, 나한테는 글쓰는 일이 정신을 집중하고 수많은 생각과 느낌을 뚜렷하게 정리하는 데 매우 효과적인 방편이 된다는 사실을 절실히 느꼈다. 일단 종이 위에 펜을 대고 한두 시간 글을 쓰고 있으면, 조화와 평화가 뼈속깊이 느껴진다. 그래서 결국에는 판에 박힌 하찮은 일이라도 훨씬 더 기꺼이 할 수 있다는 기분이 생긴다. 하루를 아무런 글도 쓰지 않은 채 독서와 작업으로 보내고 나면, 전체적으로 정신적 변비에 걸린 듯한 느낌. 잠자리에 들면서도 그 날 꼭 해야 할 일을 않고 넘어간 듯 찝찝한 기분이 든다.

이 모든 사실을 깨달은 건 좋은 일이다. 이로써 지난 몇 년간 뉴헤이븐에 있으면서 곧잘 느꼈던 침울한 기분을 이해하는 데 도움을 얻은 듯싶다.

8월 30일, 금요일

상큼한 일이 거의 없었다. 뭔가 어정쩡하고 산만한 채로 하루를 보내 버렸다. 네 시간 넘게 건포도를 씻어댔건만, 그 일도 다 못 끝냈다. 당장 신경써야 할 편지들도 여러 통 받았다. 자기 삶에 어떤 도움이 필요하다는 손님과 여러 시간 이야기도 하였다. 그리고 마지막으로 수도사가 아닌 사업가들을 위하여 글을 싣고 있는 주간지 〈유에스 뉴스 앤드 월드 리포트〉를 읽었다. 읽고 있자니, 정말 우울증 걸릴 것만 같았다.

이곳에 오기 전 내가 했던 생활을 생각할 때, 기실 오늘은 '전형적인' 하루였다. 바쁘고, 활동적이고, 말많고, 그러면서도 어느 것 하나 깊이 집중하지 못한 피상적인 날이었다. 이런 '전형적인 날들'은 가급적 피하는 것이 좋을 것 같다.

8월 31일, 토요일

기도에 관하여 글을 쓰는 일은 무척 고통스러울 때가 많다. 글쓰는 내가 생각해도 내 자신이 이야기하는 이상에서 내가 얼마나 멀리 동떨어져 있는가를 내 자신한테 절실히 깨닫도록 만들어 주기 때문이다. 그 사람의 사상을 대하는 독자들은 글이 곧 그 사람의 삶을 비추어 준고 생각한다. 단 하나 잇점이 있다면, 읽는 이들이 조언자요 길잡이가 되어 준다는 것뿐. 읽는 이들은 그에게 자신의 생각과 통찰력을 삶으로 실천하도록 촉구하고 도전한다.

　이번주에 내가 온통 읽고 쓴 것은 다 기도에 관한 것이다. 기도 문제로 너무 바빴다. 기도만 생각하면 왜 이렇게 쉽게 흥분이 되는지……. 그러나 정작 기도할 시간은 좀처럼 내지 못했다. 기도를 하더라도 기도드리는 일보다 기도에 대한 생각에 죽 빨려드는 느낌이다.
　사실 기도를 하려면 하나님에게 자신의 마음과 정신을 비워드려야 한다. 그럴라치면 기도에 대한 자신의 생각과 느낌도 마음과 정신 속에서 몰아내야 한다. 안 그러면 기도가 기도드리는 일에 방해되는 꼴이 되고 만다.
　내 자신의 지적 구조가 기도에 도움이 되는 만큼 장애물도 되고 있다는 느낌이 강하게 든다. 기도하면서 훌륭한 통찰력을 바라지 않거나 내면에서 내 자신과 긴 토의를 벌이지 않기란 힘들다. 어떤 직관이 떠오를 때면, 나는 으레껏 이것을 강의나 설교나 글에다 어떻게 살려쓸까 고심하는 내 자신을 발견한다. 그러다 보면 이내 하나님과는 멀리 동떨어지고 내 자신의 우선적인 일에 온통 휩싸이게 된다.

　어쩌면 그래서 예수기도가 나한테 그토록 유익한지도 모른다. 러시아 농부가 그랬다: "주 예수 그리스도여, 저에게 자비를 베풀어 주십시오!" 이 기도를 백 번, 천 번, 만 번 되풀이하여 드리노라면, 내 마음도 서서히 맑아지리라. 하나님께 넉넉한 기회도 제공해 드리면서…….

네번째 내 영혼의 일기

9월: 세상을 위하여 기도하라
Pray for the World

9월
세상을 위하여 기도하라

9월 1일, 주일

이곳에 온 지 얼마런가! 오늘부터 네 번째 달이 시작된다. 앞으로 넉 달밖에 남지 않았다. 그 생각만 하면 두려움이 느껴진다. 성탄 무렵이면 난 어디에 가 있게 될까? 그런데 왜 이런 질문들을 해보는 걸까? 사도 바울은 말한다:

> "아무 것도 염려하지 말고, 모든 일을 오직 기도와 간구로 하고, 여러분이 바라는 것을 감사하는 마음으로 하나님께 아뢰십시오. 그리하면 사람의 헤아림을 뛰어넘는 하나님의 평화가 여러분의 마음과 생각을 그리스도 예수 안에서 지켜 줄 것입니다"(빌립보서 4:6-7).

나에게는 이것으로 충분해야 한다.

어제 편지 한 통을 받았다. 성령에 관하여 글을 써달라는 거였다. 내 영성수련 계획을 생각해 보았다. 가능한 한 그 계획에 충실하게 임하려면 부탁을 받아들이지 않는 편이 더 나을 것 같다고 답장하였다. 그런데 오늘 아침 묵상을 하던 중, 내가 글을 썼으면 어떤 내용으로 썼을까 궁리하고 있는 내 모습을 발견하였다. 성령에 관한 온갖

'흥미진진한' 생각들에 깊이 몰입해 있었던 것. 내 정신의 방황에서 깨어나자, "성령에 관한 생각들로 주의를 흩뜨리지 말고 기도하라!"고 내 자신을 타일렀다. 그러다가 성령께서 그 자신의 길을 가로막았음을 깨닫고 웃지 않을 수 없었다. 사람이 얼마나 복잡한 생각에 얽혀들 수 있는지! 하지만 성령에 관하여 글쓸 생각으로 마음을 채우는 것은 성령께서 그 자신 안에서 기도하실 수 있도록 마음을 비워드리는 것과는 천지차이다. 이것은 하나님에 대하여 이야기하는 것과 하나님과 이야기를 나누는 것만큼이나 큰 차이이다. 온갖 극기는 이 차이를 깨닫는 데서 출발한다. 또 사람이 그 의미들을 '생활화할' 때 극기가 진정한 일이 된다. 극기는 힘들다. 그러나 불쾌하지는 않다. 극기는 어렵다. 그러나 도전이 되기도 한다.

스티븐 수도사가 오늘 50회 생일을 맞았다. 저녁기도의 제목들을 서로 나누는 자리에서 알게 된 사실이다. 나는 그가 나보다 나이가 많다는 생각을 한번도 못해 보았다. 수도사들은 으레 젊어 보인다. 스티븐 수도사는 팔팔하기까지 하다. 그러나 우리 모두와 마찬가지로 그 역시 나이를 먹고 있었다. 돌을 모아들이는 데 그렇게 열심을 내는 걸 보면서 그에 대한 존경심도 더욱 깊어 간다. 그는 실제로 이 일을 소명으로 여기고 있다. 그가 사람들을 데리고 돌을 모으려고 나갈 때 보면, 마치 그 일을 위해 부름받은 것 같기도 하다. 이 시대에 '구르는 돌'이 된다는 것은 실로 굉장한 업적이다!

9월 2일, 월요일

오늘 묵상 때 이런 글을 읽었다: "……기도에 아낌없는 노력을 바쳐야 한다. 그러면 하나님은 우리의 노고를 보시고 우리가 구하는 것을 주신다. 참된 기도는 인간의 노력으로 실현되지 않는다. 그것은 하나님의 선물이다. 구하라, 그러면 얻을 것이다."[1] "……영성생활 어느 편에서 거둔 성과이든, 그것은 하나님의 은혜에서 비롯된 열매임을 기억해야 한다. 영성생활은 백 퍼센트 하나님의 가장 거룩하신 영으로부터 나온다. 우리에게도 우리의 영이 있지만 능력은 없다. 그것은 하나님의 은혜가 흘러들 때에만 비로소 힘을 갖게 된다."[2)]

영성생활에서 우울은 기도가 은혜라는 사실을 망각했다는 뜻이 아닌가 싶다. 영성생활의 열매는 모두 하나님의 선물임을 깊이 깨달을 때, 우리는 으당 미소를 지어야 한다. 죽음 같은 딱딱함에서도 으당 해방되어야 한다. 우리가 최대한 눈을 꼭 감고 최대한 두 손을 꽉 깍지낄 수는 있다. 하지만 하나님은 자신이 말씀하시고 싶을 때에만 말씀을 하신다. 이 점을 깨달을 때 누르고 밀고 당기는 우리의 행위는 정말 우습게 된다. 우리는 때로 두 눈을 꼭 감고 세상을 사라지게 만들 수 있다고 생각하는 어린애처럼 행동할 때가 얼마나 많은가!

하나님께 얼마간의 공간을 마련해 드리고자 갖은 노력을 다 기울이더라도, 그 주도권은 여전히 오시는 하나님께 있다. 하지만 우리에게는 희망의 토대가 되는 약속이 있다. 그분의 사랑에 대한 약속이 그것. 따라서 우리 삶은 당연히 기대를 갖고 기다리는 삶이 될 수 있다. 다만 그 기다림은 인내와 미소가 담긴 기다림이어야 한다. 그래야 그분이 오실 때 우리는 진실로 놀람과 기쁨과 감사로 충만하게 될 것이다.

오는 월요일 오전에 코네티컷에 있는 이민귀화국 사무실에 출두하여 미국 영주권을 취득하라는 연락을 오늘 받았다. 그 일로 하루는 이곳에 없을 것 같다. 하룻밤을 이 정든 곳에서 떠나 있게 될 것 같다.

9월 4일, 수요일

석 달간 육체노동을 해왔다. 그러나 실제로는 육체노동을 즐거워하고 있지 않다는 사실을 깨달았다. 신기한 맛이 사라진 다음에는 육체 노동도 아주 진절머리가 난다. 빵을 포장하는 일, 콘베이어벨트에서 뜨거운 빵을 집어내는 일, 건포도를 씻는 일, 홑이불을 다리는 일, 돌을 주워오는 일. 이 모두가 하루나 이틀 오후 일과로는 그래도 할 만한 일인데. 하지만 석 달이 지나고 나니, 작업 때 나를 마냥 괴롭히는 질문은 '이 일이 언제 끝나려나?'가 되어 버렸다. 이 따분함을 어느 정도 물리칠 수 있는 유일한 돌파구가 있다. 그것은 성질 무던한 사람과 함께 일하는 것이다.

이 노동을 그저 안달만 하지 않고 더욱 훌륭하게 기도의 일부로 정착시키는 방법을 강구하는 것이 중요하겠구나라고 느껴졌다. 나는 이 모든 사실을 존 유즈 원장에게 이야기하였다. 존 유즈 원장은 내 기분을 십분 이해할 수 있으리라 여겨졌다. 그런데 그는 놀랍게도 많은 수도사들, 특히 나이 든 사람들을 비롯해서 실제로 대부분의 수도사들이 나처럼 느끼지 않고 정말 즐겁게 일한다고 말하였다. 내가 그동안 죽 의구심을 품어 왔던 것도 바로 그 점이었는데.

존 유즈 원장은 이런 유형의 노동이야말로 내 자신의 부적합성을 깊이 느껴 알도록 만드는 좋은 계기가 된다고 가르쳐 주었다. 다른 상황에 있을 때는 나는 지적인 자기 방어와 강력한 억제를 통해서 나의 부적합성을 진정 온전하게는 깨닫지 못하게 할 수가 있었다. 공부하거나 글을 쓰거나 강의를 할 때에는 그 일들을 특정한 방법으로 조종하여 흥미있게 만들 수가 있었다. 하지만 빵공장에서는, 냇물에서는 일들을 흥미있게 만든다는 것이 실제로 불가능하다. 이럴 때 나는 '그저 해야 할 일' 외에 다른 대면거리가 아무 것도 없게 된다. 그래서 깊은 이질감을 느끼게 된다. 내가 진정으로 내 세계와 연결되었다고 느낀다면, 내가 진정으로 이 세상의 일부가 되었다고 느낀다면, 나는 결코 지루함과 따분함을 불평하지 않을텐데.

재미없는 노동 때문에 수도사는 자신의 부적합성을 대면하게 된다.

이러한 대면이 기도를 깊이있게 한다. 부적합성에 대한 체험이 기도로 연결되지 못할 경우, 수도사는 수도원을 떠나기도 한다. 기도 속에서 나는 사랑으로 나를 빚으시고 사랑으로 만물을 창조하신 하나님을 접할 수 있다. 기도 속에서 새로운 소속감을 발견할 수 있다. 나와 가장 밀접하게 연결되어 있는 자리가 그 자리이기 때문이다.

육체노동은 실로 내 환상들을 벗겨 보인다. 육체노동은 내가 내 정신을 끊임없이 바쁘게 만들어 나의 벌거숭이 상태, 나의 무기력, 죽음을 면할 길 없는 나의 운명, 나의 연약함들을 대면하지 않게 하려고 얼마나 부단하게 흥미있고 짜릿하고 매력있는 일들을 추구하고 있는지 드러내 보여 준다. 따분한 노동은 최소한 무력한 내 본모습을 열어 보인다. 나를 더욱더 벌거숭이가 되게 한다. 아무쪼록 새로 드러난 이 연약함 때문에 내가 두려움이나 분노로 치닫지 않았으면 좋겠다. 외려 하나님의 은혜의 선물들에 마음을 열게 해주었으면 싶다. 그렇게 바라고 기도할 뿐.

9월 5일, 목요일

미국 영주권을 갖고 살기 위해서는 내가 공산주의자도 아니고 또 매독에도 걸리지 않았음을 증명해야 한다. 전자를 위해서는 면담을 거쳐야 하고, 후자를 위해서는 혈액검사를 받아야 한다.

오후에는 가장 가까이에 있는 도시 바타비아로 혈액검사를 받으러 갔다. 모두가 쾌활하고 친절하고 무척 협조적이었다. 내일은 군청으로 다시 와서 내 혈액이 바세르만 반응검사에서 어떤 결과가 나왔는지 알아 보아야 한다.

상쾌한 여행이었다. 오는 길에 축구시합을 하고 집으로 돌아가는 십대들을 태워 주었다. 그들 말이 "내일부터 개학한다"는 것이다. 나에게는 아직 넉 달이 남아 있는데, 이들이 학교 간다는 이야기를 하니 어쩐지 이상하다. 내가 학생신분이나 교사신분으로 학교에 나가지 않은 지도 6년이 되었다. 그래서인지 학기라는 말도 얼른 와닿지 않는다. 학교는 스콜라(*schola*: 자유시간)를 뜻한다. 그렇다면 나한테 이번이 진정 최초의 학기가 될 것이다.

9월 7일, 토요일

오후에는 기중기 운전을 해야 했다. 커다란 통을 올리고 내리는 법과 퍼담는 법을 배웠다. 대충 끝나자, 이 커다란 기계를 차고로 끌고 돌아갔다. 그런데 그때 팔을 쭉 뻗은 것도 아니지만, 기중기 높이가 차고문을 통과하기에 너무 높았다는 사실을 미처 몰랐다. 갑자기 우지직 부서지는 소리가 나서 주위를 돌아보았더니, 차고문 바로 위쪽이 완전 엉망이 되어 있었다. 나 때문이었다.

마이클 수도사가 일어난 일을 죽 지켜보고 있었다. 언제나 그랬듯이 마냥 미소만 머금을 뿐이었다. "용의 꼬리가 하늘에서 별들을 쓸어버렸다"는 요한계시록 구절을 생각나게 한다나? 그리곤 눈망울을 반짝이며 "이런 사건들은 언제나 나한테 성경말씀을 한결 더 잘 기억하게 해준다"고 덧붙였다. 그 위로 덕분인지, 나는 집에 와서 그 일을 금방 잊어 버렸다.

내일은 코네티컷으로 또 가야 한다. 미국의 영주권자가 되기 위하여.

9월 9일, 월요일

새벽 4시에 수도원으로 '귀가'하였다. 사방에서 내게 다정한 인사를 보내왔다. 존 유즈 원장은 직접 나에게 와서 "집에 잘 왔다"고 말하였다. 안토니 수도사는 "돌아와서 기쁘다"는 글을 써 보냈다. 고작

스물여섯 시간 떠나 있었는데! 불과 몇 시간만이라도 누군가가 나를 보고싶어 했다는 것을 느끼니 기분이 좋았다.

지금은 기운이 하나도 없다. 머리도 지끈거린다. 이도 쑤신다. 배도 고프다. 잠도 밀려든다. 전반적으로 안 좋은 상태다. 그래도 잠을 청하고 음식을 먹으면 금방이라도 나을 것 같다. 돌아오게 되어 좋다. 또 기쁘다. 앞으로도 이곳에서 석 달 이상을 있게 될테니.

9월 11일, 수요일

짤막한 뉴헤이븐 여행. 이 여행은 나의 수도원 체류 하반기가 시작되는 데 아주 각별한 느낌을 가져다주었다. 수도원에 돌아온 것은 정말로 내 집에 돌아온 것과 같은 느낌이었다. 이 얼마나 평화로운 곳인가!

나는 수도사들을—이론으로만 아니라—직접 알고 있다. 생활양식도 안다. 주변의 길들도 안다. 집 주변만이 아니라, 규칙들의 흐름도 안다. 수도사들은 나를 마음 편하게 대하는 것 같다. 나를 자신들의 생활의 일부로 간주하는 것 같다. 모든 게 멋지게 들린다. 이것은 정말 실질적인 유혹이 되기도 한다. 아늑한 느낌들이 반드시 나의 영성생활에 유익한 것은 아니리. 하나님께 시선을 끊임없이 고정시켜야 하리. 평안하다고 이 집에서 안주하지 않도록 참신한 의식적 노력이 필요하리. 이 점을 모르지는 않는다. 나는 흥미진진하고 재미있는 하찮은 일들을 내 주위에서 많이 주워모아, 수도원이 하나님과 홀로 있을 수 있도록 내게 부여해 주는 빈 여백을 가득 채워 버릴 수도 있다.

기도에 관해 글을 쓴다는 게 기도를 드리지 않는 구실이 될 수가 있다. 수도사들의 갖가지 다양한 관심사들에 시시콜콜 대응한다는 게 진실로 홀로 있지 못하는 핑계가 될 수도 있다. 이곳이 내 영구적인 가정이 아니다. 설령 평생을 이곳에서 머물 수밖에 없다손치더라도 그 점은 마찬가지다. 이 사실을 깨닫기 위하여 앞으로 몇 개월은 각별히 애써야 할 것이다.
　아브라함 헤셀의 저서 〈진리를 위한 고난〉에서 "자신이 끝났다고 생각하는 사람은 '끝난' 사람이다"[3]는 코츠크 사람(코츠크의 랍비 메나헴 멘들)의 말을 오늘 읽었다. 자기가 도달했다고 생각하는 사람들은 길을 잃은 이들이다. 자기가 목표에 이르렀다고 생각하는 사람들은 목표를 놓친 이들이다. 자기가 성인이라고 생각하는 사람들은 악마들이다. 영성생활에서 소중한 부분은 꾸준히 열망하고 꾸준히 기다리고 꾸준히 희망하고 꾸준히 기대하는 것. 긴 안목에서 볼 때, 어떤 자발적인 참회는 우리가 아직 완성되지 않았음을 깨닫도록 돕는 데 필요하다. 좋은 비판, 좌절감을 주는 하루, 텅 빈 배, 또는 피로에 찬 눈은 우리의 기대를 일깨우고 우리의 기도를 깊이있게 하는 데 보탬이 될 것이다. 오소서, 주 예수여, 오시옵소서!

9월 12일, 목요일

　침묵, 나한테는 진정 아주 중요한 것이 침묵이다. 지난주에 뉴헤이븐을 여행하고 오면서, 줄곧 토론을 벌이고 말을 많이 주고받았다. 필요하다고 생각되는 전화도 많이 하였다. 수도사들과 상당히 여러 차례 이야기를 나누었다. 그랬더니 내 생활 속에서 침묵이 차지하는 부분이 갈수록 줄어들었다. 침묵이 위축되면서 내적으로 오염되었다는 느낌이 점점더 강해졌다. 무언가 추하고 더럽고 불결한 느낌. 처음에는 그 이유를 몰랐다. 그런데 침묵의 부족이 그 주된 이유일 수 있다는 것을 점차 알게 되었다.
　나는 말 때문에 불투명한 느낌들이 내 생활 속에 스며들게 된다는 점을 깨닫고 있다. 말을 하면서 죄를 짓지 않기란 불가능해 보일 지경. 아주아주 고상한 토의를 벌이다가도 무엇인가가 스며들어 분위기를 오염시키는 것 같다. 묘하게도 이야기를 하다 보면, 나는 빈틈이 많아진다. 열렸던 마음이 좁아지고 한결 더 자기 중심적이 된다. 지난주에 뉴헤이븐에서 학생들과 토의를 하고 난 다음, 피로감과 긴장감을 느꼈다. 뿐만 아니라 마치 내가 손대지 말아야 할 것을 손댄 것 같은 느낌, 마치 그에 관하여 그저 이야기한 이유로 어떤 것을 왜곡시켜 버린 것 같은 느낌, 마치 이슬방울을 손에 쥐려 안간힘을 썼던 것 같은 느낌도 맛보았다. 그래서 그 후론 불안해져서 잠을 이룰 수가 없었다.

사도 야고보의 글은 결코 과장이 아니다:

"혀는 우리 몸의 한 부분이지만 온 몸을 더럽히고, 인생의 수레바퀴에 불을 지르고, 마지막에는 혀도 지옥 불에 타 버립니다. 들짐승과 새와 기는 짐승과 바다의 생물들은 어떤 종류든지, 모든 인류가 길들여서 다스리고 있습니다. 그러나 사람의 혀는 누구도 길들일 수 없습니다"(야고보서 3:6-8).

침묵의 중요성을 누구보다도 더 분명히 하고 있는 사람이 바로 성 버나드다. 그는 침묵이 선한 것들에 관하여 이야기하는 것보다 더 낫다고 본다. 동물을 죽이지 않고서 고기를 먹기가 사실상 불가능한 것과 마찬가지로, 악한 것들에 접촉하지 않으면서 선한 것을 이야기하기란 실제로 불가능하다는 점을 넌지시 말한다.

그는 이렇게 적고 있다: "……침묵은 막중하다. 그러니 완벽에 가까운 제자들이라 할지라도, 좀처럼 말을 아끼라고 해야 한다. 그 말이 선하고 거룩하고 교화적인 것이라 하더라도. 성경에 보면, '말이 많으면 실수하게 마련'(잠언 10:19)이라 했고, 또 다른 곳에서 '죽고 사는 것이 혀끝에 달렸다'(잠언 18:21)고 나와 있기 때문이다. 스승은 으당 말하고 가르쳐야 하듯, 제자는 으당 침묵하고 귀를 기울여야 한다."[4] 학교로 돌아가면, 침묵이 진정 내 삶의 일부가 되어야 할 필요가 있다. "말이 많으면 실수하게 마련이다."

많은 사람들이 나에게 말을 해달라고 요구한다. 그런데 아직까지

나를 침묵으로 초대한 사람은 아무도 없었다. 그래도 내가 말을 많이 하면 할수록 내 하는 말에 충실하려면 침묵이 필요할 것 같다는 사실을 깨달았다. 사람들은 말로부터 너무도 많은 것을 기대한다. 반면에 침묵으로부터 기대하는 것은 너무도 적다……

9월 13일, 금요일

존 유즈 원장과 대화를 가졌다. 나의 주요 관심사는 지금부터 석달 보름이 지나면 내가 이곳을 떠나게 되리라는 생각과 연관되어 있다. 이 영성수련이 나의 미래 생활에 어떤 영향을 주게 될지 궁금하다. 한 가지 분명한 바람은 이 공동체 및 이곳 수도원장과 지속적인 접촉을 가졌으면 하는 것. 네덜란드에 있는 내 동료 성직자들에게도 깊은 경의와 존경과 감사를 느낀다. 하지만 그들은 나의 좀더 깊은 영성적 요구들을 채워 주기엔 너무도 멀리 떨어져 있다.

존 유즈 원장은 나의 희망을 이해할 수 있고 실제적이며 의미있는 것이라고 여기고, 앞으로 몇 달간 어떻게 살 것인지 미래의 생활양식에 관하여 몇 가지로 생각을 정리해 두라고 제안하였다. 나에게 가장 놀라웠던 것은 그의 이런 의견이었다. 곧 내가 기도나 시간활용이나 자고 일어나는 시간을 구체적으로 결정하고 그렇게 생활하면, 내 친구들이나 학생들도 내가 그런 방식으로 생활할 수 있도록 돕고 후원할 거라는 것. 그런 생활양식에 매력을 느끼는 이들이 그것을 채택하려는 걸 금방 목격하게 되리라는 것. 바꿔 말해서, 분명하고 확실하고 선명한 생활양식은 사람들과 좀더 좋은 관계를 맺도록 길을 터주고 얼마간 긴밀한 인간관계를 도모하는 데 나의 판단기준이 되어 주리라는 것이었다.

존 유즈 원장은 가능한 선에서 전력을 쏟을 수 있는 두 가지 사항으로 하루 일곱 번 드리는 '시간별 예배'와 묵상을 들고, 가능한 시간대로서 이른 아침과 잠자리에 들기 전 둘을 들었다. 영성수련이 여러

날 계속되어도 하루의 규율이 잡혀야만 진정한 효력을 낸다는 것이 그의 생각이었다. 지속적인 기도의 리듬이 없는 한, 간헐적이든 정기적이든 영성수련이 나머지 삶과 연결되지 못하고 만다는 것이었다.

우리는 기도와 작업을 더욱 훌륭하게 결합시키는 통합의 중요성에 관해서도 논의하였다. 강의, 설교, 저술, 연구, 면담이 모두 정규적인 기도 생활을 통하여 자양분을 얻고 깊이를 지니게 된다고 하였다. 머튼은 '작업 시간'에만 글을 썼다. 그래도 사상과 주제를 찾는 데 아무런 문제가 없었던 것은 그의 글 모두가 기도에서 흘러나왔기 때문이라는 것이 존 유즈 원장의 이야기였다. 그에 따르면, 머튼에게는 비서로 일하는 수도사가 두 사람 딸려 있었다. 그런데 그들이 어느날은 머튼이 매일같이 써내는 글들을 도저히 감당할 수 없노라고 불평을 하였다. 그러나 머튼 자신은 자기가 억지로 힘들여 글을 쓴다고 느끼지 않았다. 그의 글은 술술 나왔다. 또 그의 묵상 생활의 일부였다. '이야기한다'는 것은 바로 이런 것이다. 나에게 중요한 암시를 주는 말들이다.

명쾌하고 구체적인 결단을 내리고 상당기간 거기에 따르는 것이 상당히 중요할 것 같다. 그리고 나서 그 체험을 나의 지도자와 함께 평가해 보고, 다시 일정기간 노력한 다음, 또다시 평가하는 식으로 거듭해야 하겠다. 그리하여 늘 변경의 여지는 열어놓되, 여간해서는 변치 않을 항구적인 생활양식을 다소나마 찾아내야 하리라. 활동적인 직업을 가진 사람으로서는 유연성과 지속성이야말로 영성생활 양식에 중요한 측면들이라는 생각이 든다.

테오도르 수도사가 오늘 아침에 건포도들 사이에서 단추 하나를 찾아냈다. 그가 나에게 그 단추를 보여주었을 때, 캘리포니아의 뜨거운 태양 아래서 포도 따는 일을 하던 노동자였던 한 가난한 멕시코계 미국인이 가득 채워진 포도상자를 트럭에 옮기던 중 단추를 잃어 버린 일이 생각났다. 그때 잃어 버린 단추가 오늘 트라피스트 수도원 내 건포노 세척기에서 모습을 드러낸 것이다. 그와 그의 가족에게 커다란 건포도빵 한 상자를 묶어 이 단추를 보내 줄 수 있으면 좋으련만! 그러나 언제나 그렇듯이, 가난한 사람들은 이름도 없이 익명으로 남게 마련.

9월 14일, 토요일

수도사들은 하나님을 찾기 위하여 수도원에 온다. 그러나 수도원에서 마치 하나님을 발견한 것처럼 사는 수도사들은 진정한 수도사가 아니다. 나도 하나님과 '좀더 가까워지려고' 이곳에 왔다. 하지만 만일 내가 지금 다른 사람보다 더 하나님과 가까워졌다고 믿으려 한다면, 그것은 나를 속이는 짓일 뿐. 하나님을 추구하는 건 당연하지만, 그렇다고해서 우리가 결코 하나님을 발견할 수는 없다. 하나님께서 우리를 발견하실 수 있을 따름이다.

코츠크 사람에 관하여 쓴 엘리 위젤의 작품 〈불타는 영혼들〉을 보면, 이 기이한 논리를 강력하게 예시하는 대목이 두 군데 나온다. 첫 대목은 이렇게 되어 있다: "한 제자가 코츠크 사람에게 자기의 고민을 털어놓는다: '저는 리즈은 출신입니다. 그곳에서는 만사가 단순하고 모든 게 분명했습니다. 기도할 때면 내가 기도하고 있다는 것을 알았습니다. 공부할 때면 내가 공부하고 있다는 것도 알았습니다. 그런데 이곳 코츠크에서는 모든 게 뒤죽박죽이고 혼란합니다. 랍비님, 나는 그것 때문에 괴롭습니다. 죽도록 말입니다. 방황하고 있습니다. 아무쪼록 전처럼 기도하고 공부할 수 있도록 도와주십시오. 제발 괴로움이 멎도록 도와주십시오.' 랍비는 눈물을 글썽이는 제자를 빤히 쳐다보며 묻는다: '하나님께서 너의 학업과 너의 기도에 관심이 있으시다고 누가 그러더냐? 만일 하나님께서 너의 눈물과 너의 고통을 더 좋아하신다고 하면 어쩔 것이냐?'"[5)]

두 번째 대목은 이렇게 나와 있다: "어떤 체험들은 말로 전달할 수도 있고, 어떤—더 깊은—체험들은 침묵으로 전달할 수도 있는데, 침묵으로조차 전달할 수가 없는 체험들이 있다'[코츠크 사람]. 마음 쓰지 말아라. 체험을 꼭 나누어야 하는 것이라고 누가 그러더냐? 체험은 마땅히 생활화되어야 한다. 그러면 다 된다. 진리를 꼭 드러내 보여야 한다고 누가 그러더냐? 진리란 추구해야 하는 것. 그뿐이다. 진리가 우울증에 가려져 버렸다고 생각된다해서 그것을 다른 곳에서 찾아야 할 이유라도 있느냐?"[6]

이 글들에는 키엘케고르적 특성이 담겨 있다. 헤셀이 코츠크 사람과 키엘케고르 사이의 유사성에 놀랐다는 것이 충분히 이해간다. 하지만 여기에는 초대 사막의 영성 지도자들 속에서 스며나오는 분위기도 깃들어 있다.

하나님은 이해될 수 없다. 그분은 인간 심성으로 파악이 불가능하다. 진리는 인간의 수용력을 초월하는 것이다. 거기에 가까이 접근할 수 있는 유일한 길은 진리를 '소유하거나' '거머쥘' 수 없는 우리 인간의 수용 능력의 한계를 부단히 강조하는 데 있다.

우리는 하나님도, 역사 속에 그분의 현존도 결코 설명하지 못한다. 우리가 하나님을 특정한 어떤 사건이나 상황과 동일시하는 순간, 우리는 하나님을 희롱하고 진리를 왜곡시키게 된다. 우리는 하나님이 우리를 저버리지 않으시고 갖가지 난해하고 설명할 수 없는 일들 가운데서 우리를 부르고 계신다는 사실을 충실하게 인정할 수 있을 뿐이다.

이 점을 깊이 깨닫는 것이 아주 중요하다. 내 자신한테나 다른 사람들한테 하나님이 어디에서는 일하시고 어디에서는 일하지 않으시는지, 언제는 현존하시고 언제는 현존하지 않으시는지 지적해 내고 싶은 미묘하고도 강렬한 유혹이 존재한다. 하지만, 하나님에 관한 무슨 '특별한' 지식을 가진 사람이나 그리스도인, 성직자, 수도사는 아무도 없다.

하나님은 어떠한 인간 개념이나 예언에도 구애받지 않으신다. 하나님은 우리의 마음이나 정신보다 월등히 크신 분이다. 전적으로 자유롭게 자신이 원하는 때와 장소에 자신을 드러내시는 분이다.

9월 15일, 주일

오늘 아침, 새벽기도가 끝나고 몬트리올 소재 성 베네딕트회 요셉 라브르 수도원 원장으로 여러 해 섬겼던 캐나다사람 토니 월쉬가 공동체를 향하여 이야기를 해주었다. 아주 인상깊은 사람이었다. 깡마르고 이목구비가 무척 뚜렷한 60대의 노인이었다. 소박한—그러면서도 초라하지는 않은—옷차림에 지적이고 재치가 있었다. 자비롭고 따스하면서도 결코 튀지 않는 평범한 분이었다. 그는 이렇게 말하였다: "복음은 그 충격적인 효과를 끊임없이 간직할 필요가 있습니다. 사람이 복음을 온전히 이해했노라 주장할 수는 없지요. 복음은 사람을 늘 긴장하게 해야 합니다. 결코 스스로에게 만족하지 않도록 해야 합니다."

이런 훌륭한 분을 만나게 되어 기뻤다. 그는 복음을 복잡하게 만들어 그 메시지를 약화시키는 것이야말로 최대의 유혹 가운데 하나임을 나한테 가르쳐 주었다.

9월 16일, 월요일

"하나님께서는 기도하실 때 어떻게 기도하실까? 247년에 세상을 떠난 유명한 철학자요 랍비였던 아빠 아리카는 이런 말을 했다: '내 자비가 나의 화를 능가하고, 내 자비가 나의 다른 성품들보다 우세하여 내 자녀들을 자비의 성품으로 대하고 그들을 위하여 엄격한 정의의 한계를 뛰어넘는 것이 나의 뜻이 되기를 바랍니다.'"[7] 우리는 하나님이 어떻게 자비로우시면서 동시에 의로우실 수 있는지를 이해하려고 늘 고심하고 있다. 사실 하나님께서는 이 두 가지가 최고의 수준으로 가능하다는 것이 신비로울 뿐이다. 하지만 '우리'는 그렇지 못하다. 하나님이 자비하시기 때문에 덜 의로우시다거나, 그분이 의로우시기 때문에 덜 자비하시지는 않는다. 그러나 '우리'는 자비에 정의가 결여되지 않고 정의에 자비가 결여되지 않게 하려면 고심을 해야 한다. 전임 대통령 닉슨에 대하여 후임 대통령 포드가 사면을 단행하였다. 이것을 놓고 많은 사람이 아주 부당한 조처라고 인식하는 것도 십분 이해할 수 있다.

9월 17일, 화요일

오늘 아침에 나는 존 유즈 원장에게 이렇게 질문해 보았다: "내가 돌아가서 다시 바쁘게 일을 할 때 어떻게 해야 내가 진정으로 충실한 기도생활을 꾸려나갈 수 있겠습니까? 나는 크고 작은 일들을 가능한 한 후다닥 마무리짓는 성격입니다. 주변에 마무리되지 않은 일들이 깔려 있으면, 기도 시간에도 기도가 거의 되지 않습니다. 아직 해야 할 여러 가지 일들에 대하여 이 궁리 저 궁리 하느라 집중이 안 되는 경향이 있습니다. 늘 보면 기도보다 더 급하고 더 중요한 일이 있는 것마냥 생각됩니다."

존 유즈 원장의 답변은 단순하면서도 분명했다: "유일한 해결책은 영성 지도자와 상의하지 않고서는 절대로 깰 수 없는 기도 일정을 마련하는 것입니다. 알맞은 시간을 잡되, 일단 시간이 정해지면 무슨 일이 있더라도 그것을 고수하세요. 기도를 가장 중요한 일로 삼으세요. 모든 사람한테 이 시간만은 결코 변경할 수 없음을 알리고 그 시간에 기도를 드리세요. 아침에 일하기 전 한 시간과 잠자리에 들기 전 30분이면, 시작으로 좋을 겁니다. 정확히 시간을 지키고 꾸준히 고수하세요. 시간이 다가오면 회식자리에서라도 떠나세요. 그때는 제 아무리 급하고 중요하고 결정적으로 보이는 일이라도 처리할 수 없는 시간으로 간주하세요. 충실하게 지키다보면, 여러 가지 문제에 관하여 생각을 한다고 해도 이 시간에는 결코 처리할 수 없기 때문에, 생각해 봐야 아무 쓸데가 없음을 점점 깨닫게 될 것입니다. 그러면 전혀 매이지 않는 그 고요한 시간, 스스로에게 '이제는 아무 할 일이 없으니 제대로 기도할 수 있겠다!'고 속삭여 보세요. 기도가 밥먹고 잠자는 일만큼이나 중요하게 될 것입니다. 기도에 할애하는 시간이야말로 당신이 매여 있었던 것들에서 진정 해방되는 아주 자유로운 시간이 될 것입니다."

존 유즈 원장은 또 이런 말도 했다: "처음에는 이 생각 저 생각 갈팡질팡할 것입니다. 그러나 얼마쯤 지나면, 주님의 현존 안에서 고요히 머무르는 게 한결 더 쉽다는 것을 알게 될 것입니다. 신경 쓰이는 일들이나 걱정거리들이 머리를 채우고 있다고 생각되거든, 정신집중에 도움이 되는 시편이나 성경구절로 시작하는 것이 좋지요. 그러면 조용히 묵상할 수 있는 준비를 훨씬 더 심오한 형태로 체험할 수 있을 것입니다. 당신한테 '중요하거나 급하게' 처리할 일이 없는 이 쓸데없는 시간에 당신은 당신 자신의 근본적인 무기력을 인정해야 할 것입니다. 당신 자신의 문제나 다른 사람들의 문제를 해결할 수도 없고, 세상을 변화시킬 수도 없는 당신 자신의 본질적인 무능력을 감지할 수밖에 없을 것입니다. 당신이 그런 체험을 모른 체하지 않고 철저히 생활화할 수만 있다면, 당신은 당신의 수많은 계획, 수많은 입안사항, 수많은 임무들이 그다지 급한 게 아니었음을 알게 될 것입니다. 따라서 그것들이 자연스레 당신한테 어떤 구속력도 갖지 못하게 될 거구요. 결국 그것들은 당신이 하나님과 함께 있는 시간 동안에는 당신을 자유롭게 놓아줄 것입니다. 당신의 생활 속에서 그때야 비로소 격에 맞는 위치도 지니게 될 것입니다."

이런 말들은 나한테 상당한 설득력을 갖는 것 같다. 아주 분명해 보이기까지 한다. 한 가지 남은 것이 있다면, 그 일을 침착하게 실천하는 것뿐이다.

9월 18일, 수요일

나중을 위한 멋진 계획. 그것은 내가 지금 당장 거기에 맞는 실천을 할 때만 비로소 실제적인 것이 될 것이다. 이것은 나한테도 아주 분명해 보였다. 나는 성전 안에서 많은 시간을 보냈으면서도 그 동안 묵상을 위하여 특별한 시간을 정해 놓지는 않고 있었다. 그래서 나는 10시 45분부터 11시 15분까지를 묵상시간으로 비워놓기로 결정하였다. 그리고 이를 위해서는 다른 일들을 중단해야만 했다. 그러면서 나 자신과 이렇게 약속을 하는 것이 매우 중요하다는 사실을 깨달았다. 마음 속은 온갖 계획, 온갖 생각, 온갖 관심사로 꽉 차 있는데, 그저 성전에 조용히 앉아 아무 하는 일 없이 있다는 것 자체가 하나의 체험이니까.

오늘 아침에는 묵상이 솔직히 재미있게 느껴졌다. 내 생각의 물살들이 거세게 흐르면서도 가닿는 곳은 전혀 없었다. 실제로 내 자신이 "어쨌든 내가 이곳에서 반 시간은 있을테니 기도를 제대로 드릴 수 있을 것이다"고 말하는 소리를 들었다. 그러면서 초조감이 서서히 가라앉았다. 시간이 금방 흘러 버렸다.

기도에서 맛보는 체험들 가운데 하나는 아무 일도 일어나지 않는 것처럼 생각된다는 것. 그러나 그대로 기도를 계속하다 한참 뒤에 되돌아보면 무엇인가 일어났었음을 불현듯 깨닫게 된다. 가장 가까운 것, 가장 친밀한 것, 가장 현재적인 것은 흔히 직접 체험되지 않고 일정한 거리를 두어야만 체험이 되는 법. 분심 가득 쌓인 나. 체험하기엔 너무도 곧바로 어떤 일이 벌어지고 만다. 그래서 나중에 되돌아볼 때라야 비로소 아주 중요한 일이 있었음을 깨닫게 된다. 이런 일은 정말 중요한 인생의 사건들에 모두 다 적용되는 것 아닐까? 내가 아주 죽도록 사랑하는 누군가와 함께 있을 때, 우리는 두 사람의 관계에 대하여 이야기하는 경우가 거의 없다. 이 관계는 실상 대화의 주제가 되기에는 너무도 핵심적인 것이다. 그러나 뒤에 헤어지고나서 편지를 쓸 때면, 그것이 우리에게 얼마나 큰 의미를 갖는 것이었는지를 깨닫고 그것에 관하여 송알송알 글을 쓰기도 한다.

이 점은 나에게 아주 실제적인 것이 되고 있다. 나는 기도에 대하여 생각하면서 감동적인 언어로 기도를 이야기할 수 있다. 확신을 가지고 기도에 관하여 글을 쓸 수도 있다. 하지만 기도를 이야기하고 글로 표현할 때, 내가 실제로 기도하는 것은 결코 아니다. 일정한 거리를 두고 기도에 관하여 사색하고 있을 따름이다. 그러나 내가 기도하고 있을 때는 막상 기도가 아주 혼란스럽고 지루하며 평범하다. 어지러워 보이는 경우도 많다. 하나님이 가까이 계시지만, 흔히 너무 가까이 계셔 체험으로 감지되지 않는다. 내가 내 자신에게 가까운 것보다도 하나님이 나에게 더 가까이 계셔 느낌이나 생각의 대상이 되지 못하는 것이다.

이런 의미에서, 나는 사도들이 맛보았던 체험을 함께 나누고 있는 것이 아닌가 생각된다. 예수께서 사도들과 함께 계셨을 때, 사도들은 일어나고 있는 일을 온전히 깨닫지도 이해하지도 못하였다. 그들은 예수께서 떠나가신 뒤에야 비로소 그분이 자기들과 정말 얼마나 가까우셨는가를 감지하고 느끼고 이해하게 되었다. 부활 이후, 사도들의 체험은 그들이 갖는 기대의 토대가 되었다.

9월 19일, 목요일

나는 오늘 일들이 기본적으로 아주 단순하다는 느낌을 매우 강하게 받았다. 마음을 다하고 혼을 다하고 뜻을 다하여 하나님을 사랑할 수 있다면, 나는 커다란 내적 자유를 맛보게 될 것이다. 그 크기는 존재하는 것들 모두를 포용하기에 충분할 것이다. 하찮은 사건들 때문에 낙심하는 일이 없도록 하기에도 충분할 것이다. 몇 시간 동안 하나님의 현존이 너무도 선명하고 그분에 대한 나의 사랑이 확연해서, 존재 속의 복잡다단한 것들이 모두 한 점으로 수렴되면서, 아주 단순하고 명확해지는 느낌을 받았다. 내 마음이 분열되지 않을 때, 내 정신이 오직 하나님께만 쏠릴 때, 내 영혼이 그분에 대한 사랑으로 충만될 때, 그때 비로소 모든 것이 단일한 시야 속으로 수렴된다. 어느 것 하나 제외되는 것이 없게 된다. 성실함과 편협함 사이의 커다란 차이가 느껴졌다. 그리고 나는 처음으로 진정한 성실성을 감지했다. 내 마음이 팽창되면서 내가 혼란과 분열을 느낄 때보다 더없이 많은 것을 받아들일 수 있을 것 같았다. 나를 지으시고 나를 구원하시며 나를 거룩하게 하시는 그분께 온 관심이 쏠릴 때, 나는 모든 인생살이—고통스러우면서 동시에 기쁨에 찬—와 모든 창조세계가 그분의 사랑 안에서 하나됨을 알게 된다. 왜 내가 그토록 괴로워하고 근심에 짓눌려 있었는지, 왜 그토록 죄책감에 사로잡히고 불안해 했었는지, 왜 그토록 서두르고 초조해 했었는지……. 의아하게 생각될 뿐이다. 이 모든 아픔들이 보지 못하고 듣지 못하고 이해하지 못한 데서 생기는 그릇된 아픔들이라고 보인다. 참된 아픔. 그것은 이 땅의 고통 일체를 자신과의 거룩한 친교로 이끄시는 하나님 안에서 내가 발견하는 그 아픔이다.

하나님의 임재를 체험하려면 고통을 피할 수 없다. 하지만 이 고통은 사람이 결코 놓치고 싶어하지 않는 매우 심원한 고통이다. 바로 이 고통 속에서 하나님의 임재의 기쁨을 맛볼 수 있기 때문이다. 무슨 헛소리냐고? 아니, 그것은 감각을 초월하여 인간의 이해력으로는 좀처럼 파악이 어렵다는 뜻이다. 하나님과 결합하는 임재의 체험 속에서 기쁨과 아픔의 구별이 극복된다. 그리고 그 속에서 새로운 삶의 출발이 공표된다.

9월 20일, 금요일

아브라함 헤셀은 코츠크 사람에 대한 토론에서, 그리스도인의 생활 속에서도 실제 없었고 내 생활 속에서도 전혀 강조된 바 없는 영성의

한 측면을 보여 준다. 그것은 곧 하나님께 항변한다는 측면이다. 그는 이렇게 적고 있다: "하나님의 길에서 하나님의 사랑이라는 이름 아래 나타나는 가혹성을 받아들이지 않는 거부야말로 참된 기도 형식이었다. 사실 고대 이스라엘 예언자들은 하나님의 가혹하신 심판에 그저 공감하고 고개를 끄덕이며 '하나님의 뜻이 이루어지기를!' 하지만은 않았다. 그들은 자주 '하나님의 뜻은 바뀌어야 합니다'라는 식으로 도전하곤 하였다. 신성한 선언들에도 자주 반박하였다. 심지어 그것들을 무효화하기도 하였다."[8]……"정직하게 살아온 사람이 엄청나게 일 때문에 당혹스러워 괴로워할 때, 그 불안을 꾹 참고 있지만은 않았다. 대담하게 발언하지 않고는 견디지 못하였다. 인간은 결코 항복할 수 없었던 것이다. 비록 그 대상이 주님이라 하더라도"[9]……"인간이 사랑으로 받아들이고 말없이 참아내야 하는 형태의 고통들이 있다. 그런가 하면 단호히 안 된다고 말해야 하는 고민들도 있는 것이다."[10]

사실 이러한 태도는 하나님께 항변할 수 있는 유대인들이 하나님을 얼마나 가깝게 느끼고 있는지를 보여 준다. 오로지 순종이라는 맥락에서만 하나님과 관계할 수 있다면, 나는 그분의 선언들에 의문을 제기할 수 있을 때보다 훨씬 더 멀리 떨어져 있는 것이다. 그분에게서. 따라서 이러한 하나님과의 친교가 내 경우에는 한번도 생각해 본 적이 없으나 상당히 중요한 어떤 감정으로 채워진다. 그것이 곧 하나님을 '향한' 긍휼의 감정이다. 이 얼마나 놀라운 사실인가!

헤셸은 '아우슈비츠에서 벌어진 일 때문에' 기도를 중단했던 폴란드계 유대인에 관한 아름다운 이야기를 전한다. 기도를 중단했던 이 유대인이 나중에 다시 기도를 시작한다. "왜 마음이 바뀌었느냐?"는 질문에 그는 이렇게 대답하였다. "갑자기 하나님이 정말 외로우실 거라는 생각이 들었어요. 그분이 누구와 함께 버림받고 계시는가를 보세요. 그분이 안쓰러웠어요."[11]

이러한 태도는 하나님과 그 백성을 서로간에 아주 가깝게 해준다. 하나님을 자기들과 함께 고통받고 계시는 분으로 알기 때문이다.

헤셸은 이렇게 적고 있다: "정의와 자비의 하나님이 악을 존속시키시는 이유가 무엇인가 하는 기본문제는 하나님의 정의와 자비가 널리 펼쳐질 수 있도록 하려면 사람이 하나님을 어떻게 도와야 하는가 하는 문제와 결부된다."[12] 헤셸의 글 가운데 가장 강렬한 대목은 "신앙이란 긍휼, 하나님에 대한 긍휼의 시작이다. 우리가 하나님의 한숨으로 폭발할 때, '온갖 불합리 너머로' 의미와 진리와 사랑이 존재한다는 깨달음과 맞닿게 된다"[13]는 부분이다. 바로 이것이 적극적인 항변과 소극적인 자기 양도가 공존하며, 야곱이 천사와 씨름했듯이 사람이 하나님과 맞붙는 심오한 신비 체험이다.

9월 23일, 월요일

사람들을 만나고 헤어질 때면 흔히 내가 하는 소리가 있다. "기도할께요!" 하지만, 실제 그 말대로 실천한 경우가 과연 얼마나 될까? 이제야 진정으로 상대방에게 깊이 파고들어 그 중심부에서 하나님께 기도드리는 법을 알게 되었다. 내가 기도해 주는 내 친구들과 많은 사람들을 내 존재 깊숙이 끌어들여 내 영혼으로 그들의 고통과 갈등과 부르짖음을 느낄 때, 나는 내 자신을 떠나 내가 곧 그들이 된다. 그리하여 긍휼을 품게 된다.

긍휼은 내 동료 인간들을 위하여 드리는 기도 그 한가운데 자리하고 있다. 내가 세상을 위하여 기도할 때, 나는 세상이 된다. 수백만 인간들의 한없는 필요를 위하여 기도할 때, 내 영혼은 팽창하여 그들 모두를 끌어안고 싶어진다. 하나님의 현존 속으로 끌어들이고 싶어진다. 하지만 이러한 체험을 하는 가운데, 나는 긍휼이 내 것이 아니고 나에게 부여된 하나님의 선물임을 깨닫는다. 내가 세상을 끌어안을 수는 없지만, 하나님은 하실 수 있다. 내가 기도할 수는 없지만, 하나님은 내 안에서 기도하실 수 있다. 하나님께서 있는 그대로의 우리가 되셨을 때, 다시 말해서 우리 모두가 하나님의 내밀한 생명 속으로 들어가도록 하나님이 허락하셨을 때, 우리는 그분의 무한하신 긍휼을 함께 누릴 수 있게 된다.

다른 이들을 위하여 기도할 때, 나는 나를 잃고 그가 된다. 그런 나를 찾아내는 것은 온 인류를 자비롭게 안아 주시는 하나님의 사랑뿐이다.

9월 24일, 화요일

어제 다른 사람들을 위하여 드리는 기도에 대한 나의 생각 몇 가지를 존 유즈 원장과 함께 나누었다. 그는 내 생각들을 확인해 주었을 뿐만 아니라, 한걸음 더 나아가서 긍휼이야말로 묵상생활의 핵심이라고까지 말하기도 하였다. 우리가 상대방이 되고, 그렇게 함으로써 하나님의 현존 속에 발을 들여놓을 때, 우리는 진정한 묵상의 사람이 된다는 것이었다. 그러므로 진정한 묵상의 사람이란 자신의 영혼을 구원하기 위하여 세상을 등지는 사람이 아니라, 세상 한가운데 들어가 거기서 하나님께 기도드리는 사람이라는 것이다.

9월 25일, 수요일

오늘 내 내면세계의 자아가 바늘과 못바늘이 우글우글하는 자리라고 상상해 보았다. 사람들에게는 자유롭고 편하게 쉴 만한 실제적인 자리가 없다. 이런 마당에 내가 어떻게 기도하면서 사람을 맞아들일 수 있겠는가? 내가 편견과 시기심과 분노의 감정들로 가득 차 있을 때에는, 들어오는 사람도 모두 상처를 입게 될 것이다. 그래서 나는 내 깊숙한 자아 속에 자유로운 공간을 만들어야 다른 사람들이 들어와 내 상처를 치유할 수 있도록 초청할 수 있겠구나라고 아주 생생하게 깨달았다. 다른 이들을 위하여 기도한다는 것은 내가 그들의 필요와 고통을 제대로 귀담아들을 수 있는 휴양소를 그들에게 마련해 준다는 걸 뜻한다. 그런 만큼 긍휼은 내적 온유로 연결될 수 있는 정밀한 자기 검토를 요구하게 된다.

내가 온유한 '내면'—돌이 아닌 살로 된 심장, 사람이 맨발로 거닐어도 될 만큼의 공간을 지닌 방—을 갖출 때, 그곳에서 하나님과 내 동료 인간들이 서로 만날 수 있게 된다. 그럴 때 내 마음의 중심부는 내가 내 이웃들을 위하여 드리는 기도를 하나님께서 들으시고 그들을 사랑으로 안아주실 수 있는 자리가 된다.

9월 26일, 목요일

오늘 아침—아니면 오늘 밤—키프리안 수도사가 밀가루 반죽을 한 시간이나 빨리 시작해 버렸다. 사람들 대부분이 늦잠을 자서 한 시간이나 늦게 일을 시작하는 버릇이 있는데, 키프리안 수도사가 그만 새벽 1시부터 시작해야 할 일을 자정부터 시작해 버린 것. 이 사실을 늦게서야 알았다. 그렇다고 발효도 사람의 실수에 맞추어 늦게 시작되는 건 아니지 않는가! 모든 일이 한 시간씩 앞당겨져야 했다. 빵이 한 시간이나 일찍 가마 속에 들어갔다가 한 시간이나 일찍 가마에서 나왔다. 한 시간이나 일찍 절단되고 한 시간이나 일찍 포장되었다. 가격이 새로 인상된지라, 상표도 한 시간이나 일찍 붙여졌다. 따라서 나까지도 한 시간이나 일찍 작업을 준비하였다. 그 덕분에 일정에도 상당한 차질이 생겼다. 오후 내내 찌뿌듯하니 피곤기가 느껴졌다.

책을 읽어도 정신이 집중되지를 않았다. 그래서 빵공장 있는 데서 남쪽으로 산책을 나갔다. 거기서 철도 곡물차량 두 대에다 밀을 싣고 있는 알베리코 수도사를 보았다. 알베리코 수도사는 철도국 사람들한테 말해서 경작지를 관통하는 낡은 철로를 고쳐 달라고 하였다. 그 덕택에 차량이 수도원 아주 가까이까지 와서 곡물을 실을 수 있게 되었다. 곡식은 최소한 차량 넉 대분은 족히 되었다. 황금빛 곡식이 나사형 콘베이어벨트를 타고 올라갔다. 그러더니 아주 새 것이어서 은색으로 빛나는, 뚜껑이 없고 밑바닥을 열었다 닫았다 하게 되어 있는 화물칸에 탁 실렸다. 그 광경이 가히 인상적이었다. 나는 화물차 지붕으로 올라가서 널따란 공간을 들여다보았다. 밀 수천 말이 쏟아져 내리고 있었다. 이 수도원이 곡식을 팔아 번 돈을 인도, 필리핀, 나이지리아, 페루 및 그 밖의 나라 가난한 이들을 위하여 사용하고 있다는 사실을 생각하니 기분이 좋았다.

9월 28일, 토요일

존 유즈 원장의 세 살박이 어린 조카가 저녁기도 시간에 흥겹게 떠들다가 성수를 뿌려 주는 제 삼촌한테 맨 먼저 달려갔다. 수도사들이 이 꼬마에게 길을 비켜 주었다. 그런데 이 꼬마가 기대 이상으로 많은 양의 물을 뒤집어쓰자, 다들 미소를 활짝 머금었다.

9월 29일, 주일

존 유즈 원장은 오늘 아침 주일설교 메시지를 통해서 "우리의 기도가 영속적인 것이 못되는 한, 우리의 마음은 아직 깨끗한 것이 아니다"고 말하였다. 나에게 상당히 의미깊은 말이었다. 존 유즈 원장은 예전뿐만이 아니라 영적 독서와 육체 노동도 기도임을 강조하였다.

성 베네딕트는 수도생활의 주된 면모들을 예전(*Opus Dei*), 영적 독서(*Lectio Divina*), 육체 노동(*Labor Mannum*) 등으로 보았다. 그리고 이 셋은 기도의 본질적인 면모들이기도 하다. 육체 노동이 우리를 더 이상 하나님께 좀더 가까이 끌어가지 못할 때, 우리는 쉬지 말고 기도

해야 할 우리의 소명을 온전히 실천하지 못하고 있는 것이다.

　육체 노동이 어떻게 기도가 될 수 있을까? 손으로만 일하지 않고 마음도 함께 일할 때, 다시 말해서 우리의 노동이 우리를 하나님의 창조세계나 하나님의 대지 위에서 일하는 인간의 직분과 좀더 긴밀한 관계를 맺을 때, 그것은 곧 기도가 된다.

　영적 독서도 마음으로부터 수행되어야 한다. 영적 독서는 성경 속에서, 성자들의 삶 속에서, 신학자들의 성찰 속에서 스스로를 드러내 보이시는 하나님과 우리가 좀더 긴밀하게 접촉할 수 있도록 해주어야 한다.
　육체 노동과 영적 독서가 더 이상 기도가 되지 못한 채 그저 돈벌이 수단과 지적 자극을 얻는 방편이 되고 만다면, 우리는 마음의 순결을 상실하고 말 것이다. 한눈 팔지 않고 성실한 정신을 갖기란 너무도 힘들 것이다. 마음은 산산조각나 버릴 것이다.
　이 모든 것의 전제가 되는 단순성을 획득하기가 쉽지 않다는 것은 불을 보듯 뻔하다. 나는 내 삶이 분열되고 복잡해지려는 부단한 위협을 느끼고 있다. 기도생활은 근본적으로 매우 단순한 생활이다. 그러나 이 단순성은 극기와 노력에서 얻어진다. 이 단순성은 자연스레 생기는 게 아니다. 이것을 '제2의 천진난만'이라 불러도 무방할 것이다. 위대한 성자들의 특징인 이 '제2의 천진난만'은 "한 가지 것을 바라는 것'(키엘케고르)이요 "값진 진주 하나를 발견하면, 가서, 가진 것을 다 팔아서 그것을 사는"(마태복음 13:46) 것이다.

　오늘 오전에 빵공장에서 다섯 시간을 일하였다. 처음 두 시간 반은 포장, 다음 두 시간 반은 빵봉지에 가격표 붙이기. 너무 피곤한 데다 안경마저 깨져서 두통이 이만저만이 아니었다. 몇 발자국 떨어진 것은 아무 것도 볼 수가 없었다. 좌우지간 물가가 올랐다는 느낌이 나한테도 실감나게 다가오고 있다. 내 머리마저 팽창되는 느낌이다.

다섯번째 내 영혼의 일기

10월: 이방인과 친구
Strangers and Friends

10월
이방인과 친구

10월 2일, 수요일

지난주에 수도원에서 의존하고 있는 도매업자가 '수도사의 빵' 한 덩어리 값을 갑자기 55센트에서 59센트로 올려 버렸다. 수도사들은 이전 가격이 표기된 빵봉지 50만 개를 막 받아 놓은 참이었다. 그 결과 앞으로 최소한 3개월은 모든 비닐봉투를 일일이 다 만지작거리면서 옛날 가격이 적힌 그 자리에다 59센트짜리 딱지를 붙이지 않으면 안 되게 되었다.

오늘 아침에는 포장기계에서 나오는 수천 덩어리의 빵에다 딱지를 붙였다. 이 단조로운 일을 몇 시간 하고 나니 마비된 느낌이 들었다. 짜증도 났다. 이 갑작스런 가격인상. 적어도 한 달간은 딱지 붙이는 일을 계속해야만 하다니. 생각이 여기까지 미치자, 마음의 평화를 되찾을 수가 없었다.

드디어 교체시간이 되었다. 땀이 흥건히 젖었다. 화가 잔뜩 난 채 걸어나가다 보니, 내가 일하던 같은 콘베이어벨트 맞은편 끝에서 수도사 두 사람이 바로 그 동일한 빵봉지 위에다 "특별할인 판매 53센트"라고 된 딱지를 또 붙이고 있었다! 기분이 꽉 상했다. 베네딕트 수도사한테 "특별할인 판매가격이 이전 가격보다 2센트 낮으니까 그냥 특별할인 판매 딱지만 붙이면 될 것을 왜 복잡하게 일을 하느냐?"고 물었다. 그랬더니 자본주의의 생리에 대해서 분명 나보다 더 잘 간파하고 있는 베네딕트 수도사가 재빨리 대꾸하였다. "2센트 정도 낮추어서는 구매자를 끌지 못해요. 그래서 지금 6센트를 낮추어 놓고 있는 겁니다. 사람들이 이 정도 가격 차이를 봐야 살 생각이 더 나거든요."

결국 똑같은 빵봉투를 놓고 가격을 올렸다 내렸다 하느라 수백 시간을 소모하고 있는 셈이었다. 정녕 수도사들의 작업방식은 기묘하기 짝이 없도다!

끝내 에드윈 앨드린한테 편지를 썼다. 나는 그의 저서 〈지구 귀환〉을 받아들기까지 오랜 시간이 걸렸다. 그 책을 다 읽어 소화해 내기까지도 오랜 시간이 걸렸다. 앨드린이 닐 암스트롱과 마이클 콜린스와 함께 달을 여행했던 이야기는 아주 시사하는 바가 많았다. 그것은 이 책이 현대 기술의 위대한 승리를 다루고 있기 때문이 아니다. 외려 우주 비행사들의 개인적이고 좀더 내면적인 체험들을 담고 있기 때문이다. 이 최초의 달착륙에 참여하기 위한 엄청난 경쟁과 다툼, 그 이후에—지구 위를 나는 여정과 '달 밟은 사람'으로서 뭇 대통령들과 왕이나 여왕들과의 악수 등—섬뜩한 체험들 모두가 미국 중류가정 생활을 배경으로 멋지게 전개되고 있다.

앨드린의 책은 상당히 솔직하게 쓰여져 있다. 그토록 희한한 여행의 맥락 속에서 그토록 평범한 인생 체험들을 서술하고 있는 글은 일찍이 본 적이 없었다. 그는 자신의 기능저하, 공식석상에서 하는 연설에 대한 두려움, 자신의 방향상실, 성 문제, 정신병 치료, 아내와의 갈등을 기술한다. 끝으로 자기 가정에 대하여 좀더 헌신적이고 시민다운 삶을 누리려 시도했던 일을 이야기한다.

일상적인 가정생활을 주제로 훌륭한 작품을 써낼 수 있는 사람은 거의 몇 안 된다. 앨드린의 이야기가 재미있는 것은 영웅적인 우주여행을 배경에 깔고 있기 때문이다. 그 덕분에 우리는 달에 관해서보다 현대의 한 가정생활에 따르는 묘한 공허함에 관해서 더욱더 많은 것을 알게 된다.

나는 이 책에서 무엇이 나를 그토록 매혹시켰는지 아직도 표현할 길이 없다. 어떤 면에서 이 책은 현대 문명에 따르는 위기의 본질을 건드리고 있는지도 모른다. 이 책에 그토록 소외의 그림자가 팽배해 있는 이유는 무엇일까? 어쩌면 그것은 이상하게도 이 책에서 영적인 것, 신비한 것, 초월적인 것들을 찾아볼 수 없기 때문일 수도 있다. 성공회 신자인 앨드린이 우주선 안에서 성만찬 예식을 베풀고 있음에도 불구하고, 우주 탐험이라는 전반적인 기획에 대한 그의 반응에는 이상하리만큼 영적인 면모가 나타나지 않고 있다. 이 점은 여행 이후의 사건들 속에서 특히 분명하게 드러난다. 긴장이 고조될 때, 앨드린에게는 그것을 잠재울 방편이 거의 없다. 그는 달에 갔었다. 그런데 이제 그 달이 자신을 파멸시키지 못하게 하려면, 자기 삶의 내적 중심부로 파고 들어가야 할 참이다.

10월 3일, 목요일

내일은 아시시의 성 프랜시스의 삶을 생각하는 날이다. '내 삶 속에서 가난이 실제로 어떤 자리를 차지하고 있는가?'라는 의문에 답을 발견하려면 수많은 길잡이가 필요하다. 그래서 이 날은 내가 특별한 관심을 가져야 할 날이다. 통계학적인 관점에서 볼 때, 나는 이 세상에서 몇 안 되는 아주 부유한 사람들에 속한다. 나는 내가 필요한 것보다 많은 돈을 벌고 있다. 나한테는 먹을 것과 좋은 옷이 넉넉하다. 편안하게 거처할 자리도 있다. 나한테 문제가 생기면 기꺼이 도와줄 가족과 친구들이 내 주변을 에워싸고 있다.

하지만 가난한 생활을 누리려는 일정한 노력이 없을 때, 나는 스스로 성실한 그리스도인이라 자처할 수가 없다. 가진 것 모두를 내 준다는 것은 아주 비현실적인 처사라고 보인다. 무엇보다도 우선 나한테는 가진 것이 많지가 않다. 또 가진 돈을 주어 버리고 나면, 그렇지 않아도 걱정거리들이 많은 다른 사람들한테 또 의지하게 될 것이다.

내가 생각해 본 가난의 한 형태는 이 수도복을 내 영구적인 복장으로 만듦으로써 지속적으로 새 옷을 구입해야 하는 일이 없도록 한다는 것이었다. 그렇게 되면 사람들이 나를 수도사처럼 살고 싶어하는 사람으로 한눈에 알아볼 것이다. 또 그러한 희망에 어울리지 않는 삶의 형태들은 배제하고 싶어하는 사람으로 쉽게 알아보는 이점도 있게 될 것이다.

존 유즈 원장과 두 차례 만나서 그런 이야기를 해보았다. 처음에는 그럴 듯한 생각으로 보였다. 그러나 이제 보니 그것이 내 작업환경에서는 거추장스러운 일이 될 게 뻔했다. 가난의 표상으로 보이는 그 무엇이 도리어 특별함을 과시하는 꼴이 될 게 분명하였다. 그래서 전에는 수도복을 입어야겠다는 기분이 강렬했는데, 요즘엔 입지 말아야 겠다는 느낌이 그만큼 더 강렬한 상태가 되었다. 존 유즈 원장이 이런 형태의 복장을 답습하는 것이 어울리지 않을 거라는 의견을 피력한 뒤, 그런 생각이 깡그리 가셔 버렸다. 한동안이나마 그런 생각이 나의 미래 생활양식에 관한 중추적인 생각이었었다는 사실이 도무지 믿겨지지 않았다.

현재 내가 취하고 싶은 가난의 형태에는 세 가지가 있다. 우선 소박하고 건실한 생활을 누리는 것, 둘째로 내 동료들과 색다른 외모를 갖추려 애쓰지 않는 것, 셋째로 상당한 시간을 가난한 이들과 함께 일하는 데 쏟고 가난을 없애기 위하여 일하는 사람들에게 가능한 한 많은 돈을 제공하는 것. 아무쪼록 성 프랜시스를 기억하며 이런 생각들을 더욱더 구체화할 수 있는 길을 발견했으면 한다.

체스터턴은 자신의 저서 〈아시시의 성 프랜시스〉에서 "봉헌된 사람은 어디나, 어떤 부류의 사람들 속에나, 그들이 자신의 자유를 속박하지 않는 한 가장 못된 사람들 속이라 할지라도 찾아갈 수 있어야 한다. 만일 그가 평범한 사람처럼 필수품이나 연줄을 갖는다면, 그는 평범한 사람처럼 되고 만다"[1]는 것이 성 프랜시스의 가난에 대한 입장이었다고 쓰고 있다.

부통령으로 인준받고 싶어하는 넬슨 록펠러에 대한 상원청문회가 열리고 있다. 그런 마당에 가난이 사람을 자유롭게 한다는 사상은 매우 흥미있다. 상원에서 주요 관심사는 록펠러의 재산이다.

10월 4일, 금요일

'하나님을 위한 곡예사.' 체스터턴이 프랜시스를 묘사한 말이다. 하나님을 즐겁게 해드리기 위하여 물구나무를 선 프랜시스의 회심에 아름다운 직관을 부여하고 있다. 프랜시스는 거꾸로 본 세상에서, "나무들과 탑들이 꼭대기를 아래로 떨구고 매달려 있는 모습"에서 세상의 종속적인 본질을 발견한다. '의존'이란 '매달림'을 뜻한다. 프랜시스도 동일한 세상, 동일한 도시를 바라보았다. 하지만 보는 방식이 달랐다. 그래서 그는 "견실한 자기 도시가 결코 흔들리지 않으리라는 자부심 대신, 여지껏 떨어지지 않고 붙어 있는 데 대하여 전능하신 하나님께 감사드리곤 하였다."[2]

이 회심, 이 방향전환, 이 새로운 시각 때문에 프랜시스는 하나님에 대한 근본적인 의존성 안에서 재발견한 세상에서 자신이 차지하고 있는 중심적인 위치에 대하여 찬양하고 감사드렸던 것이다.

여기서 우리는 실로 극기와 기쁨이 마주치는 신비로운 접점에 도달한다. 프랜시스는 매우 엄격한 고행을 하였다. 그럼에도 불구하고, 성자들 가운데서 가장 기쁨에 찬 분으로 알려져 있다. 온 피조물을 대하는 그의 기쁨은 그 모든 것이 하나님께 종속되어 있음을 온전히 깨달은 데서 비롯되었다. 그는 금식과 가난 속에서 스스로 하나님의 주권을 깨달았고, 다른 이들에게도 그것을 깨우쳐 주었다. 그리고 찬양과 감사의 노래를 통해서 자신을 창조하신 분께 순종하는 모든 것들의 아름다움을 보여 주었다.

10월 6일, 주일

다음은 프랜시스의 긍휼에 관한 체스터턴의 글이다: "그에게서 사람은 어디까지나 사람이었다. 사막에서 사라질 수 없듯이, 수많은 군중 속에서 사라질 수 없는 존재였다. 그는 모든 이에게 경의를 표하였다. 다시 말해서, 그들 모두를 사랑했을 뿐 아니라 존경하기도 하였다. 그에게 탁월한 대인 능력을 부여한 것은 이것이었다. 불타는 갈색 눈에 비치는 사람치고 프랜시스 버나드네가 관심을 보이지 않는 사람이 없었다. 교황으로부터 거지에 이르기까지, 호화로운 누(縷)에 거처하는 시리아의 술탄으로부터 숲에서 기어나오는 누더기 강도들에 이르기까지. 실제로 '그' 한 사람 한 사람에게 관심을 가졌다. 요람에서 무덤에 이르기까지 그 자신의 내적인 개인 생활에 관심을 가졌다. 바로 그 사람 자신을 가치있게 여기고 진지하게 받아들였다. 어떤 사회 정책의 대상이나 어떤 교회 문헌의 명부에다 끼워 맞추는 식은 결코 아니었다……그는 모든 사람들을 하나같이 왕처럼 대하였다."[3]

10월 8일, 화요일

오늘 오후에는 바윗돌을 여러 개 씻었다. 바윗돌을 모아들이는 단계는 지난 듯싶다. 이제는 바윗돌을 씻는—커다란 바윗돌에서 석회를 문질러 벗기는—일이 한창 진행 중이다. 그러는 사이에 성전이 모양을 잡아가기 시작하고 있다. 큰 기둥들이 올라섰다. 성전의 형태도 점점 드러나기 시작하고 있다. 수도사들과 손님들한테 아주 친밀한 공간이 될 것같다. 추측하건대, 이곳은 기도하고 싶어하는 사람들을 쉽게 끌어당기는 묵상의 자리, 고요의 자리가 될 것이다.

10월 11일, 금요일

저녁식사를 하려는데, 왠걸 제이가 갑자기 나타났다. 반가우면서도 무척이나 놀랐다. 다음주에 며칠 묵으려고 이곳에 올 예정이었다. 그런데 자동차를 도난당해 계획이 틀려져 버린 것이다. 비행기를 타고 로체스터까지 와서 무임승차를 해가지고 가까스로 수도원에 도착했다나. 그는 한 주간을 머무를 것이다. 아무쪼록 그에게 유익한 기간이 되었으면 좋겠다. 제이는 내가 가르친 학생 가운데 이 수도원에 온 최초의 사람이다. 지난 넉 달 동안 내가 느끼고 보고 체험한 것들 일체를 그도 느끼고 보고 체험하도록 하고싶은 마음 굴뚝같다. 하지만, 하나님은 각 사람에게 저마다 다른 방법으로 접근하신다는 것도 모르는 바 아니다. 어쨌든 적어도 하나님의 음성을 들을 수 있을 만큼, 그에게 고요와 침묵이 따라주었으면 한다.

10월 13일, 주일

가을이다. 오늘 아침 존 유즈 원장은 주일설교에서, 이 가을은 풍요의 계절이요 자연의 부가 풍성하게 드러나는 완성의 계절인 동시에, 자연이 덧없는 아름다움이라는 연약한 모습을 통하여 그 이면의 어떤 것을 가리키는 계절이기도 하다고 말하였다.

그는 먼저 자연의 아름다움을 노래하고 있는 시편 65편을 낭독하였다. 이 시편을 이야기하기에 오늘보다 더 좋은 날도 없었다. 밖으로 걸어나왔다. 아! 나는 눈앞에 전개된 아름다운 풍경에 완전히 도취되었다. 제네시 계곡 너머 초목의 현란한 색채가 나를 황홀하게 하였다. 호두나무의 노란빛, 단풍나무와 떡갈나무의 울긋불긋 다양한 명암들, 버드나무의 초록빛—이 한데 얽혀 환상적인 장관을 자아내고 있었다. 하늘엔 신비한 구름들이 두둥실 가득하였다. 접대실 건물로 향했다. 구름 사이로 뻗어 내리는 태양 빛. 대지를 뒤덮고 옥수수 밭들을 금빛 융단처럼 너울거리게 하는 그 모습이 한눈에 들어왔다.

이 고장에서 보는 가을의 아름다움은 믿겨지지 않을 정도다. 내가 할 수 있는 말은 시편 시인을 따라 이렇게 외치는 것이 고작이다. "언덕들이 기쁨으로 띠를 띠었으니, 즐거이 외치고 또 노래하도다!"

지금부터 두 주가 지나면, 오색 이파리들은 빙글빙글 춤추며 땅에 내려앉을 것이다. 나무들은 벌거숭이가 된 채, 겨울이 오고 눈이 내릴 것을 예고할 것이다. 그리고 몇 달 가지 않아 언덕마다 하얗게 변할 것이다. 초록빛 겨울밀도 꽁꽁 언 눈천지에 덮이고 말 것이다. 그래도 우리는 능히 기억할 수 있을 것이다. 그 아래 숨어 있다가, 참고 참고 또 참으며 기다린 이들에게 마침내 그 모습을 드러내 보이고야 말 그 충만한 힘을.

10월 14일, 월요일

종이에다 옮겨 적은 생각들이 어떻게 해서 떠올랐던가. 되새겨보니, 그것들이 사람들과 부단히 상호작용한 결과 얻어진 산물이었음을 깨닫게 된다. 나는 내 자신의 과거 역사와 체험들을 토대로 글을 쓴다. 그리고 다른 사람들은 저마다 다른 과거와 체험들 속에서 나에게 반응한다. 바로 이것이 개념들을 형상화하는 이야기의 상호작용인 셈.

어떤 삶은 내가 쓴 글을 읽으면서 나 스스로도 깨닫지 못하고 있는 어떤 것을 그 속에서 발견하기도 한다. 이것은 내 본디 사상이나 다름없는 타당성을 갖기도 한다. 이런 현상이 일어나도록 허용하는 것이 중요한 것 같다. 만일 내가 내 사상들 속에서 '그릇된' 의미들을 뽑아 내지 못하도록 막으려 애쓴다면, 나는 그 모든 의미가 어떤 것인지를 다 안다고 생각하려는 유혹에 빠져들 우려가 있다. 어쩌면 나는 내가 그것들을 알지 못한다는 사실에 행복을 느껴야 한다. 그러기에 나름대로 전혀 다른 이야기를 지닌 수많은 사람들이 더듬거리는 내 생각, 내 의견, 내 관점들의 행간 사이를 오가며 자신들 나름대로 저마다의 생각과 견해와 관점을 창출하게 되는 것이다.

결국 사람들은 자기 생각 이외에는 다른 누구의 생각에도 따르지 않기 마련이다. 내 말은 그들 자신의 내밀한 자아 속에 형성된 생각을 뜻한다.

10월 15일, 화요일

제이와 나는 오늘 오전에 엘리아 수도사를 찾아갔다. 행복한 순간이었다. 오전 7시 15분에 우리 둘은 숲을 지나 암자로 갔다. 이제 막 깨어나고 있는 자연. 짙게 내려앉은 구름. 폭우로 가지에서 떨어진 단풍잎. 그 위를 밟고 사뿐사뿐 지나는 오솔길.

엘리아 수도사는 아주 기쁘게 우리를 맞아주었다. 일종의 거룩한 흥분이 담긴 환영이었다. 그의 작은 제대 앞에서 조용하게 짤막한 기도를 올린 다음, 우리는 이야기를 나누었다. 엘리아 수도사가 체험 이야기를 하였다. 그의 눈빛이 강렬하게 타오르고 있었다. 제이와 나는 거룩한 분 앞에 와 있는 듯한 느낌을 받았다. 그는 "주님이 나에게는 너무 훌륭하시며 더없이 훌륭하시다"는 말을 되풀이하였다. 태양과 구름, 비와 바람, 곡식과 가라지, 열기와 냉기. 이 모든 게 주님과 자신 사이에 더 가깝고 더 긴밀하게 접촉하도록 만들기 위하여 내려주신 선물인 것마냥 이야기하였다.

폭소와 미소, 온유와 확신, 사실적인 관찰 결과와 희열 가득한 발언들이 오고갔다. 모든 것이 그에게서는 아주 자연스럽게 흘러나왔다. 하지만 우리에게는 분명 다른 세계를 보여주는 것들이었다. 그가 말하였다. "비가 아름답지 않아요? 사람이 비를 안 좋아하는 이유가 뭔지 모르겠어요. 비에 푹 젖어 좋아해야 할텐데, 사람들이 햇빛만

원하는 이유를 모르겠어요. 주님은 자신의 은총과 사랑으로 우리를 푹 젖게 하고싶어 하세요. 우리가 가지가지 방법으로 주님을 느끼고 갈수록 그분을 더욱더 잘 알게 된다는 사실이 놀랍지 않아요? 주님은 지금도 우리 주변에 있는 온갖 것들 속에서 자신의 현존을 체험하게 하시지요. 우리가 그분을 두 눈으로 직접 대면할 때 어떻게 될지 상상해 보아요!"

제이는 미소를 머금은 채 엘리아 수도사를 바라보았다. 제이의 얼굴은 온통 기쁨에 젖어 있었다. 그는 엘리아 수도사가 주님에 관해 이야기하고 있을 뿐만 아니라, 바로 그 주님을 전하고 있다고 느꼈다. 엘리아 수도사가 '주님'이라는 말을 언급할 때마다 그의 온몸이 기쁨에 뛰었다. 천국에서나 맛볼 수 있는 만족을 내뿜었다. 우리는 많은 것들에 대하여 이야기하였다. 엘리아 수도사는 자신의 부모가 태어난 레바논에 관해서도 이야기하였다. 그곳 은둔 수도사로서 제2차 바티칸 공의회가 끝나면서 시복된 샤벨에 관해서도 이야기하였다. 또한 요가와 금식, 묵상, 성경봉독, 성자들에 관한 책, 그 밖에 많은 것들에 대해서도 이야기를 나누었다. 그런데도 그 모두가 주님은 얼마나 선하신가라는 단 하나의 주제로 연결되었다.

제이와 내가 걸어서 수도원으로 돌아올 때, 우리는 둘 다 이 거룩한 사람을 만나게 된 데 대하여 감사를 느꼈다. 그가 우리를 도와서 서로 더 가까워지게 만들었다는 생각까지 들었다.

10월 17일, 목요일

오후에 제이를 공항까지 바래다주었다. 제이는 이곳에서 한 주간을 보낸 것을 행복해하였다. 엘리아 수도사와 만나고 나서 기쁨으로 가득 찼다. 인간과 자연의 아름다움을 다 받아들이고도 남을 만큼 그토록 넓고 깊은 마음을 지닌 사람을 만나게 된 것을 크나큰 특전으로 느꼈다.

공항에서 잠시 이야기를 나누었다. 이때 마치 어떤 고약한 악령이 나한테 파고 들어오는 것 같았다. 내가 선물을 보내 주었는데도 사람들이 아무 반응도 보내지 않은데 대하여 불평을 하도록 나한테 강요하는 것 같았다. 결국 나는 그런 불평을 개별화시켜서, 제이한테 내가 무척 흥미진진해한 값비싼 책을 보낸 적이 있는데, 아무런 답변이 없어 얼마나 씁쓸해했는지 모른다는 말까지 해버리고 말았다. 그러자 제이는 내가 무엇인가를 주면 반드시 보답을 기대하는 사람이라는 점을 지적하였다. 그는 본받아야 할 모본으로 엘리아 수도사를 제시하였다. 기본적으로 내가 불안하기에 응답을 요구하는 것이라고 말하였다. 이쯤 되니, 오히려 내가 수세에 몰렸다. 그래서 우리 이야기는 흐지부지 진부해져 버리고 말았다.

정말 일어나지 않았으면 싶은 일이었다. 차를 몰고 수도원으로 돌아올 때, 너무나 기분이 울적했다. 그래선지 머리가 찡 아파왔다. 이렇게 편협하고 아량이 부족하다니. 계속 그 생각이 떠나질 않았다. 대체 내가 왜 그랬을까? 나는 왜 그토록 좋은 한 주일 마지막 순간, 그토록 좀스러운 분위기를 만들고야 만 것일까?

현재 내가 말할 수 있는 것은 이 사건이 내 자신의 유약성을 가차없이 폭로시켰다는 것뿐이다. 하찮은 일로도 얼마나 미숙한 행동을 하게 되는지……. 게다가 사후에까지 내 생각 속에서 변명 구실을 찾아대니. 이 또한 어렵다는 사실까지 입증되었다. 하나님, 죄송합니다! 제가 하나님을 거의 이해하지 못하고 있었습니다. 하나님께서 저의 이 연약한 상처를 치유해 주십시오. 이제는 하나님께 온전히 내맡길 수 있었으면 하는 바람이다.

10월 24일, 수요일

바쁜 날이었다. 새벽 4시 15분부터 뜨거운 빵 부서에서 일을 시작하였다. 밀가루빵들이 가마에서 너무 빠른 속도로 흘러나왔다. 그것들을 제 속도에 맞추어 그물시렁에 올려 냉각실로 보내기가 힘들었다. 다행히도 세례 요한 수도사가 도와주어, 빵들을 여기저기로 흘리지 않을 수 있었다. 그런데 그 사이, 뜨거운 번철에다 팔을 데고 말았다. 참, 바보같으니.

테오도르 수도사가 부지런히 '번철들을 채우고' 있다. 오늘은 그가 이 수도원에 들어온 지 25주년째 되는 기념일이다.

오후에는 냇물에 나가 성전에 쓸 돌들을 좀더 모아들이는 작업을 하였다. 석공들은 지붕이 완성되기까지 필요한 자리에다 들어앉힐 수 있는 크고 육중한 화강암들을 계속 원하였다. 지붕이 완성되고 나면, 낮게 드리운 지붕 때문에 기중기의 팔이 걸려 무거운 바윗돌들을 적당한 지점에다 옮겨 앉힐 수가 없게 된다. 우리는 트로얀에 딸린 커다란 통에다 엄청난 바윗돌 여섯 개를 실었다. 이 육중한 기중기는 냇물 속에서 잘 작동하였다. 스티븐 수도사가 구부렁길과 장애물들 사이로 이 '짐승'을 잘 몰아갔다. 우리는 '포획물'에 대하여 자부심을 느꼈다. 석공들 가운데 리더인 조는 아주 만족해 하였다. 그러면서도 먼저 석회를 씻어내야 쓸 수 있다는 점을 분명히 하였다.

오늘 거대한 석회암 덩어리 하나로 되어 있는 제단이 제자리에 놓여졌다. 지붕에 얹힐 들보들이 올라가기 전에 제단부터 설치되어야 했다. 나중에 문으로 들이기에는 제단이 너무 크고 너무 무거웠던 것이다. 커다란 기중기를 써서 모든 일이 순조롭게 이루어졌다.

육중한 장비와 재료들로 이루어지는 작업이라 늘 사고의 위험이 따른다. 어제는 들보 하나가 쿠엔틴 수도사의 왼쪽 손으로 떨어지는 바람에, 그의 손가락 세 개가 엉망이 되었다. 사람들은 그를 인근 보건소로 데려가 "봉합을 하고' 진통제를 놓아 주었다. 그런데 그가 다시 돌아와서 아무 일도 없었던 듯 주변을 설레설레 돌아다니는 것을 보고, 나는 무척이나 놀랐다.

10월 26일, 토요일

지난밤 그리고 오늘 오전과 오후, 제네시어 주립대학 뉴먼센터에서 온 학생 25명과 함께 영성수련을 하며 보냈다. 5월 이후로 내가 설교와 묵상을 담당하기는 이번이 처음이다. 나는 큼직한 짐차바퀴를 갖다놓았다. 그리고 우리가 저마다 다른 길(바퀴살)을 가더라도 하나님—우리 삶의 바퀴통—에게 가까워지면 가까워질수록, 우리는 서로 더 가깝게 된다고 이야기해 주었다. 이 바퀴는 영성수련 동안 방 한 가운데 죽 놓여져 있었다.

분위기는 따뜻하고 수용적이었다. 또 친근하고 차분하였다. 나는 그 일들 속에 빨려들어간 느낌이었다. 하지만 지난밤 11시에 잠자리에 들 때는 완전히 기진맥진. 그 어느 때보다 이야기하는 데 힘이 많이 들었다는 느낌. 하나님과 기도를 마음에서 마음으로 전하기 위하여 이야기한다는 것은 참으로 힘든 일이다. 이제는 이야기해 달라는 부탁들을 아주 신중히 생각해서 받아들여야겠다고 느낀다. 말이 침묵으로부터 자라 나올 수밖에 없다고 할 때, 내 말들이 무미건조하고 피상적인 게 되지 않으려면, 많은 침묵이 필요하리라.

기도에 관한 학생들의 발언은 아름답고 의미가 가득 담긴 것들이었다. 그 사실을 모르는 것은 그들 자신뿐이었다. 지난밤 내 방으로 돌아왔을 때, '이토록 열심히 하나님을 찾고 훌륭하게 살려고 노력하는 이 남녀들한테 내가 해주어야 할 이야기는 무엇인가?' 하고 생각해 보았다. 그러다가 내가 해야 할 유일한 일은 그들이 마음 속에 이미 알고 있는 것들을 큰소리로 이야기하여 그것을 진정 자기 것으로 감지하고 확인하면서 감사를 드릴 수 있게 하는 것이라고 깨달았다.

10월 27일, 주일

존 유즈 원장이 오늘 아침 주일설교에서 수도사의 소명에 관하여 이야기하였다. 베데 수도사, 프랜시스 수도사, 테오도르 수도사의 수도생활 25주년 기념일과 세례 요한 수도사의 서원 25주년 기념일이 계기가 되었다. 모두 날자가 달랐지만, 같은 날을 잡아 한꺼번에 경축하기로 한 것.

존 유즈 원장의 강론 가운데 나에게 아주 깊은 감명을 준 사상 하나가 있었다. 그가 한 말은 하나님의 사랑에 응답하는 것이 곧 위대한 신앙행위라는 것이었다. 그는 이것을 수많은 세월 동안 아주 고독하고 외로우며 심한 배척과 무관심의 대상이 되어 오다가 갑작스럽게 관심을 쏟는 사람을 만나게 된 이들에다 비유하였다. 그런 사람들은 상대 남성이나 여성의 관심이 거짓없고 진실된 것임을 쉽사리 믿지 못한다. 우리가 우리에게 오는 사랑을 받아들이고 의혹과 불신이 아닌 우리도 사랑받을 가치가 있다는 내적 확신 속에서 살려면 상당한 신앙행위가 요구된다.

수도사들이 스스로 깨닫고 있는 자신의 죄많음과 연약함과 비참한 모습에도 불구하고 하나님이 자기를 사랑하신다고 믿고, 또 신뢰를 가지고 하나님께 자신을 진정으로 드리는 것은 크나큰 모험이다.

나는 갑자기 하나님의 사랑을 의심하는 것이야말로 수도사들이 당하는 최대의 유혹들 가운데 하나라는 사실을 그 어느 때보다 분명하게 깨닫게 되었다. 평생을 머물러 살겠다는 뜻을 가지고 관상 수도원에 들어오는 이들은 자기 자신의 깨어짐과 구원의 필요성을 아주 절실히 깨닫고 있어야 한다. 그런데 만일 수도생활이 그들을 자신의 죄스러움에 대한 병적인 자아반성으로 몰고 간다면, 하나님을 위하여 수도원에 왔던 그들이 오히려 하나님에게서 멀어져 버릴 수도 있다. 그러므로 묵상기도를 드리는 사람은 자신의 죄와 나약함을 깨달으면 깨달을수록 하나님의 사랑과 보살피심도 그만큼 더 절실히 느낄 수 있어야 한다.

성만찬 예식 때 존 유즈 원장은 참회한 세리의 비유에 관하여 이야기하였다. 그러면서 그는 수도사들이 다른 사람들보다 반드시 훌륭하거나 거룩한 존재들이 아님을 지적하였다. 그는 수도사들이 오히려 더 연약하고 유약할 수도 있으며, 그래서 수도원으로 찾아들어 공동체의 후원 속에서 충실히 하나님을 추구하고 그분의 변함없는 사랑에 꾸준히 응답하고자 하는 건지도 모른다고 하였다.

 이러한 생각들은 나한테 깊은 감동을 주었다. 나한테는 보기 드물게 선명하고 명쾌한 생각들이었다. 나는 내가 이 공동체의 일부가 되어 있다는 데 깊은 감사를 느꼈다. 그리고 내가 이곳을 찾은 것도 강하기 때문이 아니라 약하기 때문이었다고 보아야 한다는 사실도 아울러 깨달았다.

 저녁식사 동안에 우리는 차이코프스키의 제5교향곡을 들었다. 강렬한 가락의 흐름으로 나를 압도해 왔다. 심오한 기쁨을 맛보게 해주는 음악이었다.

10월 28일, 월요일

 지난밤에 친한 친구 두 명, 돈과 클로드가 노트르담에서 도착하였다. 오늘 새벽기도 때 그들을 보았다. 뜨거운 가마와 씨름하고 나서 그들에게 빵공장을 보여 주었다. 그들은 나의 빵공장 작업복과 이상스런 주변 환경 때문에 신나 있는 것 같았다. 우리는 서로 주고받을 이야기들이 너무 많았다. 그래서 할 이야기를 전부 1975년까지 보류하기로 하였다. 그들은 여름 내내 라틴 아메리카를 여행하였다. 노트르담 대학에서 가르친 새로운 경험들을 잔뜩 안고 있었다. 미래를 위한 계획도 많았다. 그리고 나의 경우는 5개월간의 수도원 체험이 이야깃거리로 있었다. 그래서 이 3일간, 서로 상대방의 이야기를 급하게 훑어내는 데 보낼 것이 아니라, 진정한 영성수련 체험을 얻는 데 살려쓰기로 한 것이다.

 내 친구들을 다시 만나, 불과 며칠 안 되는 기간이나마 생활을 같이 하게 되니 아주 좋았다. 우리들이 정기적으로 함께 갖는 영성수련은 나의 이곳 체험이 다소라도 그들에게 체험화되지 못하면 그 깊이가 줄어들고 말 것이다.

내일 오전에 우리는 존 유즈 원장과 얼마간 시간을 함께 보내기로 되어 있다. 그렇게 되면 존 유즈 원장 역시 부단히 성장해 가는 우리의 우정에 동참할 수 있을 것이다.

10월 29일, 화요일

돈과 클로드와 내가 존 유즈 원장과 만난 것은 매우 의미있는 것이었다. 우리는 특히 성 버나드가 끼친 커다란 정치적 영향에 관하여 질문하는 것으로 시작해서 수도생활의 의미에 대한 토의로 넘어갔다.

존 유즈 원장은 수도생활이 정치적·사회적·심리적·경제적 의미를 가질 수 있지만, 이런 것들을 염두에 두고 수도원에 들어오는 사람들은 금방 떠나게 된다는 점을 아주 분명히 지적하였다. 그는 자신의 소명은 자기 세계에 대한 응답이지만, 그 응답은 하나님을, 오직 하나님만을 목표로 하는 응답이라고 진술하였다.

존 유즈 원장은 수도원 생활이 어떻게 극기 실천으로서 수덕실천 생활(praktikos), 사물들의 내적 관계에 대한 더욱 깊은 이해로서 자연 사물과의 생활(theoria physica), 그리고 신비로운 하나님 체험으로서 묵상적인 생활(theologia), 이 세 가지 면모를 지니게 되는지를 설명하였다. 수도사는 금식과 순종과 안정 같은 극기를 통해서 세상의 세력들을 더욱더 잘 이해하고, 그것들 이면에서 하나님을 발견할 줄 알게 된다고 하였다. 또 존 유즈 원장은 그리스도인의 생활이 '금식과 자선과 기도'로 이루어진다는 유서깊은 말뜻을 온전히 설명하기도 하였다. 금식이 자기 부정을 뜻하고 자선이 자비를 뜻하며 기도가 하나님과의 일치 추구를 뜻할 때, 이 짤막한 표현은 실로 그리스도인들의 삶을 요약하고 있는 셈이라는 것이었다.

존 유즈 원장은 위대한 정치가란 늘 책략가의 수준을 훨씬 뛰어남는다는 점을 강조하였다. 사람이 책략을 뛰어넘지 못하면, 전망을 상실하고 거리를 유지하지 못하며 자신의 행동기준이 되는 통찰력도 잃게 된다고 하였다. 정치가 플라톤이 철학자가 될 수 밖에 없었던 까닭도 여기에 있다는 것이었다.

클로드는 존 유즈 원장이 자신과는 사실을 거꾸로 보고 있다고 말하였다. 그는 학문하면서 정치에다 종교의 영역을 부연시키려고 노력하는 데 반해서, 존 유즈 원장은 정치를 넘어선 어떤 것을 지정함으로써 정치를 상대화하는 것의 중요성을 강조하고 있다는 것이었다. 물론 존 유즈 원장과 클로드의 견해가 상반된 것은 아니었다. 하지만, 강조점의 차이가 현격한 것은 분명하였다.

혼인의 정치적 의미들을 부정하는 사람이 아무도 없듯, 존 유즈 원장도 수도생활이 갖는 정치적 의미들을 부정하지 않았다. 한 쌍의 남녀가 혼인제도가 지닌 정치적 성격 때문에 혼인하는 일은 없듯, 정치적 관계로 수도원에 들어오는 수도사도 없다는 것이다. 그의 일편단심 관심사는 곧 하나님이요 하나님밖에 없는 것이다.

돈과 클로드가 존 유즈 원장을 만날 기회를 갖게 되니, 나는 무척 기뻤다. 이렇게 해서 존 유즈 원장은 내가 곧잘 이야기하는 어떤 사람보다 그들에게 훨씬 더 중요한 존재가 되었다.

10월 30일, 수요일

오늘은 상당히 피곤한 날이었다. 빵공장에서 일하고, 받은 편지들에 답장을 썼다. 볼리비아에서 온 옛 친구와 대화도 나누었다. 클로드하고 돈하고도 같이 시간을 보냈다.

내가 무척이나 피곤하고 텅 비어 있음을 깨닫는 것은 유익한 일이다. 아마도 내가 수도원 분위기를 간직하려고 애쓰면서 이처럼 자꾸 방해되는 일들에 무의식적으로 항거하고 있기 때문에, 이리도 피곤해하는 것 같다. 한편으로 나는 너무 많은 편지를 쓰거나 사람들의 삶에 너무 깊이 끼어들어서는 안 된다고 느낀다. 그러면서 다른 한편으로는 마땅히 그래야 한다는 느낌도 든다. 그러니 갈등이 있게 마련. 좋은 의미의 방해를 받았을 때 그걸 단순하게 받아들이거나 그걸 즐기지 못한다. 외려 뒷걸음질치며 내 자신에게 "너무 많은 말을 해서는 안 된다. 내가 해야 할 일은 기도다"라고 타이르고 있는 것이다.

그럼에도 불구하고, 모든 것이 좋고 유쾌하였다. 나눈 이야기들은 '그저그런 잡담'과는 거리가 멀었다. 그것은 깊은 인격적 차원에서 나눈 교류였다.

10월 31일, 목요일

돈과 클로드가 떠나가기 전에, 우리는 함께 한 차례 묵상을 나누었다. 돈의 제안에 따라, 우리는 로마서 12장 3-21절을 묵상하였다. 며칠간 함께 지낸 뒤라, 사도 바울의 말씀이 새롭고 아주 확신에 찬 힘으로 우리에게 다가왔다. 우리는 개인의 갱신에 관하여, 우리가 속한 신앙 공동체의 갱신에 관하여, 그리고 세상 안에 살지만 세상에 속하지 않는 그런 존재에 관하여 이야기를 나누었다.

우리가 선택한 성경구절 속에서 사도 바울은 이 모든 것을 다 이야기 하고 있는 듯했다:

"여러분은 이 시대의 풍조를 본받지 말고, 마음을 새롭게 함으로 변화를 받아서, 하나님의 선하시고 기뻐하시고 완전하신 뜻이 무엇인지를 분별하도록 하십시오……사랑에는 거짓이 없어야 합니다. 악한 것을 미워하고, 선한 것을 굳게 잡으십시오. 육친의 사랑으로 서로 다정하게 대하며, 존경하기를 서로 먼저 하십시오. 열심을 내서 부지런히 일하며, 성령으로 뜨거워진 마음을 가지고 주님을 섬기십시오. 소망 가운데 즐거워하며, 환난 가운데 참으며, 기도를 꾸준히 하십시오. 성도들이 쓸 것을 공급하고, 손님 대접하기를 힘쓰십시오"(로마서 12:2, 9-13).[4]

"여러분은 이 시대의 풍조를 본받지 말고, 마음을 새롭게 함으로 변화를 받아서, 하나님의 선하시고 기뻐하시고 완전하신 뜻이 무엇인지를 분별하도록 하십시오"(12:2)[5]라는 말씀 속에 모든 것들이 다 요약되어 있는 것 같았다. 우리가 이용한 필립스 번역본에는 "여러분의 주변 세상이 여러분을 자신의 틀 속에 집어넣고 '압착시키지' 못하게 하십시오"[6]라고 나와 있다. 이 며칠 동안, 우리는 세상이 우리를 꽉 옥쇠도록 얼마만큼 허용해 왔다. 그리하여, 하나님이 우리의 내면 가장 깊숙한 곳으로 들어오셔서 우리의 마음과 정신을 변형시키실 수 있도록 충분한 자유를 누리지 못했음을 깨달았다.

이 훌륭한 묵상 덕분에 우리는 서로간에 아주 가까워졌다. 그리고 새로운 확신 속에서 헤어질 수 있었다.

여섯번째 내 영혼의 일기

11월: 한 분이신 주님

Many Saints and One Lord

11월
한 분이신 주님

11월 1일, 금요일

모든 성자들의 삶을 기억하며 묵상하는 날이다. 대부분 요한계시록에서 봉독되는 본문들이 새 예루살렘의 찬란한 광경을 내보여 주었다. 아름다움과 위엄이 충만한 눈부신 성문들이 있는 도시였다. 하나님의 옥좌와 흰옷을 입고 머리에 금관을 쓴 원로들이 앉은 스물네 개의 높은 보좌 이야기도 나왔다. "그 보좌로부터 번개가 치고, 음성과 천둥이 울려 나오고, 그 보좌 앞에는 일곱 개의 횃불이 타고 있었습니다. 그 일곱 횃불은 하나님의 일곱 영이십니다"(요한계시록 4:5).

온종일 찬란한 영상들, 영광에 찬 소리들, 찬란한 장관들로 충만하였다. 그러면서 우리가 다가올 세상의 표상을 이런 식으로 제시받고 있음이 분명해 보였다.

그런데 오늘 또 〈뉴욕 타임즈〉 '주간 동향'란을 읽으면서 이 세상의 참상에 경악하기도 하였다. 새까만 구름이 우리 세계를 갈수록 짙게 뒤덮고 있는 것 같았다. 아시아, 아프리카, 라틴 아메리카, 유럽, 미국 등 지구촌 전역에서 사람들은 기아와 전쟁, 가난, 체포를 유발시키는 암흑의 세력을 걱정하면서 좀더 나은 미래에 대한 희망을 줄 수 있는 안목과 능력을 가진 이가 어디 없나 궁금해 하고 있는 것만 같아 보인다.

이처럼 상반된 광경은 나에게 깊은 충격을 주었다. 이 둘은 어떤 관계에 있는 것일까? 이 둘은 어디에서 교차되고 접속되는 것일까? 교회는 천상의 영광의 짙은 맛을 미리 보여 줄 능력이 있어 보이지 않는다.

모든 성자의 삶을 생각하는 날. 오늘의 비전은 여전히 '하늘에 걸려' 있는 것 같다. 현재의 암흑세계 속에서 구체적인 변혁을 통하여 그것을 좀더 가까이 끌어내리려는 진지한 시도들마저도 그다지 성공하지 못하고 있는 듯싶다. 이 모든 것이 이 축제일을 어쩐지 이것도 아니고 저것도 아닌 날로 만들고 말았다.

11월 3일, 주일

"수도원은 세상의 중심이다." 오늘 아침 주일설교에서 존 유즈 원장이 이 대담한 발언을 하였다. 토마스 머튼도 겟세마네 수도원에 처음 갔을 때 똑같은 말을 했었지.

수도원은 세상을 벗어나서 살아가는 장소가 아니다. 수도원은 하나님이 거하실 수 있는 자리이다. 예전과 침묵, 하루와 한 주간과 한 해의 리듬, 수도생활의 양식 일체가 기도, 영적 독서, 육체 노동과 조화를 이루면서 하나님께 공간을 마련해 드린다. 수도사의 이상은 하나님의 현존 안에서 사는 것이다. 곧 거룩하신 주님과 동행하며 기도하고 책을 읽고 일하고 먹고 자는 것이다.

수도생활은 조용한 묵상시간뿐만 아니라 하루 진종일 무엇을 하든지 하나님의 신비들을 끊임없이 묵상하는 생활이다.

수도원이 이 세상의 하나님 현존을 가장 명확하게 드러내고 의식하게 만드는 자리가 될 수만 있다면, 그곳은 실로 세상의 중심이 된다.

겸손하고 티없는 마음으로 이렇게 말할 수 있는 것은, 사람이 몇 걸음 물러서서 하나님께 공간을 마련해 드리는 곳에만 하나님이 거처하신다는 사실을 수도사는 그 누구보다 더 잘 알고 있기 때문이다.

이곳에 찾아오는 수많은 손님들은 하나같이 그렇게 감지하는 것 같다. 또 방문이 끝난 뒤에는 비록 짧은 방문이었을망정 일체감을 더욱 깊이 느끼게 된다. 개중에는 '주님을 보았다'는 느낌을 가지고 집으로 돌아가고 또 일상 생활 속의 투쟁에 대처하는 힘을 새롭게 느끼는 이들도 있다.

11월 6일, 수요일

오전 10시에 존 유즈 원장과 매주 갖는 만남을 가졌다. 그 자리에서 나는 사람들과 어울리기만 하면 으레껏 나를 괴롭히려고 드는 피로감에 관하여 물어보았다. 이 피로감은 특히 제네시어 대학생들을 위한 영성수련이 있은 뒤, 더욱 골칫거리가 되고 있었다.

존 유즈 원장은 이같은 몸 상태를 인정하고 필요한 만큼 여분의 수면을 취해야 한다고 말하였다. 그러면서도 이건 분명 정신이 신체에 영향을 주는 심신증(心身症) 현상 가운데 하나라고 명시해 주었다. 그러니까 내가 만남을 가질 때마다 내 자신이 함께 있을 만한 존재임을 새롭게 입증이라도 해야 하는 것처럼 지나치게 많은 에너지를 소모한다는 것이다. "당신은 당신이라는 정체성을 다 내던지고 있어요—그래서 번번이 영에서 시작하고 있고요" 하면서 존 유즈 원장은 이렇게 제의하였다. "여기서 기도와 묵상이 중요한 건 당신이 그 속에서 가장 깊은 정체성을 발견할 수 있기 때문이예요. 또 그것은 당신이 다른 사람들과 함께 일할 때마다 번번이 당신의 온 자아를 거기에 쏟아붓지 않도록 막아 주기도 하지요."

그리고 정기적으로 묵상하는 이들은 잠이 적어진다는 것도 증명된 사실임을 알려주었다. 그들은 비교적 자기 자신과 일체가 되어 있으며 자신의 정체성 투쟁에 다른 사람들을 이용하지 않는다는 것이었다.

이런 이야기들을 전에도 나눈 적이 있었다. 그런데 오늘은 그것들이 나한테 더욱 새롭게 다가왔다.

11월 8일, 금요일

지난 몇 주간 동안, 우리는 신학대학 교수 한 사람을 초빙하여 금요일 밤강좌를 들어왔다. 그는 그 동안 삼위일체 교리에 대하여, 특히 성령에 대하여 강의를 하였다. 나한테 이 강의들은 특별한 체험이 되고 있다.

이 강의들이 나를 매료시킨 것은, 그것들이 나에게 아주 강력한 데자뷔 곧 일종의 착각을 불러일으켰다는 데 있다. 강의를 듣고 있노라면, 신학대학 시절로 되돌아간 듯한 느낌이 든다. 그리고 그 당시에 느꼈던 갖가지 기분들이 되살아나는 것 같다. 강의도 좋고, 흥미도 생긴다. 하나도 놓치고 싶지가 않다. 그러나 동시에 과거에는 이해하지 못했지만 지금은 내 의식에 좀더 가까이 다가와 있는 어떤 차원에서 불만을 느끼게 된다. 성직자가 되고나서도 신학 공부를 계속하라는 요청이 있었다. 그래서 나는 주교에게 그런 요구 대신 심리학 공부나 하게 해달라고 청하였다. 당시에 나는 신학이 내 인생 체험의 영역 전체에 조금도 와닿는 것이 없다고 느꼈다. 그래서 심리학이 그 욕구를 채워주기 바랐다. 그리고 심리학은 비록 아주 간접적이긴 했지만, 욕구는 채워 주었다.

강의들을 귀담아 듣고 있자니, 신학대학 시절의 기분이 새록새록 모조리 되살아났다. 그래서 내 자신에게 "얼마나 재미있고, 얼마나 매력있으며, 얼마나 통찰력있는 이야기인가"라는 말을 계속하면서도, 동시에 "그래서 어쨌다는 것인가? 하나님 아버지와 아들과 성령에 관한 이 모든 이야기가 지금 이곳의 나와 무슨 상관이 있단 말인가?" 하고 자문해 보았다. 그의 말이 나한테는 아주 친숙한 전문용어들이지만, 조금 생소한 말들이 나오니까 금방 그 강의도 전체적으로 아주 낯설어 보인다.

과연 그대는 성령에 대하여 말하면서 그것이 명확하고 또 구체적인 내 인생 체험과 연관이 있다는 식으로 말할 수 있겠는가? 이 질문은 내가 1954년에 제기했던 것이다. 그런데 지금 또다시 그런 질문을 제기하고 있는 나를 발견한다. 지금은 전에 비해 이 질문을 훨씬 더 깊이 이해하고 있긴 하지만.

11월 9일, 토요일

오후 내내 거대한 들보에다 망치로 커다란 못을 박느라고 고생하였다. 옆에서 볼 때는 망치질이 늘 쉽게만 보였다. 그러나 이 못들은 대가리가 목재에 가닿으려고 할 무렵에 꼭 구부러져 버리는 이상한 버릇이 있었다. 나는 받침대 위에 올라선 채, 망치를 '똑바로 휘두르려고' 무진장 애를 썼다. 마이클 수도사는 망치로 나무에다 못을 밀어 넣으려 하지 말고 '손목 힘'을 사용해야 한다고 친절히 설명해 주었다. 말은 알아들었지만, 기술이 뒤따르지를 못하였다. 네 개의 못을 박으면 끝까지 들어가는 것은 하나밖에 없었다. 그래서 다른 것들은 큼직한 절단기로 잘라내고, 남은 부분은 목재 속으로 때려 넣었다. 후대사람들 눈에 띄지 않기를 바라면서.

그래도 즐거운 오후였다. 쿠엔틴 수도사와 마이클 수도사는 한없는 인내와 환한 미소를 보냈다. 내 동료 일꾼 로스는 처음 시작할 때 어려움을 겪었던 자신의 이야기로 나를 위로하였다. 하지만 그가 나보다 훨씬 더 낫다는 게 분명한 사실이었다. 한편 나는 작업이 바윗돌을 모아들이는 것에서 이 일로 바뀐 것이 아주 잘되었음을 깨달았다. 만일 몇 차례 이 일을 할 기회가 주어지면, 내 못질 성공률이 훨씬 더 높아질텐데.
 그 사이에 성전은 형태를 갖추기 시작하였다. 수도사들도 이곳을 자신들의 삶의 중심 처소로 삼을 수 있도록 채비가 갖추어질 그 날을 상상하며 행복한 기대감에 빠지는 것 같았다. 오늘 예전에서 우리는 로마에 있는 성 라떼라노 대성전의 봉헌을 기념하였다. 로마에 있는 옛날 대성전보다 이곳 성전으로 더 많은 생각들이 쏠렸을 것이라 확신한다.

11월 11일, 월요일

 오늘은 아주 평탄한 하루였다. 세 시간을 뜨거운 빵 부서에서 일했다. 두 시간 동안은 답장을 썼다. 그리고 다시 세 시간은 다음 학기 독서 목록을 짜느라 끙끙거렸다.
 그러는 중간에 저녁식사 때 낭독되고 있는 히치코크의 작품 〈성물 재발굴〉을 놓고 존 유즈 원장과 한 차례 '논쟁'을 벌였다. 나는 이것이 '별볼일 없는' 책이라는 걸 발견하게 되었다고 말하였다. 사실적인 역사 감각도 없이 여기저기서 짜깁기 한 것이라고, 기본적으로 편협하고 선입견에 치우쳤다고, 극도로 보수적이고 때로는 공격적이기까지 하다고 비판했다. 그에 대하여 존 유즈 원장은 내가 과민반응을 일으키고 있다고 말하였다. 이 책은 그 동안 무책임한 예전적 시도들이 많이 있어 왔음을 지적하려는 것뿐이요, 또 그 점은 마땅히 지적해 둘 만한 가치가 있는 것이라며, 들어보니 재미있더라고 말하였다. 거기다가 나한테서 부정적인 반응이 나올 줄도 알고 있었다고 말했다. 그 말을 들으니, 나도 또 화딱지가 났다.
 아무튼 우리 이야기는 돌고돌 뿐 결론이 없었다. 나는 내가 과민반응이라는 존 유즈 원장의 생각에 수긍하지 않았다. 그는 그대로 자기가 편향된 호감을 갖고 있다는 내 생각을 수긍하지 않았다. 그래서 별 진척이 없었다. 우리는 폭소를 터뜨리면서 이야기를 끝내 버렸다. 어떤 의미에서, 이런 느낌들을 표현했다는 것도 별로 기분 나쁘지 않았다. 그러면서도 앞으로는 이런 종류의 이야기로 그의 시간이나 내 시간을 소비하지 않는 것이 낫겠다고 마음먹었다. 지루하기도 하거니와, 내가 이곳에 머무는 짧은 기간을 감안할 때, 존 유즈 원장, 수도사들, 그리고 내 자신 그 누구에게도 아주 도움이 안 될 것 같았다.

약간 어지럽고 노곤한 느낌이 든다. 좀 자두는 게 낫겠다.

11월 12일, 화요일

영성생활을 한다는 것은 곧 하나님의 현존 안에 산다는 것이다. 이 지극히 간단한 진리가 나에게 강렬한 확신으로 다가오게 만든 것은, 17세기에 살았던 프랑스의 가르멜회 로렌스 수도사였다. 〈하나님의 현존 실천〉이라는 책을 보면, 로렌스 수도사와 나눈 대화 네 편과 그가 쓴 편지 열다섯 편이 나온다.

그는 이렇게 적고 있다: "하나님과 같이 있기 위하여 늘 성전에 있어야 할 필요는 없다. 우리는 우리 마음에 기도 처소를 마련해 두고, 때때로 그곳으로 물러가 온유와 겸손과 사랑으로 하나님과 대화를 나눌 수 있다. 다소의 차이는 있을지언정, 누구나 하나님과 그런 친밀한 대화를 나눌 수 있는 능력이 있다. 그리고 그분은 우리가 할 수 있는 일이 무엇인지 알고 계신다. 그러니 시작해 보자. 어쩌면 그분이 우리 쪽에 기대하시는 것은 관대한 결심 단 하나일지 모른다. 용기를 가져라."[1]

"이를〔하나님의 현존을〕제대로 실천하려면 마음에서 다른 모든 것을 비워 하나님 홀로 마음을 차지하시게 해야 한다는 것을 나는 알고 있다. 마음에서 여타의 것들 일체를 비우지 않으면, 하나님은 마음을 차지하지 못하신다. 따라서 마음이 그분을 위하여 비워지지 않는 한, 하나님은 '거기'에서 활동하실 수도 없고 마음에 드는 일을 하실 수도 없다."[2]

　로렌스 수도사의 메시지는 극히 단순하면서도 매우 심오하다. 하나님과 가까워진 그에게는 모든 것이 하나다. 오직 하나님만이 중요하다. 하나님 안에서 모든 사람과 모든 사물이 사랑으로 포용된다. 그럼에도 불구하고, 하나님의 현존 안에서 산다는 것은 마음의 순결과 단순함으로 그분의 뜻을 철저히 수용하며 사는 것을 말한다. 따라서 거기에는 실로 선택, 결단, 그리고 위대한 용기가 요구된다. 그것은 곧 참된 성화의 표징이다.

11월 13일, 수요일

　"하나님은 정말 우리의 기도를 들어주신다." 캘리포니아에서 예상치 못했던 전화를 받고 난 뒤, 하루 내내 나는 이 기쁨에 찬 생각과 기분에 젖어 지냈다.
　1971년에 로스엔젤레스 출신인 내 소중한 친구 리처드가 사고를 당해 등이 갈수록 아파갔다. 네덜란드로 나를 찾아왔을 때쯤 해서는 병원에 입원해야 할 정도로 통증이 악화되어 있었다. 결국 그는 로스엔젤레스로 돌아갔지만, 통증은 좀처럼 수그러들지 않았다. 그때부터 그의 인생은 자신을 갈수록 무력하게 만들어가는 이 통증과 투쟁하는 길고긴 전쟁과 흡사하였다. 그는 수술도 받고 척추지압 치료도 받고 침도 맞았다. 아주 유능하다는 신경과 의사를 찾아 동부연안도 가보았다. 최면술에 의한 심리치료도 받아 보았다. 소용돌이치는 물 속에 들어가 앉아 있어도 보고, 몇 주간 동안 꼿꼿하게 누워 지내도 보았다. 할 짓 못할 짓 다해 보았다. 그리고 약도 무진장 복용하였다. 그런 그가 두 주일 전에 쓴 편지에서 "좋은 소식은 하나도 없네—빌어먹을—통증은 더욱 심해져 가고 우울증만 갈수록 깊어지네"라고 했었다.

내가 야고보 수도사한테 리처드 이야기를 하면서 기도 부탁을 한 것이 한 달쯤 전이었다. "제발 내 친구를 위하여 기도해 주세요. 그에게는 당신 기도가 절실히 필요합니다. 비단 그의 등만이 아닙니다. 그에게는 치유가 필요한 것이 훨씬 많이 있습니다." 야고보 수도사는 내 부탁대로 기도를 해주었다. 심지어 어느 날 저녁기도 때에는 '우리의 기도가 필요한 그 사람'을 위하여 큰소리로 기도를 드리기까지 하였다.

리처드한테 절망 섞인 마지막 편지를 받고 나서, 나는 답장을 보내며 "자네를 위하여 기도하고 있네—진심으로 말이네. 나는 자네가 곧 좋아지리라고 굳게 믿네. 자네가 아직까지도 낫지 않았다는 사실에 화가 날 지경이네"라고 썼다. 평소에는 리처드한테 그런 식으로 글을 쓰지 않는다. 하나님, 교회, 성직자, 기도, 예수 등의 말들은 그 모두가 그에게 분노와 초조와 적개심을 불러일으킬 소지가 있기 때문이다. 그런데 이번에는 그냥 그렇게 써버렸던 것이다. 오늘 아침에 존 유즈 원장이 내 방문 밑으로 리처드한테 전화하라는 쪽지를 밀어 넣었다. 쪽지를 보니, "급하다. 하지만 나쁜 소식은 아니다"라고 적혀 있었다. 오전 10시에 전화를 걸었더니, 리처드는 기쁨에 들뜬 목소리로 "닷새째 약 한 알도 안 먹었어. 이렇게 좋은 기분은 난생 처음이야"라고 말하는 것이었다.

그리고 나서 자기에게 일어났던 일을 이야기했다. 그 내용은 이러하였다. 나이 든 사람들을 대상으로 남미 역사에 관한 연수회를 이끌고 있을 때, 학생 가운데 한 명이 그에게 "당신을 낫게 해주겠다"고 하였다. 리처드는 폭소를 터뜨렸다. 그래도 그녀의 집을 찾아가 보았다. 그랬더니 그녀는 리처드에게 소리를 지르고 몸을 비꼬고 껑충껑충 뛰는 등, 등이 아픈 사람한테는 통상적으로 시킬 수 없는 온갖 것들을 하라고 시켰다. 그렇게 한 시간쯤 하고 나니, 통증이 많이 가셨다. 많이 불편한 점은 여전했지만, 그래도 리처드는 딴 사람이 된 기분이었다. 그 후 며칠이 지나는 동안, 그는 고함을 고래고래 질렀고

다. 그 덕에 목소리가 달라져 버린 듯싶었다. 목이 쉰 것은 물론이다. 그와 함께 껑충껑충 뛰는 등 여러 가지 '연기를 해보였다.' 그 덕분에 굉장한 기분을 느끼게 되었다. 리처드의 이야기를 들으니, 그를 치료해 준 여자는 대단히 책임있는 사람 같았다. 자기가 하고 있는 일이 어떤 것인가를 알고 있고, 또 리처드가 안고 있는 문제의 핵심도 집어낼 능력이 있는 사람 같았다. 한동안 치료를 받은 뒤, 리처드는 그 성과에 너무도 흥분해서, 나한테 전화로 이야기를 해주고 싶었던 것이다. 갑작스럽게 그는 학위 논문을 마무리짓고 파라과이로 가야겠다는 등 새로운 계획을 잔뜩 세우고 있었다. 나 역시 대단히 기뻤다. 하지만 그 와중에서 혹시 통증이 재발되더라도 절대 포기하지 말라는 말도 해주었다.

저녁식사가 끝나고 내가 그 이야기를 야고보 수도사한테 했더니, 그는 기쁨으로 온통 환하게 밝아졌다. 나는 그에게 "제발 기도를 중단하지 말아 주세요. 그저 시작일 뿐이니 기도를 계속해 주세요"라고 당부하였다. 그러자 그는 "하나님께서 우리의 기도를 들어주신다는 사실을 별로 잘 모르는 모양이군요. 나는 그분이 내 청을 들어주신 것이 그렇게 기쁠 수가 없어요" 하고서, 밖으로 걸어나가 소성전으로 가서 무릎을 꿇는 것이었다. 나도 그와 함께 기도를 드렸다. 이번에는 리처드가 모든 면에서 새로운 삶을 시작할 수 있게 해달라고 빌었다.

11월 14일, 목요일

에블린 언더힐이 쓴 〈교회의 신비가들〉을 아주 재미나게 읽었다. 언더힐은 이 책에서 서방교회의 주요한 신비주의 인물들을 생생하고 예리한 필치로 논하고 있다. 그리스도교 신앙의 가장 확실한 논거들 가운데 하나는 온전한 의미로 생활화된 하나님의 사랑은 이웃을 향한 지극히 사심없는 헌신으로 이어진다는 것. 언더힐은 신비가들이 가장 심오한 희열 체험들을 겪고 난 뒤, 도저히 믿을 수 없는 행동이나 능력을 곧잘 보여 준다는 사실을 내보인다. 그 최고의 본보기가 바울이다. 어거스틴와 아빌라의 테레사, 시에나의 가타리나, 그 밖의 많은 사람들도 똑같은 능력을 보이고 있다.

신비주의는 세상에서 물러가 칩거한다는 것과는 정반대다. 하나님과 긴밀히 결합되면, 현실세계에 가장 창조적으로 개입하게 된다. 무아경과 영상들은 "하나님과의 일치에 대한 점진적인 내적 확신 및 새로운 힘과 지구력"[3]으로 서서히 대체되는 것 같다. 흔히 아주 활동적인 이 시기에, 신비가는 "갑작스럽게 밀려오는 뜨거운 감정의 물결들"을 곧잘 체험하면서도 "사람들과의 실제적인 교류관계 속에서는 결코 평온과 침착이 줄어 들지 않는다."[4]

11월 15일, 금요일

예수기도는 내가 이곳에 온 뒤로 나에게 늘 아주 중요한 기도가 되었다. 수도원에 와서 처음 몇 주간 동안, 나는 헤서키즘(Hesychasm: 14세기에 아토스산 수도사들이 영상이나 신비한 체험을 얻기 위하여 개발해 낸 동방교회의 묵상방법)에 관한 논문과 저서들을 많이 읽었다. 이 묵상방법에서 핵심적 역할을 하고 있는 것이 바로 예수기도다.

최근 들어, 나는 예수님의 이름에 대한 신심이 서방교회 안에서도 대단히 강하게 자리하고 있음을 깨달았다. 전에도 이 신심에 대하여 알고는 있었다. 하지만 그것은 심원한 기도에 이르는 참된 길이라기 보다, 낭만적인 경외심 정도로 보는 그런 수준의 앎이었다.

클레르보의 성 버나드가 예수 이름의 신심에 중추적인 역할을 담당하고 있다. 그는 아가에 관한 열다섯 번째 설교에서 이렇게 진술하고 있다: "예수님의 이름을 부를 때, 나는 내 눈앞에 마음이 온유하고 겸손하며, 친절하고, 분별있고, 성결하고, 자비롭고, 모든 이들의 눈에 흠없이 거룩하고 의로운 분을 모셔들입니다. 바로 이분이 전능하신 하나님입니다. 그분이 걸어가신 생명의 길이 나를 치유해 줍니다. 그분의 후원이 나의 힘이 됩니다. 그리고 이 모든 것은 예수님의 이름을 들으면서 나에게 메아리처럼 울려퍼집니다."5)

이렇게 예수님의 이름은 실로 모든 기도의 요약이자 표현이다. 이 사실은 이전까지 성 버나드의 작품으로 간주되다가 지금은 성명 미상의 영국 시토회 수도사의 작품이라고 추정된 시 '장미의 연가'6)에 아주 아름답게 묘사되어 있다. 이 시의 첫 연을 옮겨 본다:

> 떠오르는 예수 생각은 달콤하여
> 마음에 참된 기쁨들을 안겨 주노라.
> 그러나 꿀보다, 다른 모든 것보다 더 달콤한 것은
> 그분의 감미로우신 현존이어라.

예수 생각이 어떻게 해서 그분을 현존하시게 만들며, 그분의 현존이 어떻게 해서 그분을 생각나게 만드는지를 나는 여기서 새삼스레 깨닫게 되었다. 예수 이름의 기도 속에서 하나님의 생각과 하나님의 현존이 하나요 동일한 것이 되어, 우리를 그분과 긴밀하게 결합시킨다.

11월 18일, 월요일

그대가 수도사인데, 주변에 있는 사람들이 하나같이 일이 뜻대로 되지 않아 욕설을 퍼붓는 우스꽝스런 습관에 물들어 있다면, 그대는 어떻게 하겠는가? 이것은 결코 이론상의 질문이 아니다. 수도사들이 성질 좋고 욕 잘하는 인부들과 한데 어울려 일하고 있는 성전건축 현장에서 지금 실제로 벌어지고 있는 상황이다.

나는 어떻게 반응하게 될지 궁금하였다. 아무 말도 하지 않고 있다가 점점 화가 나면 끝내 폭발하여 "욕해서는 안 된다는 것도 모르냐!"

고 쏘아붙일 수도 있을 것이다. 하지만 그렇게 되면 모두가 화를 낼 것이다. 분위기가 험악해져서 사랑을 찾아보긴 힘들 것이다.

그런데 안토니 수도사가 '그 나름의' 대응책을 나한테 알려주었다. 인부들이 욕으로 예수의 이름을 '헛되게'(괜히 쓸모없이) 부르는 소리를 듣고 나면, 그는 '이 점을 어떻게든 지적해야 하지 않을까?' 생각하다 '못할 이유가 없지 않는가?' 하고 생각하였다. 그리고 나서 목재를 떨어뜨거나 못을 구부러뜨린 사람이 또다시 주의 이름을 들먹이며 욕을 지껄일 때, 그는 팔로 상대를 껴안으며 "이 사람아, 여기가 수도원인지 자네도 잘 알지 않는가! 그리고 우리는 그분을 사랑하고 있다네!" 하였다. 그러자 상대는 그를 올려다보며 웃는 얼굴로 "사실 나도 그래요!" 했고, 둘이는 유쾌한 웃음을 터뜨리게 되었다는 것이다.

예수기도와 예수의 이름이 갖는 위력에 대하여 아주 많은 글을 읽었던지라, 이런 아름다운 이야기는 나에게 특별한 의미를 던진다. 정말 우리는 주님의 이름이 풍성한 열매를 맺도록 사용해야 겠다. 괜스리 쓸데없이 들먹이는 일은 없어야 겠다.

11월 19일, 화요일

헨리 수소의 저서 〈영원하신 지혜에 관한 소책자〉에 나오는 다음 이야기에서 깊은 감동을 받았다. 예수님이 말씀하신다: "때때로 검은 재만 아니라 하얀 밀가루도 맑은 눈을 금방 못 뜨게 만들기는 마찬가지다. 내 사랑하는 제자들한테 나의 현존보다 더 무해한 인간의 존재가 있을 수 있겠느냐? 나의 현존에는 불필요한 말들, 제멋대로의 동작들, 영성을 주제로 시작했다가 쓸데없는 잡담으로 끝나는 대화들이 나타나는 일은 없다. 우리 사이를 지배하는 것은 참된 열정, 절대적이고 완전한 진리뿐이다. 나의 육체적인 현존은 제자들이 성령을 받을 수 있도록 하기 위하여 어쩔 수 없이 물러나야만 했다. 그러니 인간적 존재가 얼마나 큰 장애물이 되는지 모른다. 한 인격체가 사람들을 자아 속으로 끌어다 놓으면, 그 즉시 수천 명의 사람들이 그들을 밖으로 끌어내 버린다. 교리를 통하여 일단 가르쳐 놓으면, 그 즉시 못된 본보기들 때문에 수없이 혼란에 빠져들게 되는 것이 그들이다."[7]

그 어느 때보다도 더 그리스도께서 물러가 버리신 것 같아 보이는 세상이 바로 오늘 우리가 몸담고 살고 있는 세상이다. 그 고통에 대하여 우리는 많은 것을 알고 있다. 이러한 세상에서 우리가 성령을 받기 위한 채비를 부단히 갖추어 가고 있다는 사실은 도저히 믿기가 어렵다. 그래도 그것이야말로 어디까지나 희망의 메시지임이 분명하다고 본다.

하나님은 결코 물러가지 않으셨다. 그분은 자신의 아들을 보내 우리의 인간 조건을 함께 나누게 하셨다. 그리고 그 아들은 자신의 성령을 보내 우리를 거룩하신 생명의 친교로 이끌게 하셨다. 바로 이 인류의 혼돈스런 고통의 와중에서 성령이, 사랑의 성령이 모습을 드러내고 계신다. 하지만 우리가 과연 그분의 현존을 감지할 수 있을까?

11월 20일, 수요일

오늘 존 유즈 원장과 만난 자리에서, 그리스도를 향한 철저한 헌신에 관하여 물어 보았다. 지난 몇 주간에 이 철저한 헌신이 어떤 것인지를 갑작스럽게 간파하는 경우가 자주 있었다. 그리스도께 조건없이 헌신한다는 것, 그분에게 철저히 나를 내어맡긴다는 것이 무엇인지 그 실체를 어렴풋이나마 파악하게 된 것이다. 그리고 그런 어렴풋한 통찰과 함께, 나는 내 자신이 더없이 분열되어 있고 나를 내어던지는 데 더없이 주저하고 있으며 나를 포기하기를 더없이 싫어하고 있음을 깨달았다.

나는 그리스도를 나의 유일한 관심의 대상으로 삼을 경우, 내 삶이 얼마나 전적으로 새로워질 것인지를 깨달았다. 그러면서도 동시에 내 생활이 아직도 얼마나 '낡아' 있는지도 뉘우치게 되었다. 그래서 내 자신에게 종종 '너는 그리스도께 대단한 관심을 갖고 있지만, 그 밖의 많은 것들에도 관심을 두고 있다'고 말하곤 한다. 이것을 보더라도 내가 얼마나 헌신적이지 못하며, 헨리 수소가 말하는 그런 체험과 얼마나 동떨어져 있는지를 알게 된다.

이 점은 육체적·정신적 고통에 대한 나의 두려움도 설명해 주고 있다. 수많은 사람들이 겪는 고문 이야기를 읽으면서, 과연 내가 그런 육체적·정신적 고통 속에서 내 신념을 얼마나 고수할 수 있을지 자문해 보는 때가 간혹 있다. 그리고 그때마다 내가 깨닫는 것은 내 자신이 얼마나 연약하고, 얼마나 믿음이 부족하고, 얼마나 헌신이 결여되어 있는가 하는 것이다.

존 유즈 원장은 이 모든 의문과 관심이 동일한 한 가지 문제에 속하는 것이라고 지적하였다. 내가 자기 가치에 대한 의구심으로 괴로움을 당하는 한, 주변 사람들한테 끊임없이 감사의 표시를 받고 싶어한다는 것이다. 어떤 종류의 육체적·정신적 고통에도 금방 굴복하고 만다는 것이다. 하지만 내가 이런 인간적인 인정 욕구에서 서서히 벗어나 주님과의 관계 속에서 내 진정한 자아를 발견하게 된다는 사실을 깨달을 때, 주님을 향한 조건없는 자기 포기가 가능할 뿐만 아니라 내 유일한 욕구로 남게 된다는 것이다. 또 사람들이 주는 고통도 나의 핵심부를 건드리지 못하게 된다는 것이다. 그러니까 내 '자아'가 사람들이 아닌 하나님 안에다 닻을 내릴 때, 나는 고통에 대한 저항력을 훨씬 많이 지니게 된다는 것이다.

우리는 잠시 고문과 세뇌에 관하여 이야기를 했다. 존 유즈 원장은 자기가 정신과 의사로 있을 때, 전쟁 포로로 수없이 고문을 당하면서도 한치의 양보도 하지 않았던 사람을 만난 이야기를 해주었다. 그는 정치적 논리나 이데올로기적 신념이 거의 없는 아주 단순하고 현실적인 사람이었다 한다. 그럼에도 불구하고, 어떠한 압력으로도 그에게서 한 마디 사백도 얻어내지 못했다는 것이다. 존 유즈 원장은 그 사람의 정체감으로 그 사실을 설명하였다. 그러니까 그에게는 적들이 꼬투리를 잡아 착취할 만한 자기 의심이나 불안이나 거짓된 죄책감이 전혀 없었다는 것이다.

그렇다면 이같은 단순성, 이같은 내적 자기감, 이같은 자기 가치의 확신이 어떻게 생기는 것일까? "묵상하십시오"라는 것이 존 유즈 원장의 말이었다. "그리고 날마다 사소한 사건들 속에서 당신의 불안이 꿈틀거리는 것을 감지할 수 있는 사건들을 조사하세요. 묵상을 통하여 당신은 거리를 창조할 수 있습니다. 또 당신이 거리를 유지하고 있던 걸 떨쳐 버릴 수도 있습니다."

이로써 우리는 더욱 심오한 문제를 토의하게 되었다. 내가 만일 주님 이외에 그 누구도 내 정체성을 결정하지 못하도록 할 경우, 내가 과연 주님을 알게 될 것인가 하는 문제가 그것이었다. 이것은 내가 묵상 속에서 주님과 관계하면서 조종하고 주관을 객관화하는 사람들을 대할 때 하는 것과 똑같이 하고 있는 것이 과연 사실이냐는 문제나 같았다. 내가 사람들과 접촉하면서 그들에게서 긍정적인 반응을 유도하는 식으로 행동할 수 있듯이, 내 방식대로 주님과 관계하면서 그분을 나와 비슷하게 만들려고 애쓸 수가 있다. 하지만 그렇게 될 때, 나는 여전히 주님보다 내 자신에게 더 관심을 쏟고 있는 게 된다.

그러므로 나는 내 방식이 아니라 주님의 방식대로 묵상하는 것을 서서히 배워가야만 한다. 어쩌면 나는 주님이 누구신지 전혀 모르고 있는지도 모른다. 어쩌면 나는 그분에게 나의 중심부로 들어오셔서 나의 참 자기를, 나의 정체성을 나한테 부여해 주시도록 허용한 적이 한 번도 없었는지도 모른다. 그러나 내가 주님 자신의 방식 속에서 주님을 발견할 때, 내 걱정거리들과 관심사들을 내려놓고 그분에게 나를 양도함으로써 나타날 수 있는 고통과 아픔을 전혀 두려워하지 않는 채, 그분께 나를 내어맡길 수 있을 것이다.

나는 안다, 알고 있다―하지만 하나님이 내 모든 장벽들을 부수고

들어오셔서 내가 그저 생각으로만이 아니라 마음으로까지 알도록 해 주실 때가 언제란 말인가?

목재를 창고에서 성전으로 운반하는 일을 해오고 있다. 6월에 나는 목재를 창고에다 집어넣는 일을 도왔었다. 그런데 지금은 밖으로 꺼내는 데 협력하고 있는 것이다. 그래서 한 바퀴 돌아 제자리에 오고 있는 느낌이 들었다. 이 작업은 내가 성전 지붕의 완성을 위하여 일하고 있었을 뿐만 아니라, 이곳 체류의 완료를 향해서도 움직이고 있었다는 사실을 깨우쳐 주었다. 지금부터 다섯 주일 뒤, 나는 네덜란드에 가 있을 것이다. 거기서 이 일곱 달이 나에게 준 의미가 무엇이었던가를 자문하고 있을 것이다. 몸은 비록 여기 있지만, 그 끝이 눈에 보인다. 서서히 서서히 새로운 체험들 쪽으로 이동해 가고 있음을 깨닫는다. 이 몇 달 동안에, 하나님이 머무실 새 공간인 성전이 건축되었다. 과연 나에게도 그런 공간이 생길까?

11월 22일, 금요일

앙드레 말로는 자신의 저서 〈탈회상록〉에서 우리는 언젠가 우리의 성격과 마찬가지로 우리의 기억 형태 때문에 서로가 크게 다르다는 사실을 깨닫게 될 것이라고 말하였다. 내 기억이 현재 조형되고 있는 형태는 어떤 것일까 궁금하다. 이것은 많은 면에서 내 자신에 따라 좌우되는 것 같다. 좋고 나쁘거나 창조적이고 파괴적인 사건들에 대하여 내가 할 이야기는 별로 없다. 하지만 내가 그것들을 기억하는 방식—다시 말해서 내가 내 삶의 이야기 속에서 그것들에 형태를 부여하기 시작하는 그 방식—에 관해서는 할 말이 많다.

나는 현재 이것이 내 나날의 삶에 얼마나 중요한 역할을 하는지 깨닫기 시작하고 있다. 나는 곧잘 내 자신에게 이렇게 말하곤 한다: "나는 과연 이 날, 이 실망, 이 갈등, 이 오해, 이 성취감, 기쁨, 그리고 만족을 어떻게 기억할 것인가? 이것들이 끊임없이 진행되는 나의 자기 해석 작업에 어떤 기능을 할 것인가?"

11월 23일, 토요일

토마스 머튼은 1968년 12월에 세상을 떠난 이래, 그 영향력이 날로 더 커져 왔던 것 같다. 수많은 사람들이 그에 관하여 석사논문과 박사논문을 쓰고 있다. 머튼에 관한 저서들과 논문들이 끊임없이 나오고 있다. 내가 이곳에 온 뒤로만 해도 최소한 세 권이 더 나왔다.[8]

놀란 것들 가운데 하나는 머튼이 꼭 성경과 비슷하다는 사실이다. 거의 모든 목적에 살려쓴 것이 그이기 때문이다. 보수주의자들과 진보주의자들, 자유주의자들과 급진주의자들, 변혁을 위하여 투쟁하는 이들과 그들에게 불만을 품고 있는 이들, 정치적인 활동가들과 비정치적인 이상주의자들, 이 모두가 자기 생각과 신념을 피력하는 데 머튼을 인용하고 있다. 머튼은 댄 베리건, 짐 포리스트, 짐 더글라스에게 영감을 준 사람으로 간주되고 있다. 그런가 하면 수많은 수도원 식당에서 영적 독서를 하는 데에도 '무난하게' 활용되고 있다.

수도사들은 머튼을 일차적으로 한 사람의 묵상가로 파악하지 않으면 이해할 수 없다고 말한다. 그에 비해서 수도사가 아닌 많은 사람들은 수도원 외곽에 살면서 평화와 정의를 위한 투쟁에 깊숙이 개입한 사회비평가로 보고싶어 한다. 그리스도교 예찬가들은 머튼의 정통성을 강조하려 한다. 반면 동양에서 새로운 영성적 힘을 찾고자 하는 수많은 비그리스도인들은 머튼을 자신들의 귀감이요 후원자라고 주장한다. 머튼이 말년을 아시아에서 보내면서, 자신이 이제까지 그리스도교 수도사였고 언제까지나 그리스도교 수도사로 남을 것임을 아주 명백하게 글로 밝혔음에도 불구하고, 일부 사람들은 그가 불제자가 될 계획을 갖고 있었다고 믿으려 할 정도다.

　이런 사실을 어떻게 생각해야 하는가? 누가 옳고 누가 그른 것인가? 머튼은 체계적인 사람이 되고자 노력한 적도 없었고, 일관성에 신경을 쓴 적도 없었다. 그는 자신의 사상과 체험의 단계들을 세련되게 예술적으로 표현하였다. 사람들이 자신의 과거 단계들을 어떻게 요리하든 개의치 않고 새로운 발견을 향하여 움직여 갔다. 이제 그는 세상에 없다. 따라서 "당신이 실제로 말하고자 한 의미가 무엇이었느냐?"라는 물음에 더 이상 답할 수도 없게 되었다. 아마도 그는 이런 질문 자체를 언짢게 받아들였을 것이다. 하지만 그는 죽음으로써 살아생전보다 더 강력한 촉매제가 되었다. 그는 진실로 자신의 삶을 통하여 다른 사람들이—머튼 자신의 길이 아닌—그들 자신의 길을 발견하도록 돕는 매개체가 되어 주었다. 그런 의미에서 머튼은 과거나 지금이나 다른 이들에게 자유로운 공간을 만들어 주어, 그들이 지친 삶의 현장에서 그 자유의 공간 속으로 들어와 하나님의 음성을 알아듣게 만드는 진정한 사도다.

11월 24일, 주일

　오늘은 왕되신 그리스도를 묵상하는 날이다. 그런데 이 축제일이 나한테는 편치가 못하다. 나는 이것을 늘 교회의 일정한 승리주의 및 전투적인 영성과 결부시켜 왔기 때문이다. 이 두 가지는 제2차 바티칸공의회 이전에 예수회를 양성하는 데 주종을 이루었던 것이다.

　이 날만 되면, 나는 언제나 교회 내부의 권위 문제와 직면하게 된다. 교회 안에서는 수많은 사람들이 예수의 이름으로 왕노릇을 하려고 덤빈다. 이 날만 되면 나는 그걸 깨닫는다. 끝으로 이 날은 내가 순종과 복종에 대환 결코 해소되지 않는 갈등에 대처해야 하는 날이다. 이곳은 다른 곳도 아니고 수도원장이 아주 뚜렷한 권위 주체가 되고 있는 수도원이다. 그러기에 또다시 그런 갈등을 크게 의식하지 않을 수가 없다.
 성 베네딕트는 자신의 규칙 서문에서 이렇게 말하고 있다: "그러므로 내 말은 자기 의지의 충동들을 거부하고, 순종이라는 강하고 찬란한 무기들을 손에 들고 참된 왕 주 그리스도의 군대 안에서 섬기고자 하는 여러분을 대상으로 하는 것이다."[9]
 이 말에는 모호한 구석이 하나도 없다. 그리스도는 왕이시고, 따라서 내 뜻이 아닌 그분의 뜻이 내 행동의 절대 기준이 되어야 한다는 것. 정말이지 처음 들을 때는 아주 거북한 말이었다. 그러나 오늘 예전 가운데 그리고 묵상하면서, 나는 느끼기 시작하였다. 그리스도가 복종과 겸손을 통하여 우리의 왕이 되셨음을. 그분의 왕관은 가시관이요, 그분의 옥좌는 십자가였다. 병사들은 그분 앞에 무릎을 꿇고, "'유대인의 왕 만세!' 하면서 희롱하였다. 또 그에게 침을 뱉고, 갈대를 빼앗아서 머리를 쳤다"(마태복음 27:30-31). 그들은 또 그분을 십자가에 못박고 나서, "'네가 유대인의 아들이거든, 너나 구원하여라' 하며 빈정거렸다. 예수의 머리 위에는 '이 사람은 유대인의 왕'이라는 죄목이 적혀 있었다"(누가복음 23:37-38).
 이 축제일에 담긴 위대한 신비는 바로 이것이다. 곧 십자가에 달려 죽기까지 순종하신 분에게 우리도 순종하도록 요구받고 있다는 것. 자신의 아버지에게 "내 뜻대로 되게 하지 마시고, 아버지의 뜻대로 되게 하십시오"(누가복음 22:42)라고 기도하신 그분을 위하여 우리의 뜻을 포기하도록 부름받고 있다는 것. 그리고 우리 때문에 수모를 당하신 그분을 위하여 수모를 참아내도록 도전받고 있다는 것. 그리스도께서는 자신 자신을 비우시고 우리와 같아지심으로써 왕이 되셨다.
 우리는 인간 고통을 결코 모르시지 않는 분에게 순종하도록 요구받고 있다. 나는 다른 사람한테 "당신이 대체 누구길래 나한테 무엇을 해라, 무슨 생각을 해라, 어떻게 행동해라 하느냐?"고 말하거나 생각하거나 느끼는 경우가 참 많다. 예수님께 내가 이런 질문을 드리면, 그분은 "나는 신적 신분에 집착하지 않고 너를 위하여 종의 신분을 취한 하나님의 아들이다"(빌립보서 2:6-8 참조)고 답변하신다. 그리스도의 권위는 겸손과 순종을 토대로 한 것이다. 그 권위는 과거에 살았거나 미래에 살 그 어떤 인간보다 더 깊고 더 넓고 더 광범위하게 인간의 조건을 체험하심으로써 얻게 된 것이다.

이런 사실 때문에, 나는 예수님의 나라가 "이 세상 것이 아님"(요한복음 18:36)을 깨달아야 한다. 그 나라는 권세가 아닌 겸손에 토대를 두고, 반란의 결과가 아닌 순종에 대한 보답으로 부여된 나라이다. 십자가에 매달린 채 "당신의 나라에 들어가실 때 저를 꼭 기억하여 주십시오" 하고 기도한 사람을 예수님이 받아들이셨다. 어디로? 바로 이 나라 안으로였다. 예수님은 "오늘 너는 나와 함께 낙원에 있을 것이다"(누가복음 23:43)라고 대답하셨다.

성 베네딕트는 자기 수도사들에게 바로 이 나라에 들어갈 준비를 시키고 싶어했다. 그래서 순종과 겸손을 그들의 길로 내보이고 있는 것이다. 그리고 이 길은 왕께서 몸소 가신 길이다.

우리 세계에서는 겸손과 순종이 권세나 조작과 결코 완전히 결별될 수는 없다는 데 어려운 현실이 있다. 우리는 우리와 마찬가지로 죄가 많고 또 자신의 권위를 늘 그리스도의 나라보다 현세적인 나라―그것이 교회라 불리운데도―를 위하여 이용하려 드는 사람들 안에서 하나님의 뜻을 깨닫도록 도전받고 있다. 하지만 예수께서는 빌라도와 헤롯, 조롱하는 병사들, 도무지 이해를 못하는 멍청한 군중들을 통해서 아버지의 뜻이 실현되는 것을 받아들이셨다. 그러니 나한테 요구되고 있는 것은 그야말로 하찮은 것이다. 나는 고작해야 하나님에 대한 내 사랑을 나와 함께 나누고 있을 따름이다. 흔히 그분의 고통에 나보다도 더 큰 몫을 감당하고 있는 이들에게 순종하도록 요구받고 있을 따름이다.

그렇다고 하더라도 오늘 내가 깨달아야 할 사실이 있다. 만일 내가 다른 사람들에 대한 권위를 받아들이거나 행사하도록 요구받는다면, 그것은 내가 나에 대한 복종을 요구하는 그 사람들의 고통을 함께 나누는 나눔에 기초한 권위여야 한다는 것이다.

11월 25일, 월요일

이 세상의 굶주림이 우리의 의식을 갈수록 깊이 파고들고 있다. 몇 년 동안 그에 관한 이야기를 듣고 읽고 했다. 그런데 이제는 그것이 지배적인 사회문제로 등장하게 되었다. 이것이 이 시대의 문제요 관심사다. 문제이자 도전임이 분명하다. 지난 시대에는 시민의 권리가 우리의 중심적인 관심사였다. 그리고 한때는 전쟁이 핵심문제였다. 그런데 지금은 굶주림, 기아, 기근, 죽음이 문제가 되고 있다. 이것은 너무도 엄청나고 위압적인 문제라서, 그 부대의미들을 모두 간파하기가 거의 불가능하다. 수백만에 달하는 사람들이 죽음과 직면하고 있다. 날마다 수천 명의 사람들이 식량부족으로 죽어간다. 1주일에 3일씩 100덩어리도 넘는 빵이 가마에서 쏟아져 나오고 밀과 옥수수를 지난 여러 해보다 훨씬 풍작으로 거둬들인 이곳 수도원에서 이 문제를 생각하다보니, 훨씬 더 깊은 좌절감을 맛보게 된다.

11월 28일, 목요일

추수감사절은 가장 미국적인 날이다. 내가 볼 때, 이 나라 사람들이 가장 멋지게 경축할 줄 아는 날이다. 가정의 날이요 환대의 날이요 감사의 날이다. 어버이날이나 성탄일과는 달리, 상업주의를 탈피한 날이다. 나도 이곳에서 가족과 함께 있고 싶은 마음이 드는 날이다. 그런데 트라피스트 수도원에서는 이 추수감사절이 전통적인 양식에 따라 경축되지 못한다. 그러기에 약간 우울한 기분을 느끼게 되는 날이기도 하다. 추수감사절을 위하여 수도원에 제공된 포도주가 왕되신 그리스도 축제일에 사용되어 버렸다는 사실은 중요한 의미를 갖는다. 덩굴월굴 양념—그것도 칠면조도 없는—이외에는 저녁상에 추수감사절과 관계되는 것은 거의 없었다. 수도사들이 국가의 경축일에 흥미를 안 보이는 이유가 어쩐지 내내 궁금하였다.

　추수감사절은 대축제로 경축되리라 기대했었다. 국가적으로뿐만 아니라 종교적으로도 합당한 정서가 깊이 배어 있는 축제일이었기 때문이다. 안토니 수도사가 제단 아래에다 수확한 햇곡식과 햇과일을 아름답게 배열해 두긴 했어도, 마르셀루스 수도사가 저녁식사 때 베토벤의 교향곡 제6번을 틀어놓긴 했어도, 그리고 예배가 추수감사절예배로 드려지긴 했어도, 수도사들이 이 날을 성령강림주일처럼 진지하게 경축하지 않는다는 것은 누구나 감지할 수 있었다. 어쩌면 수도사들은 청교도들이 자기쪽 사람들이 아니라는 게 불쾌한 것일까? 실제로 추수감사절은 역사적으로나 성격상 개혁교회의 축제 냄새가 짙은 것도 사실이다. 어쩌면 자기 가족이 없이 추수감사절을 경축하기가 힘든 것인지도 모른다.

　그러나 추수감사절은 무엇보다도 우선 북미의 축제이다. 이 나라는 풍요롭다. 필요한 것 이상으로 지니고 있다. 우리가 가진 것이 무상으로 받은 선물임을 깨달을 때, 도와달라 외치는 이들과 이 선물을 함께 나누고 싶은 마음이 더 깊어진다. 추수한 열매들을 축복할 때, 우리는 적어도 이 축복받은 결실들이 함께 나눌 필요가 있는 것임을 깨달아야 한다. 그러지 못할 때, 그 축복은 저주로 변하고 만다.

11월 30일, 토요일

　대림절이 오늘 저녁기도로 시작되었다. 성탄일까지 남은 네 주일을 상징하는 네 개의 촛불이 곁들여진 커다란 초록빛 화환이 성가대석 중앙에 걸렸다. 너무너무 수수한 소성전 안에 걸린 이 소박한 장식! 나는 깊은 감동을 받았다. 기대의 네 주간이 시작되었다. 성탄일이 기대되고, 수도원에서 맞이할 마지막 날이 기대되고, 네덜란드 방문이 기대되고, 뉴헤이븐으로 돌아가는 일이 기대된다. 이 주간들을 기대에 찬 마음으로 지낼 수 있다는 것은 참 좋은 일이다. 이 작은 기대들이 하나같이 주님께서 다시 오셔서 자신의 약속을 이루어 주실 그 위대한 날을 내가 더 깊이 알도록 도와주고 있구나라고 나를 더 깊이 깨우쳐 준다는 게 얼마나 좋은 일인가?

대림절에 대한 기대는 하나님의 성육신에 닻을 내리고 있다. 내가 과거에 일어난 일과 좀더 많이 접촉할수록 다가올 미래에 있을 일과도 좀더 많은 접촉을 하게 된다. 복음은 과거에 일어난 일을 나에게 일깨워줄 뿐만 아니라 앞으로 일어날 일도 일깨워주고 있다. 그리스도의 첫번째 오심을 묵상하다 보면, 나는 그분의 두번째 오심의 표지들을 발견할 수 있다. 묵상 속에서 뒤를 돌아봄으로써, 나는 기대를 품고 앞날을 응시할 수 있다. 성찰을 통해서, 기획할 수가 있다. 그리스도의 탄생에 관한 기억을 보존함으로써, 하나님 나라의 실현 쪽으로 전진할 수가 있다. 예언자들이 이스라엘의 미래를 이야기하면서 늘 자기 백성에게 과거에 있었던 하나님의 위대하신 일들을 일깨워주었다는 사실에 나는 놀라게 된다. 그들이 확신을 가지고 앞을 내다볼 수 있었던 것은 야훼의 위대하신 행위들을 경외하며 뒤를 돌아다볼 수 있었기 때문이다.

역사 감각이 아주 미약한 이 시대에는 이 모든 게 극도로 중요해 보인다. 그렇지만, 워터게이트 상처를 겪는 동안에 이 나라를 강화시켜 국가적 자존심을 어느 정도 되찾게 해준 것은 바로 미국 헌법 안에 결정화된 건국 선조들의 열망에 대한 기억이었다. 한 나라가 초기의 약속들과 열망들에 닻을 내리지 못하면 표류하고 방향을 상실할 위험이 있다. 그리고 한 나라뿐만 아니라 교회도 마찬가지다.

발전이란 늘 우리의 집단적 기억을 새롭게 하는 것과 연관되는 것 같다. 실제로 교회와 교회 내 수도회들의 모든 개혁은 초대교회의 의도들을 새롭게 평가하고 과거를 다시 새롭게 연구하면서, 그것을 되풀이하지 않고 진정한 갱신에 필요한 영감들을 거기서 찾아냄으로써 이루어진다. 조지 산타야나가 언젠가 이렇게 말한 적이 있다: "과거를 잊어 버리는 이들은 그것을 되풀이하게 마련이다."

아무쪼록 대림절이 시시각각 벌어지는 하나님의 위대하신 행위들을 내가 더 깊이 기억할 수 있는 기회가 되었으면 한다. 그래서 이 대림절을 보내는 동안 내가 자유함을 얻어, 이미 오셨고 장차 오실 분께서 실현하실 시간의 완성을 용기있게 고대할 수 있기를 기도드린다.

일곱번째 내 영혼의 일기

12월: 기다림의 계절

Waiting Quietly and Joyfully

12월
기다림의 계절

12월 1일, 주일

오늘은 대림절 첫번째 주일이었다. 너무나 아름다웠다. 예전의 순서 하나하나가 나를 크나큰 기대에 부풀게 하였다. 지극히 아름다운 라틴어 찬양이 나도 모르게 솟아 올랐다. 그것도 내 가장 깊은 심연에서. "로라떼 첼리 데수페르 엣 누베스 플루안트 주스툼"(Rouate coeli desuper et nubes pluant justum: 너 하늘아 네 이슬을 내리고 구름은 의로우신 분을 비처럼 내려보낼지어다). 여기에 대한 아름다운 화답이 또 터져 나왔다. "아페리아뚜르 떼라 엣 게르미넷 살바토렘"(Aperiatur terra et germinet Salvatorem: 땅은 열리어 구세주를 낳을지어다).

이 강렬하고 애절한 가락! 그것이 머리 속에 잔잔히 흐르는 가운데, 성스러운 이슬이 대지를 덮는다. 그게 눈에 보이듯 선하다. 하나님의 은혜는 실로 메마른 흙에 새 생명을 부여하는 부드러운 아침이슬이나 가랑비 같다. 이 얼마나 부드러운 이미지들인가! 나의 소명은 정말 그 아침이슬에 대한 감수성을 더욱 키우는 것이다. 그 보슬비에 내 영혼을 열어 나의 가장 속깊은 자기(self)에서 구세주가 나시게 하는 것이다.

12월 2일, 월요일

오늘은 짙은 눈보라가 풍경을 바꾸어 놓았다. 강풍이 불어서 바깥 작업은 실제로 불가능하였다. 새 성전의 지붕은 아직 완성되지 못했지만, 이 눈 속에서 그처럼 높고 미끄러운 장소에 올라가 작업하기란 너무도 어려웠다. 겨울이 사방을 덮치기 전에, 한 주일쯤 맑은 날이 오기를 모두들 소망하였다. 그러나 그렇게 될 가능성이 어느 정도일지 예측할 수 있는 사람은 아무도 없었다. 존 유즈 원장이 캘리포니아에서 영성수련을 지도하고 저녁 늦게서야 돌아왔다. 비행기가 로체스터에 내리지 못하고 시러큐스에 착륙하는 바람에, 수도원까지 오는데 많은 시간이 걸린 것이다.

12월 3일, 화요일

"풀은 마르고 꽃은 시드나, 우리 하나님의 말씀은 영원히 서 있다"(이사야 40:8). 하나님의 말씀은 진실로 힘이 있다. 예수기도뿐만 아니라 수많은 성경말씀도 우리의 내적 자기를 다시 조형할 수 있다. 예전 때 나에게 감동을 준 말씀들을 하루 동안 간직하면서, 독서하거나 일할 때 천천히 되뇌이며 어느 정도 음미하면, 그 말씀들은 새로운 삶을 창조해 준다. 때때로 밤중에 잠에서 깨어날 때까지도 이 말씀들을 되뇌이고 있노라면, 그것은 하루, 한 주간의 기분과 혼란 저 너머로 날아오를 수 있는 날개가 되어 준다.

이사야서에서 이런 말씀을 읽은 적이 있다: "비록 젊은이들이 피곤하여 지치고, 장정들이 맥없이 비틀거려도, 오직 주님을 희망으로 삼는 사람은 새 힘을 얻으리니, 독수리가 날개를 치며 솟아오르듯 올라갈 것이요, 뛰어도 지치지 않으며, 걸어도 피곤하지 않을 것이다"(이사야 40:30-31). 하나님의 말씀은 정말로 독수리의 날개와 같다. 나는 하나님의 말씀에 좀더 많은 시간과 관심을 쏟음으로써, 그분에게

걸고 있는 나의 희망을 더욱더 굳세게 할 수 있을 것이다.

호주머니용 작은 시편을 읽으면서 다른 일 (예를 들어, 수프를 젓는 일)을 하는 수도사를 간간이 본다. 내가 알기로 그는 시편들을 암기하려고 노력하고 있다. 최근에 트라피스트회 여성 수도사 한 사람한테서 편지를 받았다. 이 여성 수도사는 편지에서 자기가 150편의 시편 절반 이상을 암기하고 있다고 말을 하였다. 그 시편들을 어떤 시간, 어떤 장소에서든 기도로 바칠 수 있다는 것은 실로 대단한 선물이다. 시편들이 어떻게 해서 우리에게 독수리의 날개를 달아주고 우리의 힘을 끊임없이 소생시키는지 지금은 훨씬 잘 이해할 수 있다.

오시는 하나님에 관한 말씀은 하나님이 출현하시리라는 사실뿐만 아니라 하나님이 우리의 온 존재를 서서히 기대로 변형시키실 것이라는 사실도 우리에게 일깨워 준다. 이 때가 되면, 우리는 이제 더 이상 기대들을 갖지 않는다. 바로 기대 그 자체가 된다. 그러기에 존재하는 우리 모두는 '기다림'이 되어 있을 것이다.

12월 4일, 수요일

트루디 딕슨은 〈선정신(禪精神), 초심자의 정신〉을 편집한 사람이다. 그는 선사와 제자 사이의 각별한 관계를 이렇게 말하고 있다: "선사는 모든 인간이 잠재능력으로 다 지니고 있는 완벽한 자유를 실재화한 사람이다. 그는 자신의 온 존재로 완벽하게 존재한다. 그의 의식의 흐름은 우리의 통상적인 자기 중심의 의식처럼 반복된 형태로 고정되어 있지 않다. 현재의 실제 환경에서 자발적이고 자연스럽게 솟아난다. 그 결과는 삶의 질 면에서 아주 특별하게 나타난다—낙천성, 열정, 강직함, 단순, 겸손, 평온, 기쁨, 신비한 통찰력, 측량할 길 없는 자비. 현재의 실재 속에 살아간다는 것이 무엇을 뜻하는지를 그의 온 존재가 증명한다. 아무런 말이나 행동 없이도 이토록 발전된 인격체와 만남이 갖는다는 것은 대단한 영향을 끼친다. 다른 사람이 살아온 길 전체를 충분히 바꾸고도 남는다. 그러나 결국, 제자를 당황하게 하고 호기심을 갖게 하고 심화시키는 것은 선사의 비범함이 아니라 그의 철저한 평범함이다. 선사는 바로 자기 자신이기에, 제자들에게 거울이 된다. 그와 함께 있으면, 우리는 그에게서 칭찬이나 비판을 전혀 감지하지 않는 채, 우리 자신의 장점과 결함들을 느끼게 된다. 그의 존재 속에서 우리는 우리의 본모습을 들여다본다. 또 우리가 목격하는 그 비범한 모습은 우리의 진정한 본모습일 따름이다. 우리가 자신의 본모습이 자유롭게 풀려나도록 만들 줄 알 때, 스승과 제자 사이의 경계선들은 존재라는 깊은 흐름 속으로 사라지고, 열려지는 그분의 마음 안에서 기쁨을 누리게 된다."[1]

스승과 제자의 관계에 대한 이 아름다운 글은 사도들이 예수님을 만나 그분과 함께 생활하면서 어떤 체험들을 했을 것인지를 내가 이해하는 데 큰 도움이 된다.

12월 5일, 목요일

오늘 네덜란드에서는 모두가 선물을 교환하는 날이다. 성 니콜라스의 밤—가장 흥겹고 민속적인 네덜란드의 축제인 것이다. 놀라운 일들이 잔뜩 벌어진다. 어린이들이 중심이 되지만, 누구 하나 관심의 대상에서 제외되지 않는다. 오늘밤 그 축제가 그립다. 네달란드 바깥에 나와 있는 네덜란드인들 역시 그럴 것이다. 그래서 모일 수 있는 다른 네덜란드인들과 함께 나름대로 성 니콜라스의 밤을 만들어 축하할 것이다.

요즘 매우 비네덜란드적 사상에 관한 책을 읽고 있다. "초심자는 마음에 '나는 무엇인가를 터득했다'는 생각을 전혀 갖지 않는다. 자기 중심적인 생각들은 하나같이 우리의 넓은 마음을 한정시킨다. 우리가 성취에 대한 생각을 전혀 갖지 않고 자기를 조금도 생각하지 않을 때, 참된 초심자가 된다. 그리고 그럴 때 실제로 무엇인가를 배울 수 있다. 초심자의 마음은 긍휼의 마음 그것이다. 우리의 마음이 긍휼로 가득 찰 때, 그것은 한이 없다."[2]

나는 이런 말들이 좋다. 대림절을 위해서도 매우 중요하다. 열려 있고 자유롭고 유연하며 수용적이다. 이것이 바로 우리를 준비시키는 마음가짐이다. 내가 깨닫기에는, 선(禪)에서는 그 누구도 또는 그 무엇도 기대하지 않는다. 그렇다 하더라고, 스즈키가 제자들한테 이야기하고 있는 것들 모두가 그리스도인들이 듣고 깨달아야 할 중요한 것이라고 생각된다. 초심자의 마음, 곧 "내가 무엇인가를 터득했다"는 생각을 전혀 품지 않는 마음이야말로 은혜를 향해 열린 마음이 아닐까? 이것이 바로 눈에 보이는 것마다 놀라움을 터뜨리는 어린아이의 마음이 아닐까? 그리고 내일에 대한 염려로 가득 차지 않고 현재의 순간에 깨어 경계하는 마음이 아닐까?

스즈키의 글을 읽고 있노라면, 멀리서 들려와 영혼 깊숙이 반향을 일으키는 아련한 소리를 듣는 것처럼 느껴진다. 이 소리는 멀리서 들리면서도 가까이 있고 낯설게 들리면서도 친숙하고 동양적인 소리이면서도 그리스도교적인 소리이다. 이 소리는 아기를 보러 맨 먼저 찾아온 낯선 동방박사와 흡사하다.

스즈키는 말한다: "몇 년이 지나면, 우리는 죽을 것이다. 만일 이것이 우리 인생의 끝이라고 생각한다면, 그것은 잘못 이해한 것이리라. 그러나 반대로 우리가 죽는 것이 아니라고 생각하는 것도 잘못이다. 우리는 죽지만, 결코 죽지는 않는다. 이것이 올바른 이해다."[3]

이것은 나의 가장 깊숙한 자기(self) 속에서 울려퍼지는 소리요, 저 멀리서 들려오는 소리이다. 이 소리는 나사렛 사람의 말씀을 나에게 각인시켜 준다. 그분은 떠나셨지만, 여전히 남아 계신다. 그분은 죽으셨지만, 여전히 살아 계신다. 그분은 이미 오셨지만, 장차 다시 오실 것이다.

12월 6일, 금요일

수도원에 와서 며칠 지내다 간 내 제자들 가운데 봅이라는 친구가 있다. 그런데 오늘 실베스터 수도사가 봅한테서 우편엽서를 받았다고 말하였다. 그는 기쁨과 감사로 환한 모습이었다. 그 모습을 지켜보면서 나는 깨달은 것이 있다. 하루의 '굵직한 사건들'이 우리 마음 깊숙이 다가오지 못하는 데 반해서, 지극히 하찮은 우정의 표시들이 커다란 기쁨을 주고, 사람들 사이의 지극히 하찮은 불화가 커다란 슬픔을 가져올 수도 있다는 것을. 친구한테서 오는 뜻밖의 쪽지나 이웃이 지나치면서 하는 말이 내 하루를 기분좋게 하기도 하고 기분잡치게 하기도 한다. 그런데 물가 인상과 경기 후퇴, 전쟁과 압제는 내 감정을 직접적으로 건드리지 못한다. 먼 곳의 대참사는 내 곁의 불상사보다 영향력이 적다. 사람들 사이의 사소한 말다툼이 세계적인 대재난보다 더 열을 내게 만든다. 화재로 수도원이 무너져 내린들, 멀쩡한 담장 안의 경쟁심보다야 덜 '위험'하다.

하지만 이런 사실들을 안다고 해서 우리가 그것을 얼마나 살려쓰고 있는가? 고맙다는 쪽지를 써 보내는 일, '그냥 인사차' 엽서를 보내는 일, 또는 '그 동안 어떻게 지내는지 알아보려고' 전화 한 통화 하는 일처럼 쉬운 일이 어디 있는가? 그럼에도 불구하고, 나는 이런 일을 거의 안하고 있지 않은가! 그러나 사람들한테서 "말씀이 좋았습니다"라거나 "하신 이야기가 들을 만했습니다"라는 말을 들을 때마다, 나는 내적 생명력이 솟구치고 하루가 더 밝게 느껴진다. 초목이 더 푸르러 보이고 흰눈이 이전보다 더 하얗게 느껴지곤 한다. 사소하고 아주 하찮아 보이는 몸짓이라도 내 마음을 그토록 크게 변화시킬 수 있다는 것은 실로 엄청난 신비이다. 마음에 가닿는 길은 언제나 조용하고 온화한 길인 것 같다. 추수감사절이 지나고 모르는 사람한테서 쪽지 하나를 받았다. 그녀는 내 글을 읽고 나의 삶에 꽤 깊은 공감을 느꼈다고 쓰고 있었다. 이런 순간들이야말로 인생에서 가장 소중한 순간들이라 여겨진다.

실베스터 수도사의 기쁨에 찬 눈이 나한테 들려준 이야기는 영영 잊지 않았으면 싶은 이야기이다.

12월 7일, 토요일

올해는 성자 하나님이신 아기 예수의 어머니, 마리아의 수태를 묵상하는 날이 공식 축제일보다 하루 앞당겨 경축된다. 이 축제일을 맞아, 대림절의 모든 고요한 아름다움이 한꺼번에 그 풍요와 환희를 내뿜는 것 같다. 마리아 안에서, 우리는 대림절의 아름다움 전체가 응집되어 있음을 본다. 그녀는 이스라엘의 기다림을 가장 충만하고 가장 순수하게 드러내고 있다. 하나님께서는 이스라엘의 남은 이들을 위하여 그 자비를 보여 주시고 그 약속을 실현해 주신다. 마리아는 그 남은 이들 가운데 마지막 사람이다. 마리아는 주님께서 자신에게 하신 약속이 실현될 것을 믿는 신실한 사람이다. 그녀는 비천한 여종이요, 순종적으로 섬기는 이요, 조용한 묵상가이다. 그녀는 실로 주님을 받아들일 준비가 가장 잘 되어 있는 사람이다.

보기에, 이 축제일을 경축하는 시기로 대림절 기간보다 더 좋은 때는 없는 것 같다. 이 축제일은 주님을 맞이할 준비가 되어 있는 그녀의 아름다움을 기리는 날이다. 이것은 왕이 드실 왕궁, 신랑이 들 신방, 위대한 만남이 이루어질 화원을 예찬하는 것과 같다.

하나님께서 아담에게 손을 뻗어 그를 생명으로 부르시는 시스틴 성전의 천정화가 생각난다. 얼마나 아름답게 창조된 인류인가! 이제 하나님은 인류를 이전보다도 한결 더 아름답게 재창조할 손길을 기다리고 있는 그녀에게 또다시 자신의 팔을 뻗치신다. 이런 축제를 벌이는 것은 성탄이라는 대사건을 예기하는 것이다. 결혼예식 전야, 기쁨과 기대로 충만된 어린아이 같은 기분. 나는 이미 신부의 결혼예복을 보았고, 이미 꽃다발 향기를 맡았으며, 이미 결혼축가도 들었다. 이제는 더 이상 의심의 여지가 없어졌다. 내일이면 결혼예식이 분명히 있을 것이다. 모든 준비가 다 갖추어진 셈이다.
 이 축제일은 대림절에 참된 성격을 부여하고 있다. 대림절은 진실로 기쁨의 계절이다. 대림절은 사순절처럼 참회가 주류를 이루는 계절이 아니다. 그렇다. 그러기에는 기대되는 바가 너무도 엄청나다. 이 시기에 무엇보다도 최우선적인 것은 바로 기쁨의 체험 그것이다.

12월 8일, 주일

 존 유즈 원장이 수도사들이 전체 모여 있는 자리에서 우리는 천하고 온유한 인간의 모습으로 오신 그리스도의 첫 번째 강림만을 갈구하지 말고, 우리 인생의 심판관으로 오시는 그분의 두 번째 오심도 마땅히 갈구해야 한다는 말을 하였다. 나는 그리스도의 심판에 대한 갈망이야말로 거룩의 진 면목임을 알아챘다. 그리고 나한테 이런 갈망이 얼마나 없었던가를 깨달았다.
 이그니의 게릭은 대림절 설교에서 이 재림을 뜨겁게 갈망하기가 쉽지 않다는 걸 수긍한다. 그러므로, 우리가 심판의 날을 열망으로 준비할 수 없다면, 최소한 두려움으로라도 준비하자고 말한다. 두려움이 열망이 되는 지점까지 그 두려움을 서서히 그리고 부단히 심화시켜 나가는 것이 그리스도교적 성숙의 중요한 일면이 된다는 점을 이제는 더 잘 알게 되었다. 하나님을 두려워하는 것이 그분의 자비와 상반되는 것은 아니다. 따라서, 우리가 두려움과 열망, 정의와 자비 같은 말들을 주님과의 친밀한 관계 속에서 사용할 때에는, 그런 말들을 새로 배우고 새로 이해하지 않으면 안 된다.

12월 9일, 월요일

 12월 1일자 〈뉴욕 타임즈〉 '출판 동향'란에는 올해 나온 신간도서들의 요지를 마음이 확 끌리도록 개괄해 두고 있었다. 평론뿐만 아니라 광고들도 글쓴 이와 읽는 이의 마음에 쏙 들도록—어쩜 그 이상으로—멋지게 부각되어 있었다.

수백 권의 책들이 발표, 묘사, 추천, 비평되어 있었다. 그런데 그 가운데 종교적 성격을 띤 책자는 불과 몇 권 되지 않았다. 한 떼의 솔개들 틈에 낀 외로운 비둘기처럼, 씨베리출판사에 펴낸 〈순례자의 길〉 광고가 실려 있는 것을 보았다. 광고문은 "아름다운 책갑에 모직 천 장정본, 단돈 7달러 50센트, 지금 판매 중"이라고 되어 있었다. 유일한 관심사라고는 간단없이 기도하는 것뿐인, 그리스도 안에서 떠도는 이 불쌍한 방랑자가 이처럼 값비싼 의상을 걸치고 미국 출판업자들의 경쟁세계에 뛰어든 기구한 운명에 대하여 생각해 보았다. 하지만 이 러시아의 순례자를 제외하면, 대부분의 지은이들과 그 작품들이 내보이고 있는 관심사는 아주 딴판이었다. 신간들 대다수가 앞을 내다보기보다는 뒤를 돌아보고, '그 좋았던 옛시절'에 더 많은 관심을 보이고 있다는 인상을 받았다. 분명 낭만주의가 소생하여 출판계를 횡행하고 있는 것이다. 많은 저서들이 이전 세대들의 잊혀진 보화들을 상기시켜 주고 있다. 세상에 몇 남지 않은 고요한 자리들을 찾도록 돕거나 과거의 단순한 생활 양식들을 내보이고 있다. 책 제목들—〈과거의 생활방식〉, 〈시골 소년〉, 〈추억의 시간들〉, 〈뉴바의 최후 인간〉—마저 과거엔 지금보다 더 좋은 시대가 있었고, 우리가 사는 곳보다 더 멋진 곳이 있었음을 넌지시 말하고 있다.

전시되고 논의된 수많은 책들을 보아도, 글쓰는 내 용기는 결코 사그라들지 않는다. 오히려 반대로 이 세상 속에 들어가 희망의 단어를 말하고 싶은 갈망이 점점 더 커지는 것을 느낀다. 정치적 또는 경제적 위기를 맞은 시기에는 사람들이 좀더 내성적이고 생각에 잠기게 되는 경향이 있다. 그래서 책들이 때로는 일종의 집단적 백일몽을 부추기고 도피처를 창조해 내기도 한다. 그러나 책들은 위로와 새 힘을 줄 수도 있다. 바라건대, 이런 책을 읽는 이들이 기억을 다시 새롭게 떠올림으로써, 새로운 포부와 새로운 동기를 부여받아, 지금의 현실을 직면하고 새로운 세상을 위하여 한 마음 한 뜻으로 일했으면 한다.

12월 10일, 화요일

1941년 12월 10일에 토마스 머튼은 겟세마네에 들어갔다. 그리고 1968년 12월 10일에 방콕에서 하나님 품에 안겼다. 우리는 오늘 아침 예배 가운데 그를 위하여 기도하였다.

나는 수도원에서 이렇게 지내면서 지난 몇 주간을 특별 성찰 기간으로 삼으려고 애써 왔다. 일종의 영성수련 중의 영성수련인 셈이다. 나는 지난 몇 주간이 정신적으로 가방을 챙기는 기간이 되지 않고, 수도적 체험에 좀더 깊숙이 파고드는 기간이 되었으면 하였다. 대림절이 실로 큰 도움이 되고 있다. 대림절이 시작된 이래, 나는 엄청난 평화와 내적 고요를 맛보아 왔다. 이곳 사람들과 이곳 생활에서 나는 충분히 편안함을 느끼곤 하였다. 육체노동도 그다지 많지 않고, 하는 일은 빵공장 일이나 석재작업이다. 많은 책을 읽거나 새로운 자료와 생각들을 수집하려는 욕심도 없다. 그래서 아주 자유롭게 기도와 영적 독서와 고요한 생활에 많은 신경을 쓸 수가 있다. 모든 사람들이 새 성전 일로 아주 분주한 터라, 좀더 작업에 임하지 못하고 있는 내가 상당히 죄송하게 느껴질 때도 있다. 그러나 이런 죄책감은 그릇된 것이요 내가 거기에 입각해서 움직여서는 안 된다고 깨닫고 있다. 간혹 새 책들을 깊이 파고들고 싶기도 하다. 그러나 이 일 역시 해야 할 중요한 일이 아님을 알고, 그 생각을 유혹이라 받아넘긴다. 나는 조용히 지내면서 오시는 주님에 대한 기대감이 마음 속에서 자라나도록, 그리고 지금 여기에 있는 사실을 기쁨으로 누리도록 애쓰고 있다.

평온, 휴식, 평정, 느긋한 기쁨, 온유, 이런 것들이 나의 현재 생활을 가장 잘 묘사하는 느낌들이다. 심한 적대감이나 실망도 전혀 없다. 떠나는 데 대한 깊은 불안이나 고향에 돌아가는 데 대한 두려움도 전혀 없다. 전혀 아무 것도 없다. 그 어떤 우려도, 심지어 사회-경제적 또는 정치적 앞날에 대한 걱정도 없다. 오늘도 신문을 읽었는데, 지난주가 그 앞주들보다 조금도 나아진 게 없음을 알게 되었다. 그래도 마음이 심히 상하거나 초조해 하지는 않았다. 오후는 대부분을 눈이 덮여 미끄러운 바윗돌들을 성전 안으로 운반하는 데 보냈다. 이 돌들은 성전 내벽에 쓸 것들이었다. 내가 6월에 냇물에서 주워올린 바윗돌이구나라고 알아볼 때도 더러 있었다. 나는 그것을 즐겼다. 사람들과 돌들이 친근하게 느껴졌다. 나는 말하고 싶을 때 말했고, 입 다물고 싶을 때 입을 다물었다. 그것이 실제로 별 대단한 문제 같아 보이지는 않았다. 나는 매우매우 편안하고 차분한 느낌이다. 어떤 소음이나 어떤 말이나 어떤 행동도 이 고요함을 깨트리지는 것 같지는 않아 보인다. 은혜가 충만한 시간이다. 하나님이 가까이 계신다.

12월 11일, 수요일

존 유즈 원장과 아주 도움이 되는 한때를 보냈다. 너무나 고요한 느낌. 덜 불안해하고, 더욱 기도에 힘쓰며, 덜 강박적이고, 더욱 자유로워진 느낌. 나는 내 안에 스며드는 이런 느낌들에 대해서 표현하였다. 그러자 그가 말하였다. 내가 이곳에 머무르려고 왔다면, 지금이 바로 수련복을 받아 입을 때라고. 보통 여섯 달 정도 지나면, 지원자가 본격적인 영성수련에 들어갈 수 있을 만큼 충분히 편안해진다는 게 일반적인 경험이란다. 그런데 내가 그 사실을 다시 확인시켜 준 데 대하여 그는 기뻐서 어쩔 줄 몰랐다.

나는 존 유즈 원장에게 이제 어느 정도 강박증에서도 벗어난 듯한 느낌이라고 설명하였다. 보통, 편지를 많이 받을 때는, 내가 너무 바쁘다고 불평한다. 그러다 편지를 한 통도 받지 못하면, 사람들의 무관심을 탓한다. 노동을 많이 할 때는, 공부하고 기도해야 하는데 시간이 없다고 불만이다. 그러다 노동을 별로 하지 않을 때는, 기여하지 못하고 있다는 데 죄책감을 느낀다. 이런 의미에서, 나는 어떤 프랑스 성직자가 내다본 전망을 전적으로 뒷받침해 준 셈이다. 곧 그는 15년간 성도들을 상담한 뒤, "사람들은 너무나 행복하지 못하며, 우리는 결코 성장하지 못하고 있다"[4]는 두 가지 사실을 배웠다. 그러나 지난 몇 주에 걸쳐, 내 강박증들을 '들여다보고' 그것들을 놓아줄 수 있는 내적인 거리를 느꼈다. 그 결과, 어느 정도 새로운 내적 자유를 체험하였다.

존 유즈 원장은 내 강박적인 행위가 어느 정도까지 존재 방식, 곧 모든 것이 '불가피한 의무'라는 관점에서 체험되는 존재 방식의 일부로 보여질 수 있는지를 내보여 주었다. 나는 이곳에 있어야 한다, 나는 이러이러하게 생각해야 한다는 등. 이러한 존재 방식에는 여러 가지 수준이 있다. 그리고 인격의 많은 부분들에 영향을 미친다. 그러나 내가 그 징후들을 일정한 거리를 두고 바라보면서 그것들이 '불가피한 의무'라는 강박증의 징후들임을 인식하게 되면, 서서히 그 뿌리를 싹싹 파고 내려가서 세상과 관계맺는 다른 방식을 택할 수 있다.

존 유즈 원장이 지적했듯이, '불가피한 의무 양태'는 정체성 투쟁과 긴밀하게 얽혀 있다. 내가 '마땅히 해야 할' 말, 생각, 행동, 느낌에 끊임없이 관심을 기울이는 한, 나는 여전히 내 주변의 희생제물이 되어 해방되지 못한다. 내 스스로 창조한 모습에 맞추어 살도록 일정한 방식에 매여 행동하지 않으면 안 되는 것이다. 그러나 내가 하나님으로부터 부여받은 내 정체를 받아들이고 그분이 내 삶의 중심이 되시도록 할 때, 나는 강박증에서 해방되어 아무런 속박없이도 움직일 수 있다.

12월 14일, 토요일

지난밤, 로체스터에 있는 성 버나드 신학대학원에서 온 반 토레 교

수가 수도사들에게 몇 마디 말을 해주었다. 그 말들 속에서 그는 내가 전에 들은 적이 있는 실례를 한 가지 내보였다. 그런데 뜻밖에도 나한테는 이 이야기가 상당히 속깊은 계시와 확신을 가져다 주었다. 마르크 샤갈이 예루살렘에 있는 하다샤-히브리 대학교 의료센터의 회당을 위하여 만들어 준 색유리창을 보고 감탄이 절로 나온 한 사람이, 친구들한테 그 아름다움을 확실하게 전하는 유일한 길은, 그들을 그 회당으로 데리고 들어가는 길밖에 없다는 이야기.

이 생각이 온종일 내 안에 머물렀다. 영성을 내면에서부터 가르쳐야 한다는 중요한 사실을 그 어느 때보다 더 깊이 확신시켜 주었기 때문이다. 다음 학기에, 나는 다시 대학에서 가르치는 일에 전념하게 될 것이다. 거기서 내가 할 일은 아름다운 유리창을 만드는 것이 아니다. 학생들을 회당 안으로 이끌고 들어가, 그들이 햇빛이 비쳐드는 때의 그 찬란한 색채를 직접 목격하도록 만드는 일이다. 학생들이 말로는 영성에 관심이 있다고 하면서도, 바깥에만 머무르려 할 수도 있을 것이다. 그런 때는 그 어떤 논리나 그 어떤 열성적인 설명이나 그 어떤 풍부한 어휘로도 내가 아는 것을 그들에게 다 알릴 수 없을 것이다. 그들이 나와 함께 영성과 직결되는 그 체험 속으로 들어갈 때라야 비로소 참다운 배움이 이루어질 것이다. 그렇다고 해서 비판적인 거리가 불가능하다거나, 주관이 유일한 판단기준이 된다는 뜻은 아니다. 오히려 그 반대다. 우리는 내부로부터도 뒤로 물러설 수 있고 비판을 견지할 수 있다. 우리가 내부로부터 보는 모든 것들이 반드시 아름답다거나, 가치있다거나, 좋은 것은 아니다. 사실, 외부보다는 내부로부터 나쁘고 좋은 것, 더럽고 아름다운 것, 부적절하고 적절한 것을 더 잘 구분할 수 있다.

그렇다면 기도에 관하여 이야기하는 길은 함께 기도하는 것밖에 없다는 뜻일까? 나는 그렇게 생각하지 않는다. 물론 유대의 종교적 전통을 전혀 모르는 사람보다는 유대인이 샤갈의 색유리창의 아름다움을 더 깊이 이해할 것이다. 그러나 그렇다고 하더라도, 꼭 유대인이어야만 그 아름다움을 즐기고 음미할 수 있는 것만은 아니다. 그렇지

만 일단 유대인들의 세계 곧 회당으로 들어가야만 마침내 그 색유리
창의 아름다움을 즐길 수 있게 된다. 이처럼 사람이 기도의 의미를
이해하려면, 기도하는 남녀의 세계 속으로 기꺼이 들어가 내부에서
기도의 힘과 아름다움을 발견해야 한다. 여기서 중요한 문제가 있다.
곧 낯선 이들에게 불편을 느끼게 만드는 그런 식의 행동을 강요하지
않으면서 그들을 기도의 세계로 안내하려면 어떻게 해야 하는가?

때때로 이곳 수도원에서 나누는 새로운 체험들 때문에 너무 들뜬
나머지, 나는 다른 누군가가 이런 흥분을 공감하지 못하면 도저히 믿
겨지지 않는 경우가 있다. 이런 현상이 빚어지는 이유가 뭘까? 그것
은 나는 안쪽에서 소리치고 있는데, 어깨를 으쓱하는 내 친구들은 동
일한 것을 바깥쪽에서 바라보면서 내가 왜 그토록 '과장'을 하는지 의
아하게 여기도 있다는 것을 내가 망각했기 때문이다.

내 친구들한테 색유리창의 아름다움을 설득하려 하기보다는 그보다
먼저 그들을 건물 안으로 끌어들이는 데 내 시간과 정열을 바칠 가치
가 있다. 이 부분에는 추호의 의심도 없다. 그렇게 하지 않을 때, 나
는 평범한 교육적 통찰을 상실한 채 안달하는 바보가 되고 말 것이
다.

12월 15일, 주일

오늘은 '대림절 셋째 주일'(Gaudete), 곧 기쁨의 날이다. 성만찬예식
입당송으로 우리는 "주님께서 오실 날이 가까웠으니, 주님과 함께 항
상 기뻐하라"는 사도 바울의 말씀을 노래하였다.

주일설교에서 존 유즈 원장은 이 고대하는 기쁨에 관한 멋진 묵상
거리를 내보였다. 우리는 주님이 오시리라는 것을 알고 있다. 그러기
에 우리는 이 순간 이미 기쁠 수밖에 없다. 우리의 기대가 기쁨으로
변하면서 그 기쁨은 다시 다른 이들에게 베풀고자 하는 욕구로 이어
진다. 참된 기쁨은 언제나 나누고자 한다. 다른 사람에게 기쁨을 전

달하고 우리가 받은 선물들을 함께 나누도록 초대하는 것이 기쁨의 본성이다.

대림절은 진정 기쁘게 기다리고 기쁘게 베푸는 시기이다. 존 유즈 원장은 이같은 분위기가 우리 사회 전체에 아주 팽배해 있다는 점도 지적하였다. 성탄절이 다가올 때면, 질적으로 아주 넘치는 기쁨이 그리스도인들뿐만 아니라 우리 사회에 사는 모든 사람들과도 맞닿게 되는 것 같다. 서구 사람이 일본같이 대림절과 성탄절이 보편화된 사건으로 존재하지 않는 또다른 사회에서 산다면, 이런 기쁨에 찬 기대감이 없다는 게 가장 고통스러울 것이다.

그러나 대림절은 그저 기쁨의 계절만은 아니다. 외로운 이들이 연중 그 어느 때보다 더 외로워지는 시기이기도 하다. 이 시기에 수많은 사람들이 자살을 시도하거나 심각한 우울증세로 병원에 입원한다. 희망을 지닌 이들은 많은 기쁨을 맛보고 베풀고 싶은 마음을 먹는다. 그러나 희망을 갖지 못한 사람들은 평소보다 더 울적해진다. 그 결과, 종종 절망 속에 외로운 자기 자신 속으로 기어들어가 버리는 것이다.

사랑으로 받쳐주는 정다운 공동체 안에 몸담고 있을 때, 대림절과 성탄절은 순전한 기쁨처럼 보인다. 하지만 나의 외로웠던 순간들을 잊지는 말아야지. 별일 아닌 것으로도 외로움이 되살아날 수 있기에. 내가 기쁨 가운데서 외로움을 기억하고 또 장차 외로울 때 기쁨을 기억할 수 있다면, 아마도 외로움을 더욱 힘있게 대면하고 다른 사람들도 그렇게 하도록 도울 수 있을 것이다. 1970년에는 너무나 외로워서 베풀려는 마음이 내키지 않았었다. 그런데 지금은 너무나 기뻐서 베푸는 일이 쉬울 것처럼 생각된다. 언젠가 현재의 기쁨을 기억하고 있기에 쉬울 것처럼 생각된다. 언젠가 현재의 기쁨을 기억하고 있기에 외로움이 내 마음을 물어뜯고 있을 때에도 버티어 낼 힘이 생겼으면 한다. 예수님께서는 가장 외로우신 시기에 가장 많이 베푸셨다. 이 사실을 깨달으면 섬기기 위한 나의 헌신을 강화하고 또 베풀고자 하는 내 의욕이 현실적인 기쁨의 체험에 따라 좌우되지 않도록 하는 데 도움이 될 것이다. 그리고 이 일은 내가 그리스도 안에서 내 삶을 더욱 깊이있는 것으로 만들 때에만 비로소 가능하게 될 것이다.

12월 16일, 월요일

오늘 존 유즈 원장과 만났다. 내가 이곳에 머무는 동안, 또는 내 미래 생활과 관련해서, 갖고 있었던 생각이나 관찰결과나 제언이나 추천사항이 있으면 말해 달라고 부탁하였다. 실제로 지난 7개월 동안, 우리의 정기적인 만남에서 대화 주제를 잡고 논조를 결정한 것은 늘 내 쪽이었다. 그런지라 이제는 그 쪽에서 내가 그 동안 놓치고 지나간 것이나 나한테 표현하고 싶은 것이 있지 않을까 궁금하였다.

존 유즈 원장은 우리가 7개월 동안 너무나 중요한 것들에 관하여 이야기를 나누었다고 보았다. 특별히 어떤 중요한 사항을 내가 놓치고 넘어갔다고는 보지 않았다. 그러면서도 내가 고향에 돌아가서 당면 문제들과 활동에 완전히 빠져들지 않을 수 있는 구체적인 방법들을 찾는 일이 상당히 중요하다고 생각하고 있었다. 그 동안 자주 이야기되었듯이, 나는 뭔가에 지나치게 빠져드는 경향이 있다. 돌발적인 열정에도 자주 휩쓸린다. 필요 이상으로 많은 초청에 응하느라 쩔쩔 맨다. 그 정도 가치가 있는지 그 여부는 생각하지도 않은 채, 거기다 너무 많은 에너지를 쏟아붓는 경향이 있다. 그런 내가 온갖 활동 속에서 꾸준히 기도생활을 하고 어느 정도 마음의 순결을 보존하려면, 일정한 삶의 울타리를 세우고 "노우"(no)라는 말을 좀더 자주 할 수 있는 길을 모색해야 할 것이라는 말이었다.

나는 이 영성수련 기간 동안, 내가 어떤 경위를 거쳐 내 자신의 소명을 더욱 선명하게 파악했는지를 명확히 해보려고 애를 썼다. 그런데 핵심적인 것은 내가 성직자라는 것과 내가 그리스도교 영성분야를 공부하고 가르치도록 부르심을 받고 있다는 것 두 가지로 생각되었다. 나는 여섯 살 이후로 죽 성직자가 되고 싶었다. 이 욕구는 멋진 배를 몰던 어느 마도로스의 정복 차림에 홀딱 반한 몇 개월을 제외하고는 한 번도 흔들려 본 적이 없었다. 그리고 성직자의 길을 가기 위한 수업을 받으면서는, 그 당시 '수덕 및 신비신학'이라 불리우던 것에 줄곧 각별한 매력을 느꼈다. 심리학, 사회학, 기타 유사한 분야들에 대한 내 공부는 하나같이 영성생활을 할 때 나타나는 여러 가지 문제들을 좀더 깊이 이해시켜 주는 역할을 하지 못하는 한, 아무런 결실도 맺지 못할 것이라고 생각되었다.

나의 흐름은 언제나 심리학적 차원에서 신학적 차원으로, 임상적 고려대상에서 영성적 관심사들로 이동해 왔다. 그간 밟아온 일련의 과정—성격이론, 임상심리학, 종교심리학, 목회심리학, 목회와 영성, 그리스도교 영성의 역사, 기도, 그리고 영성생활—도 줄곧 내가 몸담아 온 흐름을 예시해 주는 것처럼 보인다.

그렇다면 이제 나는 어디에다 역점을 두어야 하는가? 이번 영성수련은 기왕에 존재하는 흐름을 재확인하고 또 강화시켜 주었다고 본다. 현재 분명해지고 있는 것은 두 가지 실재—일종의 기능이자 생활양식으로서 성직자 생활과 특별한 집중해야 할 분야로서 영성 생활—모두를 더욱 깊이, 더욱 철저히, 더욱 광범위하게, 그리고 더욱 학문적인 양식으로 파고들 필요가 있다는 것이다. '말은 덜 하되 더 기도하고 더 공부하고 더 쓰는 것'이야말로 내가 가야 할 방향을 가장 잘 요약하고 있는 것처럼 보인다.

내가 이런 식으로 자기 평가를 내리자, 존 유즈 원장은 그것을 강하게 지지하였다. 그는 내가 지적한 방향이 마땅히 가야 할 내 길 같다고 보았다. 그리고 그렇게 할 때 내가 훨씬 쉽게 영성수련을 유지하고 내 자신을 너무 엷게 벌리는 일을 삼갈 수 있을 것이라고 말하였다. 그는 영성분야의 좀더 학문적인 작업을 좀더 장기적인 저술 계획과 결부시키려는 생각도 강력하게 지지하였다. 그는 내가 말하는 것보다 글쓰는 일에, 조언하는 것보나 공부하는 일에, 사회생활보다 기도하는 일에 더욱 신경을 써야 한다고 강하게 느끼고 있었다.

이런 모든 일을 생각해 보니, 나는 내가 수도원에서 머물 수 있는 기간이 꼬박 한 주일밖에 안 남았다는 것을 알게 되었다. 이제는 진짜로 '마무리 과정'이 시작되는구나!

12월 17일, 화요일

리처드한테서 편지가 왔다. 거기에는 이런 대목이 적혀 있었다: "……이제 한 달째 진통수면제 없이 넘어가고 있네! 정말이지 통증이 갈수록 줄어들고 있네. 어제는 네 시간을 차를 몰았다네. 나는 통증에 대해서는 더 이상 생각지 않을 정도까지 되었다네. 두통이 여전히 문제지만 그것 역시 효험이 나타나고 있네. 지난 며칠간 글을 써보았네. 이 일 역시 결국은 손에 잡혀가는 것처럼 보이네."

이 편지를 받고 나는 뛸 듯이 기뻤다. 그가 느끼는 등의 통증을 나도 느낄 수 있을 정도까지 열렬히 기도를 드리고, 야고보 수도사에게 기도를 부탁하고, 전체 공동체에 리처드를 위하여 기도해 주도록 당부한 다음이라, 이 편지의 내용은 나에게 음악소리같이 들려왔다. 이제 와서 생각해 보니, 하나님께서 우리 기도를 들으시고 리처드를 조속히 그리고 완벽하게 치유해 주시리라는 것을 정말 한순간도 의심해 본 적이 없었음을 알게 되었다. 그리고 하나님이 정말 이렇게 풍성하게 응답해 주시니 얼마나 고맙고 기쁜지 모른다. '놀랄 게 하나도 없다!'는 말과 '정말정말 놀랍다!'는 말이 매한가지이며 동일한 감정으로 녹아드는 것만 같다.

나는 리처드의 편지를 받은 뒤, 그를 많이 생각하고 그를 위하여 기도도 많이 드렸다. 그리고 야고보 수도사와 전체 공동체에도 기도를 계속해 달라고 당부하였다. 우리의 온 존재—몸과 마음과 영혼—가 치유되는 게 얼마나 어려운가를 나는 알고 있다. 그러나 지금은 리처드의 '때'요, 그에게는 통증을 벗어 던지고 자기에게 손을 뻗치시는 '타자'와 다른 이들한테 스스로를 열어보일 수 있는 힘이 있다는 것도 알고 있다. 이 모든 것을 알게 되니, 이곳에서 보내는 마지막 며칠에 특별한 기쁨이 추가되는 듯싶다.

오늘 오후에는 세 시간 동안 바윗돌들을 날랐다. 일이 재미있었다. 온화한 날씨에, 진흙탕도 그리 나쁘지 않았다.

12월 19일, 목요일

대림절 마지막 주간. 예전도 주님께서 오신다는 데 대한 흥분을 더 이상 감추지 못하고 기대에 찬 기쁨을 마구 터뜨리고 있는 것만 같다. 저녁기도 가운데 '알렐루야' 응답송들은 들뜬 흥취를 거리낌없이 내보이고 있다: "알렐루야 지존하신 이의 입으로부터 나오는 지혜시여, 알렐루야 이스라엘 가문의 주님이시요 지도자시여, 알렐루야 뭇 백성들의 표적이신 이새의 뿌리시여, 알렐루야 다윗의 열쇠요 이스라엘 가문의 왕권이시여, 알렐루야 떠오르는 태양이시요 영원한 광채시여, 알렐루야 임마누엘이시요 모든 나라들의 기대시요 구세주시여─우리 주 하나님, 우리를 구원하러 오시옵소서." 12월 17일부터 24일까지 매일 저녁 새로운 '알렐루야'가 노래되면서 기다림과 환영, 기대와 목격, 희망과 수용, 미래와 현재가 자신의 백성을 찾아주신 주님께 드리는 단일한 찬양으로 서서히 녹아들고 있는 것이다.

기다리는 것이 배우는 기간이라는 생각이 든다. 우리가 오래 기다릴수록 기다리는 그분에 관하여 많은 것을 듣게 된다. 대림절이 한 주간 한 주간 흐르면서 우리는 오시기로 된 분의 광채와 아름다움에 관하여 더욱 많은 말씀들을 듣고 있다. 예배 때 듣는 복음서 말씀들은 하나같이 예수 탄생 이전의 사건들과 그분을 영접할 준비를 하고 있는 사람들에 관하여 이야기한다. 또다른 성경봉독에서 이사야가 우리 희망을 강화하고 깊게 만드는 예언들을 숱하게 내보인다. 노래와 성서일과, 주석, 응답송, 그 모두가 오시는 주님의 무대를 앞다투어 완성시켜 나간다.

이 모두가 놀랍도록 아름답다. 하지만 혹시 이 모든 준비가 결국 용두사미꼴로 끝나는 것은 아닐까? 나는 그렇게 생각하지 않는다. 대림절은 장차 일어날 그 어떤 아름다운 광경에 대한 기대 때문에 신경쇠약을 일으키지는 않는다. 반대로 대림절은 내적 평온과 기쁨을 심화시킨다. 기다리고 있는 그분이 이미 오신 분으로 내 마음의 고요 속에서 말씀하고 계신다는 사실을 깨닫게 한다. 어머니는 자기 뱃속에서 자라는 아기를 감각적으로 느낀다. 출산하는 날 놀라는 일이 없다. 외려 기다림 속에서 익히 알게 된 그 아기를 기쁨으로 받아들인다. 그렇듯, 예수님도 나의 삶 속에서 서서히 그리고 끊임없이 나실 수 있다. 기다리는 동안 익히 알게 된 분으로서 영접받으실 수 있다.

이 마지막 주는 참으로 행복한 주간이다.

브라이언 수도사가 일을 하다가 부상을 당했다. 상당 기간, 침대에 누워 지내야 할 것 같다. 돌덩이들을 실은 트로얀의 바께쓰가 그의 오른발 엄지발가락 위를 내리쳤던 것. 발가락이 으스러지고 발톱도 빠져 버렸다. 지금 그는 붕대를 감아 거대한 엄지발가락을 이불 밖으로 삐죽 내민 채 침대에 누워 있다. 의사 말로는 1주일은 누워 있어야 하고, 2주일은 목발을 짚고 다녀야 한다나. "아이고, 또 귀찮게 됐네!" 브라이언 수도사가 이렇게 툭 내던지는 말이 그 상황에는 더 어울리는 것 같다. 실제로 고통은 더 이상 없다. 그는 읽고 쓰고 문병 오는 사람들을 맞을 수 있다. 치료 첫날에도 그의 주의력은 결코 줄어들지 않았다. 기도시간에 패트 수도사는 "발가락을 다친 브라이언 수도사를" 위하여 기도하였다.

12월 21일, 토요일

가외의 빵에다 가외의 바윗돌. 오늘 오전에 클리블랜드에 새로 마련된 '선반 공간'을 채운다는 희망으로 1만 개의 빵이 가외로 구워졌다. 중개인이 빵거래가 좁은 지역으로 한정될 경우 가격인상에 따라 판매량이 감소될 것이므로, 수도원측은 마땅히 '수도사의 빵' 공급지역을 넓혀야 한다고 생각하고 있다. 그래서 거기에 맞추려고 오늘 기계라는 기계는 죄다 돌리게 된 것이다.

오후에는 묵직한 바윗돌을 몇 개 주우러 냇가에 나갔다. 6월엔 그렇게 조용하고 잔잔하던 냇물이 지금은 작은 급류처럼 보였다. 내 오른쪽 장화에 구멍이 뚫려 차가운 물이 금방 새어들었다. 껴신은 구두와 발이 흥건히 적셨다. 트로얀 위에 높이 올라앉아 젖을 염려가 없는 바드리시오 수도사와 신발을 바꿔 신었다. 그랬더니 존 유즈 원장을 도와 냇물에서 바윗돌들을 끄집어내어 통에 담는 일이 쉬워졌다.

3시에는 내 방 청소를 하였다. 엄청난 양의 먼지. 허긴 3주째 방 청소를 잊고 지냈으니! 기분이 상큼했다. 없어도 무방한 옷가지들은 모조리 세탁소로 집어던졌다. 간단한 목욕도 했다. 그런 다음, 이제는 충분히 빗질할 만큼 길게 자란 머리를 빗고 깨끗한 수도복을 걸쳤다. 온통 반짝반짝한 모습으로 저녁기도에 나갔다. 화환 위에서는 네 개의 촛불이 타오르고 있었다. 대림절 마지막 주일에 드리는 첫번째 저녁기도였다.

12월 22일, 주일

오늘 아침 주일설교 때, 나는 존 유즈 원장의 요청으로 이곳에 머무는 동안 받은 인상들 몇 가지를 공동체와 함께 나누는 시간을 가졌다. 존 유즈 원장은 지난주에 이런 자리를 마련하겠다고 이야기했었다. 나는 내 감사와 기쁨의 감정들을 '내 형제들'과 함께 나눌 수 있어서 매우 기뻤다.

하지만 깊이있고 폭넓은 체험과 감정을 몇 분 안에 표현하기란 결코 쉽지 않은 법. 결국 내가 한 이야기는 주님에 관하여 약간, 세상에 대하여 약간, 수도사들에 관하여 약간, 그리고 성자들에 관하여 약간 언급하는 것으로 끝났다. 그 주된 내용은 다음과 같다:

어린아이였을 때, 어머니는 "사랑하는 예수님, 모든 것을 예수님을 위하여 하게 해주십시오!"라는 간단한 기도를 나한테 가르쳐 주셨다. 정말 간단한 기도였지만 알아듣기가 힘들었다. 그러나 그 동안 내가 본 내 인생은 오히려 "예수님, 일부는 예수님을 위하고 일부는 저를 위하는 것으로 나누시지요"라는 식의 삶이었다. 주님을, 그리고 주님만을 섬기는 헌신은 실천하기 힘들다. 하지만 그래도 거룩의 표지가 바로 그것이다. 내 삶은 늘 일종의 절충이었다. "분명히, 나는 성직자다. 하지만 사람들이 나를 성직자로서 좋아하지 않는다면, 그들한테 내가 심리학자라는 사실도 내보일 수 있다. 그러면 그들은 그것 때문에 나를 좋아할지도 모른다." 이런 자세는 주임무가 만족을 주지 못할 때, 어느 정도 만족을 누릴 수 있는 다른 취미들을 갖는 것과 같다.

지난 7개월은 주님을 사랑한다는 게 얼마나 많은 것을 요구하는지를 나에게 보여 주었다. 내가 주님께 철저하게 그리고 무조건적으로 헌신하지 않는 한, 나는 결코 행복하지 못할 것이다. 일관된 마음을 갖고 '한 가지를 바라는 것'이 내 희망이요 목표다. 그것만 실현되면 분열된 마음에서 비롯되는 수많은 혼란과 아픔을 떨쳐버릴 수 있다. 주님께서 중심에 자리하시게 할 때, 삶은 한결 더 단순하고 한결 더 일관되며 한결 더 집중된다. 이곳 수도원 생활은 나를 그리스도께 더 가까이 이끌어 주었을 뿐만 아니라, 세상과도 더 가깝게 만들어 주었다.

사실 나는 세상과 거리를 둠으로써 세상을 더욱 측은히 여길 수 있게 되었다. 뉴헤이븐에서 일할 때는 당장 대답을 요구하는 당면한 필요들 때문에 워낙 바쁜 나머지, 내 세계의 폭은 일상적인 근심걱정으로 축소되고 더욱 큰 문제들에 대한 시력을 상실하고 만 경우가 많았다. 그런데 이곳 수도원에서는 장소, 주, 나라, 대륙의 경계선 너머를 훨씬 쉽게 바라볼 수 있었다. 온 세상의 고통과 아픔도 더욱 가깝게 인식할 수 있었다. 기도, 편지, 선물, 저술 등을 통하여 거기에 응답할 수도 있었다.

나는 또 이 영성수련을 하는 가운데 내 친구와 가족들을 더욱 가깝게 느낄 수도 있었다. 특히 하나님과의 친교가 두터워지면서 기도 속에서 다른 사람들을 위한 공간이 계속 확대되는 것을 체험하였다. 나는 중보기도의 위력을 진정으로 느꼈다. 고통받는 친구들을 사람의 마음 한가운데 계신 하나님의 현존 속으로 들이민다는 것이 무엇을 뜻하는지도 체험적으로 깨달았다.

그러나 수도사들의 공동체에서 후원이 없었더라면, 이 모든 일이 실제로는 불가능했을 것이다. 나는 이곳에 머물면서 진정한 공동체 의식을 새롭게 터득하였다. 나는 이 공동체 안에서 받아들여졌다. 내 잘못도 거의 비판받지 않았다. 반면에, 나의 훌륭한 업적들도 별 칭찬을 받지 못하였다. 지속적으로 인정받기 위하여 악전고투하지 않아도 되었다. 내가 성공과 실패보다 훨씬 깊은 차원에서 사랑받고 있음을 체험함으로써 나는 내 자신이나 하나님과 훨씬 더 깊이있게 접촉할 수 있었다.

하나님은 인생이라는 바퀴의 중심축이시다. 우리가 하나님께 좀더 가까워질수록 서로간에도 더 가까워진다. 공동체의 토대는 일차적으로 서로에 대한 생각과 느낌과 감정들이 아니다. 하나님에 대한 공동추구, 바로 그것이다. 우리가 마음과 정신을 하나님께로 향할 때, 우리는 좀더 온전하게 '함께' 하게 된다. 나는 이곳 수도원에 머물면서 지극히 다른 배경과 성격을 가진 수많은 사람들이 평화롭게 함께 생활할 수 있다는 사실을 목격하고 또 체험하였다. 그들이 그렇게 할 수 있는 것은 서로에 대하여 갖는 매력 때문이 아니다. 그들의 주님이시요 아버지이신 하나님을 향한 공통된 끌림 때문이다.

나는 수도사들과의 친교 말고도 성자들과의 친교도 발견하였다. 과거에는 성자들이 내 의식의 뒷전으로 밀려나 있었다. 그런데 지난 몇 달 사이에 그들이 나를 하나님의 길로 이끄는 강력한 안내자로서 내 의식 속으로 다시 들어왔다. 나는 그 동안 수많은 성자들과 영성적인 남녀들의 삶을 책 속에서 대하였다. 그래서 지금은 그들이 진실로 나의 영성적 가족의 일원으로서 늘 곁에 존재한다고 생각된다. 나에게 제안과 생각과 충고와 위로와 용기와 힘을 제공해 준다고 여긴다. 갈등을 겪을 때 도움을 주는 본보기들이 전혀 없으면, 사람이 마음과 정신을 하나님께 고정시키기가 매우 어렵다. 성자들이 없으면, 우리는 감화능력이 부족한 사람들에게 쉽게 기운다. 한동안은 자극적으로 보이지만 지속적인 지주는 될 수 없는 사람들의 길로 금방 빨려들고 만다. 자신의 삶과 실천을 통하여 나의 진정한 조언자가 될 수 있는 역사 속 수많은 위대한 남녀 성자들과의 관계를 회복할 수 있어서 얼마나 기쁜지 모른다.

나의 짤막한 발언 뒤에 나온 이야기들과 질문들은 대단히 따뜻하고 호의적이었다. 존 유즈 원장은 내가 비록 서원을 하거나 공식적인 유대를 맺지 않았다 하더라도, 공동체의 진정한 가족이 되었다고 느낀다고 말하였다. 지난 몇 달간 다져진 관계가 앞으로도 꾸준히 성숙되기를 희망한다고 덧붙이면서. 이보다 더 기쁜 말이 또 어디 있을까!

12월 24일, 화요일

모든 게 작별, 작별, 작별. 많은 수도사들이 나를 한쪽으로 불러서 "잘 가라"는 인사를 하고 행복을 빌어 주었다. 안토니 수도사는 내 사진도 몇 장 찍었다. 새벽 3시에 사진기를 들고 식당에 나타나더니, 아침을 먹고 있는 '내 모습을 잡은' 것이 첫번째였다. 그리고 새벽 4시 15분에 존 유즈 원장과 뜨거운 번철작업을 하러 빵공장으로 갔더니, 안토니 수도사가 커다란 등잔을 들고 그곳에서 나를 기다리고 있었다. 그는 재미있는 장면들을 몇 차례 찍었다―테오도르 수도사와 가마에서 찰칵, 존 유즈 원장과 냉각 그물시렁에서 찰칵, 뜨거운 번철작업하는 곳에서 찰칵. 또 예배 중에도 찰칵, 도서실과 구내 성전에서도 찰칵. 이리하여 '수도원 상황판' 작업 끝.

한편으로, 진종일 준비하느라 정신이 없었다. 베네딕트 수도사는 소성전을 청소하느라 바빴다. 야고보 수도사와 요셉 수도사는 크리스마스 트리 두 개 때문에 손놀릴 틈이 없었다. 그레고리 수도사는 전구들이 가득 박힌 커다란 다윗의 별을 들고 그 근처를 왔다갔다 하였다. 안토니 수도사는 제단 아래에다 성탄 장면을 가장 예술적으로 연출시키느라 고심하였다. 그리고 나는 저녁기도 이전에 모든 준비를 끝내려고 상자와 책과 옷가지들을 들고 계단을 오르락내리락 하였다.

다들 신나는 분위기였다. 평소에 비해서는 진지함도 덜했다. 다들 어린아이 같다고나 할까. 6시 15분, 성탄노래를 시작으로 저녁기도를 드렸다. 그리고 지금, 모든 것이 고요하다. 이 깊은 고요가 앞으로도 몇 시간은 계속될 것이다. 이제 얼마간 잠을 자두어야 할 것 같다. 상큼한 바깥공기 쐬며 맑은 정신으로 새벽송을 부르기 위하여. 구세주를 그토록 간절히 필요로 하는 이 고통스런 세상으로 하나님을 모셔들이기 위하여. 아무쪼록 그분의 빛이 우리의 어둠을 밝게 비춰 주기를 바란다. 그리고 나도 그 빛을 기쁨과 감사의 마음으로 모셔들일 수 있게 되기를……

12월 25일, 수요일

이 '거룩한 밤'을 어떻게 묘사해야 할까? 이 지극한 기쁨의 축제! 한꺼번에 몰려드는 수많은 느낌과 생각! 과연 이걸 어떻게 표현해야 좋을까? 네 주간의 기대가 성취되는 밤. 가장 내밀한 생명의 신비, 곧 고뇌하는 세상에 하나님이 탄생하심을 기념하는 밤. 거칠고 부자유하고 증오로 가득한 사회 속에 긍휼과 자유와 평화의 씨앗들이 뿌려지는 밤. 그것은 다가올 새 땅에 대한 희망이다. 그것은 그 모든 것이요, 아니 그보다 훨씬 더 이상의 것이다. 나에게 더없이 복되고 우아한 영성수련이 끝나고 새 생활이 시작되는 밤. 침묵으로부터 세상의 많은 소리들로, 봉쇄구역으로부터 울타리나 경계선이 없는 개방된 정원으로 발을 옮기는 순간. 많은 면에서 마치 내가 작고 연약한 아이를 팔에 받아 안고, 그를 데리고 친밀한 수도원을 나가 빛이 오기를 기다리는 세상 속으로 들어가도록 부탁받고 있는 느낌이다.

이 날은 평화의 노래가 흐르는 아름다운 밤을 체험할 뿐만 아니라, 두 대륙 사이에 뻗쳐 있는 넓은 대양도 체험하는 날이다. 아이의 작음과 연약함이 이 땅의 거대함과 함께 오늘 내 영혼 속에 스며들 것이다. 이 아이가 없으면, 내게는 살 이유가 없어진다. 또 인류의 고난에 대한 점증하는 인식이 없으면, 아기가 내게 부여한 소명을 실현할 수도 없다. 나는 이 사실을 잘 알고 있다.

수도사들이 미소를 머금고 나를 얼싸안는다. 밤은 고요하고 은은하다. 자정 '영광송'이 노래되면서 울리던 차분한 종소리는 아직도 내 영혼에 메아리치고 있다. 지금은 모든 게 잠잠하고 고요하다. 바깥 나뭇가지들은 새로운 흰눈으로 장식된다. 바람은, 믿을 수 없을 만큼 아름다운 평화의 밤, '거룩한 밤'을 누리도록 잠시 물러간 상태다.

이런 밤을 두고 내가 무슨 말을 할 수 있을까? 아주 작으면서도 거대하고, 아주 가까우면서도 멀고, 금방 손에 잡힐 것 같으면서도 도무지 잡히지 않는 그런 밤! 안토니 수도사가 제단 아래에 차려놓은 성탄 정경이 줄곧 생각난다. 내가 지금껏 보아온 것들 가운데서 가장 의미있는 '구유'일 것이다. 거기에는 인도에서 나무조각으로 만든 작은 인물상이 셋 있다. 곧 가난한 여성과 가난한 남성, 그리고 둘 사이에 자리잡은 작은 아이가 있다. 조각은 단순하다. 거의 원시적일 정도로. 눈도 없고, 귀도 없고, 입도 없다. 그저 얼굴형만 있을 뿐. 이 조각상들은 사람의 손보다 더 작다. 너무 작아서 잘 보이지 않을 정도다. 그러나 이 세 조각상을 비추는 광선이 성전 벽에다 거대한 그림자를 만들고 있다.

그것이 그 모든 것을 말해 준다. 마리아와 요셉과 아이의 작은 모습이 빛에 반사되어 우리의 인생과 우리의 세상이라는 벽에 거대하고 희망찬 그림자로 투영되고 있다. 친숙한 광경을 바라보는 동안, 우리는 그들이 나타내는 위용과 영광의 최초 윤곽을 이미 보고 있는 셈이다. 인간적인 사건들 가운데서 가장 인간적인 것을 목격하는 동안, 나는 내 존재의 지평선 위로 모습을 드러내시는 하나님의 위용을 본다. 이 세 사람의 부드러운 모습에 감동을 받는 동안, 나는 내가 사는 이 세상에 나타난 엄청 거대한 하나님의 사랑에 벌써부터 압도당한다. 어둠을 비추는 빛나는 광선이 없다면, 거의 아무 것도 볼 수 없을 것이다. 이 소박한 세 사람 곁을 그냥 지나쳐 계속 어둠 속을 걸었을 것이다. 그러나 그 빛과 함께 모든 것이 변하였다.

지난 7개월 동안, 이 빛은 나에게 왜소한 세 조각상뿐 아니라 저 멀리 뻗친 그들의 거대한 그림자까지도 볼 수 있도록 해주었다. 이 빛은 모든 것을 새롭게 한다. 이 거룩한 밤의 작은 사건 속에 감추어진 위대함을 드러내 보인다. 아무쪼록 이 빛을 내 마음 속에 간직하리라. 우리의 세상이라는 벽에 비치는 약속에 찬 그림자들을 보고 또 가리킬 수 있는 힘이 나한테도 생기기를 기도드리면서.

성령강림주일에 시작된 사건이 마무리되는 이 성탄의 아침, 내가 할 수 있는 말은 오직 하나다. "저를 그 동안 이곳에 머물게 해주신 하나님, 참 감사합니다!"

나오는 말

　제네시 일기의 마지막 부분을 쓴지 벌써 반 년이 지났다. 7개월 동안의 기록을 대목대목 다시 읽어 보았다. 아름다웠던 추억들이 되살아나는 것 같았다. 현재 내 마음과 정신상태를 똑바로 들여다보는 계기도 되었다.
　나는 내가 7개월간의 트라피스트 생활을 하고 나면 사람이 달라져서 한결 원만하고, 한결 고결하고, 훨씬 영성적이며, 한결 자비롭고, 한결 온유하고, 한결 쾌활하고, 한결 이해력있게 변해 있을 것이라고 내다보았다. 그러나 그것은 어쩌면 모든 것 가운데 가장 은밀하고 가장 심각한 망상이었으리라.
　어느 정도 나는 내 초조감이 평온으로 바뀔 것이라 기대했었다. 내 긴장감이 평화로운 생활양식으로 변할 것이라 기대했었다. 내 여러 가지 모호하고 이중적인 요소들이 하나님을 향한 일관된 헌신으로 변할 것이라 기대했었다. 그러나 이러한 성과, 결실, 성취는 그 어느 것 하나도 제대로 실현되지 못하였다.

　수도원에서 보낸 7개월과 관련해서 "과연 성공적이었고 내 문제들을 해결할 수 있었느냐?"는 질문을 받는다면, 나는 간단히 "성공적이라고 할 것도 없고 내 문제들을 해결하지도 못했다"고 대답할 것이다. 그리고 나는 1년, 2년, 아니 평생을 트라피스트 수도사로 지내도 결코 '성공하지' 못했으리라는 것을 알고 있다.
　수도원이란 문제점들을 해결해 주기 위하여 생긴 것이 아니라, 문제점들을 안은 상태로 주님을 찬양하기 위하여 생긴 것이기 때문이다. 내가 이런 사실을 모르는 바 아니었다. 허나 여전히 옛날의 바쁜 생활로 되돌아가야만 했다. 어쩔 수 없이. 그것을 믿기에는 불안하기만 한 내 자신과 대면해야 하였다.

사람들은 돌아온 나를 환영해 주었다. 그리고 달라진 나, 좀더 나아진 나를 보고 싶어하였다. 나도 그들을 실망시키고 싶지는 않았다. 하지만, 하지만 나는 좀더 잘 알았어야 했다. 나 자신의 거룩성을 '성공적으로' 개발해 보려고 수도원을 이용하는 것은, 예수님께서 말씀하시듯 나를 악한 귀신들린 사람처럼 만들 뿐이라는 걸.

"악한 귀신이 어떤 사람에게서 나와 쉴 곳을 찾아서, 물 없는 곳을 헤맸으나 찾지 못하고, '내가 나온 집으로 돌아가겠다' 하고 말한 뒤에 돌아와서 보니, 그 집은 비어 있고, 말끔히 청소되어 있었고, 잘 정돈되어 있었다. 그래서 그 귀신은 가서, 자기보다 더 악한 딴 귀신 일곱을 데리고 와서, 그 집에 들어가 자리를 잡고 살게 되었다. 이렇게 되면 그 사람의 나중 형편이 처음보다 더 비참하게 된다"(마태복음 12:43-45).

예수님의 이 말씀은 옛 귀신과 새 귀신들이 내 영혼으로 들어올 때면 곧잘 생각나곤 하였다. 트라피스트 수도사로서 보낸 7개월이 다가올 해를 순결하게 맞이하기에 충분할 만큼 내 마음을 청결하게 해주었다는 사실을 생각해 볼 겨를도 거의 없었다.

그러나 돌아온 지 몇 주나 되었다고, 나는 내가 또다시 귀찮은 방문객들을 맞이하게 되었다고 투덜거리고 있지 않은가! 돌아온 후, 나는 아주 죄송한 경험을 몇 가지 했다. 그것은 전혀 과장된 말이 아니다. 하지만 이런 경험들은 내가 내 자신의 귀신을 축출할 수가 없음을 새삼스럽게 깨우쳐 주었다. 또 내 인생에 무슨 뜻깊은 일이 일어난다면, 그것은 내 자신의 '영성적인' 미용체조 덕분이 아니었다. 조건없는 하나님의 은총 때문에 얻은 결실임을 상기시키기 위하여 벌어진 일들이었다.
 하나님은 분명 7개월의 수도원 생활에 조금도 감동받지 않으셨다. 그 사실을 나한테 알리시는 데에도 그리 오래 지체하지 않으셨다.

 그렇다면 나는 도대체 무슨 이유로 그곳에 간 것일까? 그것은 '가야 한다'는 내면의 요구가 있었기 때문이다. 내가 그에 대한 긍정적인 응답을 받았기 때문이다. 그렇다면 무엇 때문에 머물렀단 말인가? 그것은 내가 제자리에 가 있다고 알았기 때문이다. 아무도 다른 이야기를 나에게 해주지 않았기 때문이다.
 그렇다면 왜 하필 그곳으로 갔는가? 그 까닭은 지금도 잘 모르고 있다. 어쩌면 내 인생의 주기가 다 끝나기까지도 그것을 온전히 알 수는 없을 것이다. 다만 내가 지금 할 수 있는 말은 내가 아주 소중한 추억을 갖게 되었다는 것. 그것은 내가 하는 일이나 하려고 계획하는 일들 전체 속에서 부단히 모습을 드러내고 있다는 것뿐이다.
 이제는 내가 나의 고독 속에서 보았던 하나님의 은혜로우심에 대한 희미한 형상과 내 어둠 속에 비쳐든 밝은 광선, 나의 침묵 속에서 말을 건네던 온유한 음성, 가장 고요한 시간에 나를 스치던 부드러운 실바람들을 되새기지 않고는 살 수 없게 되었다.
 하지만 이 추억은 과거의 풍성한 체험들을 일깨워 주는 것으로 끝나지 않는다. 이것은 현재 사건들에 대한 참신한 안목을 부단히 제공하고 있다. 또 다가올 세월을 위한 결정들을 이끌어 주고 있다. 계속되는 나의 충동과 환상과 비실제적인 생각 속에서, 이 추억은 늘 그 자리에 남아 거짓된 꿈들을 내몰고 올바른 방향을 가르쳐 줄 것이다.
 베드로와 야고보와 요한이 다볼산에서 광채 속에 계시는 주님을 보았을 때, 그들은 잠에 취해 몽롱하였다. 하지만 그 추억은 나중에 시련을 겪을 때 희망의 샘이 되어 주었다. 아마 내 인생에는 다볼산 체험이 한 차례밖에 없을지도 모른다. 하지만 그 체험에서 얻어지는 새로운 힘은 골짜기에서, 겟세마네 동산에서, 그리고 인생의 긴 어둠의 밤에서 나를 지켜주기에 충분할 것이다.

지금은 내가 "거울 속에서 영상을 보듯이 희미하게 보지마는," 어느 날엔가는 "얼굴과 얼굴을 마주 볼" 것이다(고린도전서 13:12). 이 사실을 내가 끊임없이 되새기기에는 제네시 수도원에서 지낸 7개월도 진정 충분했을 것이다.

주

6월: 낙원을 찾아온 한 이방인

(1) Robert M. Pirsig, *Zen and the Art of Motorcycle Maintenance* (New York: Wm. Morrow, 1974), 제17장, 211-12쪽.
(2) 같은 책, 제24장, 286쪽.
(3) Larry Collins and Domminiqre Lapiere, *Or I'll Dress You in Mourning* (New York: Simon and Schuster, 1968), 104쪽.
(4) Henry D. Thoreau, *Walden, and Other Writings*, The Modern Library (New York: Random House, 1950), 290쪽.

7월: 당신은 하나님의 영광이어라

(1) *New York Review of Books*, 5월 30일자, 1974, 42쪽.
(2) 같은 책.
(3) 같은 책. 38쪽.
(4) 모든 시편은 *A New Translation from the Hebrew Arranged for Singing to the Psalmody of Joseph Gelineau* (New York: Paulist Press, 1968)에서 인용한 것이다.
(5) Dorothée de Gaza, *Oeuvres Spirituelles* in Sources Chrétiennes, No.92 (Paris: Editions du Cerf, 1963), Par. 13, 145쪽.
(6) 같은 책, Par. 66, 259쪽.
(7) Georges Gorree, *Charles de Foucauld* (Lyon: Editions du Chalet, 1957), 들어가는 말.

⑻ De Gaza, 앞의 책, Par. 1, 307쪽.
⑼ 같은 책, Par. 94, 319쪽.
⑽ *The Sands of Tamanrasset* (New York: Hawthorn, 1961), 95-96쪽.
⑾ De Gaza, 앞의 책, No.5, 527쪽.
⑿ 같은 책, Par. 1, 307쪽.
⒀ Diadoque de Photicé, *Oeuvres Spirituelles* in Sources Chrétiennes, No.5 bis (Paris: Editions du Cerf, 1955), 97-98쪽.
⒁ St. Bernard, "On Conversion," trans. and notes by Watkin Williams (London, 1938), 12쪽 (Anchin Manuscript)을 보라.
⒂ 같은 책, 14쪽.
⒃ *The Last of the Fathers* (New York: Harcourt, Brace, 1954), 52쪽.
⒄ *The Cistercian Heritage*, trans. Elizabeth Livingstone (Westminster, Md.: Newman Press, 1958), 72-74쪽.
⒅ *U.S. News and World Report*, 1974, 7월 29일자, 41쪽.

8월: 세상 밖에서, 세상과 함께

⑴ Robert Jay Lifton and Eric Olson, *Living and Dying* (New York and Washington: Praeger, 1974), 116쪽.
⑵ Thomas Merton, *Disputed Questions* (New York: Farrar, Straus & Cudahy, 1960), 3-67쪽.
⑶ Pasternak, *Doctor Zhivago* (New York: Pantheon, 1958), 335쪽.
⑷ Murray Hoyt, *The World of Bees* (New York: Coward McCann, 1965), 25-26쪽.
⑸ *Conjectures of a Guilty Bystander* (New York: Doubleday, 1966), 140-42쪽.
⑹ Abraham Joshua Heschel, *A Passion for Truth* (New York: Farrar, Straus & Giroux, 1973), XIV-XV쪽.

9월: 세상을 위하여 기도하라

(1) Theophan the Recluse in Igoumen Chariton, *The Art of Prayer*, ed. by T. Ware (London: Faber and Faber, 1966), 125쪽.

(2) 같은 책, 131쪽.

(3) Heschel, 앞의 책, 87쪽.

(4) *The Rule of St. Benedict*, intro. and new trans. by Basilius Steidle, Eng. trans. Urban Schnitzhofer (Canon City, Colo: Holy Cross Abbey, 1967), 112쪽.

(5) Elie Wiesel, *Souls on Fire*, Portraits and Legends of Hasidic Masters (New York: Random House, 1972), 235쪽.

(6) 같은 책, 240쪽.

(7) Heschel, 앞의 책, 131쪽.

(8) 같은 책, 265쪽.

(9) 같은 책, 269쪽.

(10) 같은 책, 271쪽.

(11) 같은 책, 303쪽.

(12) 같은 책, 298쪽.

(13) 같은 책, 201쪽.

10월: 이방인과 친구

(1) Gilbert K. Chesterton, *St. Francis of Assisi* (New York: Doubleday Image Books, 1957), 101쪽.

(2) 같은 책, 74-75쪽.

(3) 같은 책, 96-97쪽.

(4) *Good News for Modern Man;* The New Testament in Today's English (New York: American Bible Society, 1966), 361쪽.

(5) 같은 책.

(6) J.B. Phillips, *The New Testament in Modern English* (London and

Glasgow: Collins), 172쪽.

11월: 한 분이신 주님

(1) Brother Lawrence, *The Practice of the Presence of God* (Mount Vernon, N.Y.: Peter Pauper Press, 1973), 48쪽.

(2) 같은 책, 43쪽.

(3) Evelyn Underhill, *The Mystics of the Church* (New York: Schocken Books, 1964), 43쪽.

(4) 같은 책, 44쪽.

(5) *Bernard of Clairvaux*, On the Song of Songs I, Cistercian Fathers Series, Number Four (Spencer, Mass. Cistercian Publications, 1971), 111쪽.

(6) *Penguin Book of Latin Verse*, intro. and ed. Frederick Brittain (Baltimore, Md.: 1962), xxxi쪽.

(7) *The Exemplar: Life and Writings of Blessed Henry Suso*, O.P., Volume Two, intro. and notes N. Heller, Eng. trans. M. Ann Edwards, O.P. (Dubuque, Iowa, Priory Press, 1962), 26-27쪽.

(8) Frederic Joseph Kelly, S.J., *Man Before God: Thomas Merton on Social Responsibility* (New York: Doubleday, 1974): Dennis Q. Mclnerny, *Thomas Merton: The Man & His Work*, Cistercian Studies Series, No. 27 (Washington: Consortium, 1974); Bro. Patrick Hart (ed.), *Thomas Merton-Monk: A Monastic Tribute* (New York: Sheed, 1974).

(9) *Rule of St. Benedict*, 앞의 책, 57쪽. 일부는 직접 옮겨본 것이다.

12월: 기다림의 계절

(1) Shunryu Suzuki, *Zen Mind, Beginner's Mind*, ed. Trudy Dixon

(New York and Tokyo: Weatherill, 1970), 18쪽.

⑵ 같은 책, 22쪽.

⑶ 같은 책, "Posture"에 관하여, 25쪽.

⑷ 윌리엄 슬로운 커핀과 대담한 자료에서. *Yale Alumni Magazine*, 1974년 12월, 17쪽.

치유와 돌봄이 있는 희망의 선교동산
아침영성지도연구원

www.achimhope.or.kr
Achim Institute for Spiritual Direction

(1) 음악이 있는 아침
(2) 아침치유상담실
(3) 아침치유설교실
(4) 아침돌봄기도실
(5) 아침가정사역센터
(6) 아침영성지도세미나실
(7) 한국전문화목회연구원
(8) 오늘의 영성지도
(9) 영혼의 친구
(10) 아침인터넷강좌
(11) 아침인터넷서점
(12) 아침영성수련센터

"치유와 돌봄이 있는 희망의 선교동산" 아침영성지도연구원은 그리스도의 사랑과 희망 안에서 상처입은 이들의 영혼의 친구가 되어 온 세상에 영혼의 치유와 영혼의 돌봄 사역을 감당하고자 세워진 공동체입니다. 아침영성지도연구원은 주님이 오실 때까지 여러분과 함께 이 사역을 계속하고자 합니다.

숲속의 영성

지 은 이 헨리 나웬
옮 긴 이 심영혜
펴 낸 날 2003년 1월 10일(초판1쇄)
펴 낸 이 길청자
펴 낸 곳 아침영성지도연구원
등 록 일 1999년 1월 7일(제7호)
홈페이지 www.achimhope.or.kr
이 메 일 hbyh8588@chollian.net
총   판   생명의 샘(02-419-1451)

* 책값은 뒷표지에 표시되어 있습니다.

ISBN 89-88764-21-8(03230)